U0139509

大 学 问

始 于 问 而 终 于 明

戏题余秋室绘河东君初访半野堂小影

弓鞵逢掖访江潭，奇服何妨戏作男。
咏柳风流人第一，画眉时候月初三。
东山小草今休比，南国名花老再探。
好影育长终脉脉，兴亡遗恨向谁谈。

陈寅恪　一九五六年

何冠彪 著

生与死

明季
士大夫的
抉择

GUANGXI NORMAL UNIVERSITY PRESS
广西师范大学出版社
·桂林·

生与死：明季士大夫的抉择
SHENG YU SI: MINGJI SHIDAFU DE JUEZE

图书在版编目（CIP）数据

　生与死：明季士大夫的抉择 / 何冠彪著. --桂林：
广西师范大学出版社，2022.7
　ISBN 978-7-5598-5064-5

　Ⅰ．①生… Ⅱ．①何… Ⅲ．①生命哲学－研究－中
国－明代②死亡哲学－研究－中国－明代 Ⅳ．①B248.05
②B083③B086

　中国版本图书馆 CIP 数据核字（2022）第 090108 号

广西师范大学出版社出版发行
（广西桂林市五里店路 9 号　邮政编码：541004）
（网址：http://www.bbtpress.com）
出版人：黄轩庄
全国新华书店经销
广西广大印务有限责任公司印刷
（桂林市临桂区秧塘工业园西城大道北侧广西师范大学出版社
集团有限公司创意产业园内　邮政编码：541199）
开本：880 mm ×1 240 mm　1/32
印张：11.375　　字数：300 千
2022 年 7 月第 1 版　　2022 年 7 月第 1 次印刷
印数：0 001~7 000 册　定价：89.00 元
如发现印装质量问题，影响阅读，请与出版社发行部门联系调换。

谨以此书献给母亲

自序

　　1987 至 1988 年间，我有幸获得机会，在哈佛大学从事学术研究一年。研究的题目是"清初汉族士大夫在外族统治下的意识形态"。由于哈佛燕京图书馆、美国国会图书馆和其他美东大学图书馆庋藏明末清初的文集和史籍相当丰赡，我听从韦庆远教授的意见，集中精力于翻阅书籍、摘录和复制资料，拟定返港以后才进行著作。

　　可是，回港以后，遇到了人事的纠缠，使我感到莫大的悲愤。在沉重的心情之下，我整整两年埋首于修订旧作与考证饾饤的问题，不愿意去接触思辨性强的课题。上述的著作计划便束之高阁了。

　　1990 年秋季，因为有同事离职的缘故，由我接手教授明末至乾嘉的学术思想史。翌年，又因课程改变，进而教授宋代至清代的学术思想史。无论是哪一门课程，汉族士大夫对明亡清兴所做的反省，都在讲授之列。于是我才整理在美国搜集得到的材料，并且在教学之余，展开从前拟定的著作计划。

由于我相信明清之际的士大夫面临着一连串的抉择，而他们在入清以后对仕或隐的决定与他们在国亡之时生与死（即殉国与不殉国）的抉择有密切关系，所以希望先行处理他们对生与死的抉择问题。在我最初的构思中，生与死的抉择只占全书的一章。但是，庆远教授认为这个问题很有意义，鼓励我多做研究，加之我手上的材料亦不少，于是一发而不可收。从1992年4月至12月，一口气写了几篇关于明季士大夫殉国的文章。当时，我打算将它们合为一部论文集。不过，内子咏聪建议我把它们扩充为一部首尾衔接，有章有节的专著。咏聪偶与陈学霖教授谈及这事，学霖教授亦认为一部专著比一部论文集有价值。这样，在他们的勉励之下，我便以几篇论文为基础，重新撰著。终于花了几个月的时间，完成了《生与死：明季士大夫的抉择》一书。

此书撰写期间，上述几篇文章陆续刊出。每一篇文章刊行以后，蒙柳存仁教授拨冗赐教，匡正文中疏谬，使我撰书之时，获益多多。咏聪与我蛰居无间，又不屑自费刊印著作，所以这部书完成后，颇为出版而伤脑筋。幸蒙马幼垣教授指引，我便把书稿寄呈联经出版事业公司评审。评审以后，承总编辑林载爵教授雅爱，应允出版。由于评审的时间不短，我固然心急如焚，幼垣教授比我有过之而无不及，多次赐函垂询评审的消息。王汎森兄素来关心拙书的出版，今次亦两番来信，告示近日台湾出版界的审书制度，着我耐心等候。以上老师和前辈的奖励提携，以及挚友的高谊隆情，令我感佩不已，谨此申谢。

我应该多谢咏聪在本书撰写及评审期间的支持。事实上，我在婚后的著作，都先由她阅读，然后才写定。同时，她对学术有理想和热忱，乐见丈夫勤于著作。因此在我写书期间，给我的照料比平日尤多。所以，本书能够顺利完成，她的功劳不少。

最后，我必须感谢母亲文兰瑛女士。母亲贞勤慈惠，不但持家有道，而且教子有方。她除了是我的慈母，亦是我尊敬的老师和挚爱的朋友。她对我的养育、教导和关怀，仿如三春之晖，岂是我所能回报！今年适逢她的七十寿辰，谨以此书奉献给她，聊表我的寸心而已。

1994 年 4 月 12 日

目　次

第一章 导论

本书的主旨是研究明季士大夫的殉国情况及明清之际士大夫对殉国者的意见和评价。

第一节 本书的研究范围

在进入正题之前,让我们对"明季""明清之际""士大夫""殉国"等词稍做解释,以确定本书的研究范围。

自从明亡以后,"明季"一词就广泛为人使用。如在谢国桢(1901—1982)《增订晚明史籍考》所记载的书籍中,就有六十三种书名含"明季"。[1]但是,"明季"所包括的年份,并没有一个固定的说法。例如,顾炎武(1613—1682)的《明季实录》记载崇祯十七年(1644)北京陷落至福王(朱由崧,1607—1646,1644—1645在位)登基情形。[2]计六奇(1622—1687)的《明季北略》和《明季南略》合计万历二十三年（1595）至永历十四年（即顺治十七年，1660）的事迹。[3]邹漪的《明季遗闻》则记崇祯二年（1629）四月至顺治七年（1650）十二月的史事。[4]因此，我们对"明季"的年限，可以灵活处理，由于本书研究当时士大夫的殉国，所以"明季"指崇祯一朝（1628—1644）及南明时期（1644—1662）。[5]

"明清之际"一词，不及"明季"普及。此词在什么时候出现，不可确考。张元济（1867—1959）《涵芬楼原存善本书目》中有《明清之际名人传》抄本一种。[6]谢国桢在 1934 年又出版了《明清之际党社运动考》一书。虽然他未为"明清之际"一词下定义，但书中包括的年代为"万历时代（1573—1620）""崇祯朝""南明三朝"及"清初顺治（1644—1661）、康熙（1661—1722）间"。[7]其后，王漪著有《明清之际中学之西渐》一书，讲述的是嘉靖三十一年（1552）至乾隆三十八年（1773）的情况。[8]李亚宁的《明清之际的科学、文化与社会》虽亦未为"明清之际"一词定一界说，但从其书的副题，可知指的是"十七、十八世纪"。然而，为此书作序的萧萐父则认为"明清之际"是指"从明嘉靖、万历至清乾隆、嘉庆时期"，"即公元十六世纪中至十九世纪初"。[9]另一方面，如果我们把"明清之际"一词等同于英文中所谓"the dynastic transition from Ming to Ch'ing"或"the Ming-Ch'ing transition"，有关年限的说法就更多。[10]不过，由于本书所探讨的是明清之际士大夫对明季殉国者的意见和评价，所以亦相应地以崇祯朝作为"明清之际"的开端，而以"明清之际"概括崇祯至康熙近百年的时间，其中包括与顺治朝并存的南明时代。至于选择康熙朝作为结束的原因，是因为到了康熙晚年，讨论殉国问题的风气已趋于平淡。

　　有了上述的界定后,本书所谓的"明季士大夫"乃指生活在崇祯朝和南明各朝的士大夫;至于"明清之际的士大夫"则泛指明季士大夫和清朝顺治、康熙两代的士大夫。基于这种关系,在明清之际为清朝殉国的士大夫,[11]不在本书讨论的范围之内。

　　关于"士大夫"一词的定义,近人做过不少研究,[12]这里不拟重复。本书采用此词的通义,指一切已出仕和未出仕的读书人,前者包括各级在任、停职及致仕等官员;后者包括已取得进士衔而仍未授职的士人、其他具有科举衔头的士人(如举人、生员)、国子监和地方庠序的学生,[13]以及一般布衣之士。僧、道等方外之人则不包括在内。

　　"殉国"一词虽不一定含牺牲生命的意思,[14]但本书采用众所共喻的说法,指遇到国难时为了国家或国君而牺牲自己的生命。不过,过往多以此词作为褒语,例如,曹植(192—232)便说:

> 每览史籍,观古忠臣义士,出一朝之命,以徇国家之难,身虽屠裂,而功铭著于鼎钟,名称垂于竹帛。[15]

　　然而,本书把"殉国"当成一个中性词语,应用的时候不含标榜的意思。换言之,所谓"殉国",仅指遇到国难时,为了国家或国君而牺牲自己的生命。至于"殉国"有没有意义,则因人而异,而本书大致分"殉国"者为两类型,即"积极进取"与"消极退缩"(参看第八章第二节)。其次,"殉国"是指有所为而死的行为,不兼指在战乱中不幸遇难而死。况且明清之际的人已清楚指出这个准则(参看第二章第一节及第七章第三节之二),所以不容混淆。

当然，除"殉国"外，尚有其他同义词可供采用。如《中文大辞典》就有"殉身""殉节""殉难"等等，但它们似乎都不及"殉国"一词般合适本书的需要。例如，"殉身"只"言牺牲生命"，不必专用于为国而死；"殉节"指"守节不屈辱而死"，但明清之际的士大夫已指出当时的殉国者不必有"死节"（参看第五章第六节）。至于"殉难"虽亦指"以生命殉国家之难"，而据《中文大辞典》所引《六部成语·兵部》，"殉难"是指"身死于贼，为国尽忠"。[16]可是，不少明季殉国者是自杀而死的（散见第三章至第八章），不合上述定义。基于以上原因，除了个别例外（参看第三章第二节），本书不拟采用"殉身""殉节""殉难"等词。

第二节　殉国观念的源流

人臣应该殉国（不论是为君而死或为国而死）的观念，在春秋（前770—前476）时已经形成。[17]就为君而死言，如晏婴（？—前500）便说：

> 君为社稷死，则死之；为社稷亡，则亡之。[18]

范蠡亦有"主忧臣劳，主辱臣死"之说。[19]两说的性质虽有差异，[20]但同系针对人臣对君主的道德责任而立论。换言之，人臣有为君而死的义务。就为国而死言，后来《礼记·檀弓上》所谓：

> 谋人之军师,败则死之;谋人之邦邑,危则亡之。[21]

就是按国家与臣子的关系来说。然而,不论是为君抑或为国,作为一个君子,必须"临难毋苟免"[22]。

但是,当时对"苟免"者苛责不深。例如,晋公族大夫韩厥因年纪老迈,想命长子韩无忌"受事于朝",但韩无忌坚决推辞,原因是:"(晋)厉公(姬寿曼,? —前 573,前 580—前 573 在位)之乱,无忌备公族,不能死。"既然他"智不能匡君,使至于难,仁不能救,勇不能死",所以不"敢辱君朝以忝韩宗"。可是,晋悼公(姬周,前586—前 558,前 572—前 558 在位)知道韩无忌请辞的理由后,却说:"难虽不能死君而能让,不可不赏也。"于是使韩无忌执掌公族大夫。[23]由此可见,殉国的观念虽在春秋时代已形成,却不是衡量人臣的唯一标准。

忠臣应殉国的观念,到宋代趋于炽热。如宋初有《忠经》面世,强调"忠之常道"在于"奉君忘身,徇国忘家,正隆直辞,临难死节"。[24]又如欧阳修(1007—1072)编撰《新五代史》以维护"君君、臣臣、父父、子子"的统治秩序,为了表彰殉国者,还创立《死节传》和《死事传》。[25]其后理学的盛行,更加巩固了"三纲五常"的思想,使得"君为臣纲"的观念无限膨胀,人臣应该殉国的观念自然更为流行。[26]

明朝永乐(1403—1424)年间,朝廷纂修《五经大全》《四书大全》《性理大全》,诏颁天下,统一思想,使得程(程颢,1032—1085;程颐,1033—1107)朱(朱熹,1130—1200)理学取得独尊的地位。从此,朱学思想成为教育的内容。于是,在社会上和家庭里,朱学

聚珍堂本《忠经》序

思想的影响到处存在;即使在艺术方面,如戏曲、小说、弹词,也染有朱学思想的色彩。结果,忠孝节义的思想,上至官员,下至贩夫走卒,都受到感染。[27]

本来,王守仁(1472—1529)提倡人人皆有良知及人人皆可为尧舜的学说,成为"伦理纲常的违戾"[28]。自从王学流行以后,出现"君父可以不恤,名义可以不顾"的现象。[29]而他的弟子王艮(1483—1541)更提出"明哲保身"的"安身"说及"待价而沽"的"尊身"说[30],为明清之际的变节者"开一临难苟免之隙"[31]。然而,王门后学在明末已对"临难苟免"的思想加以批评[32];而王学对个人人格地位的提升,亦产生与上述现象对立的影响。例如,狄百瑞(Wm. Theodore de Bary)便认为宋明理学的盛行,使得"受教育的上层分子"产生了"新儒家个人主义"。他们"只专注自己,不再以服务百姓或阐扬真道为职志",其中有些人"从自我牺牲的殉难行为",成就他们的"英雄事迹",从而"自得其乐"。[33]

这样,在忠孝思想和个人主义的相互影响下,明季部分"上品"的儒者,便"无事袖手谈心性,临危一死报君王"了。[34]

此外,南明政府表彰死节,[35]可能亦引起鼓舞士大夫殉国的作用。如大仆寺卿监军御史陈潜夫(1610—1647)感到"浙东、西多节烈",因此在隆武元年十二月(1646年初)上疏说:

> 自来人心解携,望风迎降,皆由读书不深,未解忠孝二字。每一念及,发上指冠,乃有投缳绝粒,沉疴号血,视死如归,与日月争光,凛凛不磨,是其学术端正,亦祖宗培养之所贻也。主上(唐王朱聿键,1602—1646)奋起中兴,首当褒崇殉难诸

臣,以鼓忠义……不独慰忠魂九原,义激起者当益众矣。[36]

陈潜夫显然看出了表彰死节的作用。

第三节　明季士大夫面临的抉择

有人认为,"明祚即覆,忠臣义士的结局,不外三种:殉国、起义、归隐"[37]。这种划分方法不够精确,因为"起义"本身并不是一个"结局";如果"忠臣义士"在"起义"失败以后仍生存,他们仍须选择"殉国"或是"归隐"。

其实,明季士大夫所面临的是一连串的抉择。他们最先必须选择的,自然是生存或死亡,亦即殉国或不殉国。明季士大夫殉国,不始于明代覆亡以后,因为在明代末年,在"流寇"和清军交侵之下,不少士大夫在城陷或被俘的时候,便要做出抉择。[38]殉国者死后固然一了百了,而不殉国者随即面对反抗或不反抗的抉择。不反抗者在新朝统治下,固须在出处之间,做出取舍;而反抗者在失败之后,便再一次面临生存(不殉国)或死亡(殉国)的抉择。如果他们也愿意在清朝统治下生活,他们就须在出处之间做出最后的抉择。

由此可见,明季士大夫面临的抉择是一个接着一个的,而以生与死作为开端。当他们在生与死之间做出抉择后,才产生出殉国、起义、归隐甚或仕敌的取向。其次,不少士大夫可能经历过多次生与死的抉择。例如,从以下各章中,我们会发觉甲申(崇祯十七年,即顺治元年)之变、乙酉(弘光元年,即顺治二年,1645)之变及清廷颁行的薙发令的相继发生,使得不少士大夫一而再、再而三考虑须否殉国。

注释

[1]谢国桢:《增订晚明史籍考》(上海:上海古籍出版社,1981 年),《综合索引》,第 6701—6702 页。

[2]顾炎武:《明季实录》(《亭林遗书》本,上海文瑞楼印)。

[3]计六奇:《明季北略》(北京:中华书局,1984 年);《明季南略》(北京:中华书局,1984 年)。按:前者记万历二十三年至崇祯十七年明亡;后者记崇祯十七年四月至永历十四年。

[4]邹漪:《明季遗闻》(《昭代丛书》本)。

[5]本书所谓“南明时期”,乃采司徒琳的界说,参看 Lynn A. Struve, *The Southern Ming, 1644—1662* (New Haven and London: Yale University Press, 1984), pp. Xiii and 1;或[美]司徒琳著,李荣庆等译:《南明史, 1644—1662)(上海:上海古籍出版社,1992 年),《英文版序言》第 1 页及正文第 1 页。

[6]张元济:《涵芬楼烬余书录》(上海:商务印书馆,1951 年),附录,第 6 页。

[7]谢国桢:《明清之际党社运动考》(上海:商务印书馆,1934 年)。按:上述时期相当于谢国桢日后所说的“明末清初学者所处的时期”;后者是指“公元十七世纪,即明万历三十年以后到清康熙四十年左右(原注:1602—1701)这百年中”。(见氏著《明末清初的学风》,北京:人民出版社,1982 年,第 1 页)。

[8]王渝:《明清之际中学之西渐》(台北:台湾商务印书馆,1979 年)。

[9]见李亚宁《明清之际的科学、文化与社会——十七、十八世纪中西文化关系引论》(成都:四川大学出版社,1992 年),《序》第 1 页。按:以"明清之际"为题的著述甚多,这里只引大陆和台湾出版的书各一种为例说明而已。

[10]例如,美国学者对此有不同意见:或指崇祯十三年(1640)至顺治九年(1652),或指天启四年(1624)至康熙二十二年(1683),又或指万历十八年(1590)至雍正八年(1730)(参看 Jonathan D. Spence and John E. Wills, Jr. [eds.], *From Ming to Ch'ing: Conquest, Region, and Continuity in Seventeenth-Century China* [New Haven and London: Yale University Press, 1979], pp. xi—xii)。又高彦颐认为"Ming-Ch'ing transition"一词可指三段历史时期:(一)1644 至 1645 年间清军攻陷北京与南京的鼎革时期;(二)十六世纪中叶间清朝从进侵明朝到稳固基业的数十年;(三)从十六世纪末中国开始巨大社会经济变革至十九世纪殖民地主义猛烈入侵中国的一段长时期(见 Dorothy Ko, "Private Lives, Public Morality: Women and the State in the Ming-Ch'mg Transition",加州大学戴维斯分校[University of California, Davis]历史系及"中研院"近代史研究所合办"近世家族与政治比较历史国际学术讨论会[台北,1992 年 1 月 3 日至 5 日],论文,第 3 页)。不过,后来高彦颐修订她的论文时,却剔除了第二说,只保留其余两说(见 Dorothy Ko, "The Complicity of Women in the Qing Good Woman Cult", in Institute of Modern History, Academia Sinica [ed.], *Family Process and Political Process in Modern Chinese History* [Taipei: Institute of Modern History, Academia Sinica], part 2, p. 456.)。

[11]例如在三藩之役时,便有汉族官员为清朝殉国,参看 Frederic Wakeman, Jr., "Romantics, Stoics, and Martyrs in the Seventeenth-Century China", *Journal of Asian Studies*, 18. 4 (August, 1984), pp. 647—656;又

Frederic Wakeman, Jr., *The Great Enterprise*：*The Manchu Reconstruction of Imperial Order in Seventeenth-Century China*（Berkeley, Los Angeles, and London：University of California Press，1985），vol.2，pp. 1105—1127（中译本：[美]魏斐德著，陈苏镇等译：《洪业——清朝开国史》，南京：江苏人民出版社，1992 年），第 1003、1024 页）。

[12]参看吴晗（1909—1969）《论士大夫》，见吴晗、费孝通等《皇权与绅权》（上海：观察社，1948 年），第 66—74 页。林同济（1906—1980）：《大夫士与士大夫——国史上的两种人格型》，见周阳山（主编）《知识分子与中国》（台北：时报文化事业公司，1980 年），第 37—44 页；又《士的蜕变》，同上，第 45—52 页。黄景进：《社会变迁中的知识分子》，见台湾政治大学中文系中研所（编）《汉学论文集》（台北：文史哲出版社，1982 年），第 17—34 页。韩铁铮：《说"士"》，《历史教学》，1984 年第 2 期，第 16—17 页。阎步克：《士大夫阶层的形成》，《文史知识》，1989 年第 9 期，第 14—20 页。

[13]这里是采用清高宗（爱新觉罗·弘历，1711—1799，1735—1796 在位）的观念。如他指出："官学生系尚未出仕之人。"（见庆桂[1737—1816]等《高宗纯皇帝实录》[《清实录》第 9—27 册，北京：中华书局，1985—1986 年]，卷 1051，"乾隆四十三年二月乙卯"条，册 14，第 51 页。）又指顺治朝直隶总督张元锡（1643 年进士）"虽系明季庶吉士，未经授职"，"并不应列《贰臣传》内"；又凡"身事本朝（清朝），而在胜国（明朝）时仅登科第，未列仕版者"，亦一律不入《贰臣传》（同上，卷 1375，"乾隆五十六年三月甲午"条，册 18，第 460—461 页）。

[14]例如，李陵（？—前 74）投降匈奴后，司马迁（前 145 或前 135—？）为其说好话，指陵"常奋不顾身以殉国家之急"。颜师古（581—645）注谓："殉，营也，一曰从也。"（班固[32—92]：《汉书》，北京：中华书

局,1962 年),卷 54,《李广、苏建传第二十四》,第 2455—2456 页。)因此,
《中文大辞典》编纂委员会(编)《中文大辞典》将上引司马迁的话解释为
"舍身殉国难"(台北:中国文化学院出版部,1968 年,册 18,第 254 页),
是不尽妥帖的。

　　[15]陈寿(233—297):《三国志》(北京:中华书局,1959 年),卷 19;
《魏书十九·任城陈萧王传第十九》,第 567 页。按:"徇难",《三国志》
又作"殉难",如《蜀书二·先主传第二》谓:"念在输力,以殉国难。"(卷
32,第 885 页)

　　[16]"殉身""殉节""殉难"三词的解释均见《中文大辞典》,册 18,
第 254—255 页。

　　[17]参看李福泉《我国古代忠君思想的形成》,《湖南师院学报》,
1982 年 4 期,第 90—95 页;孟祥才、王瑞起:《"忠"的观念在我国的历史
演变》,《历史教学》,1984 年 2 期,第 10—15 页;宁可、蒋福亚:《中国历
史上的皇权和忠君观念》,《历史研究》,1994 年 2 期,第 79—95 页。

　　[18]据《左传》"襄公二十五年"记载,崔杼弑齐庄公(姜光,?—前
548,前 553—前 548 在位),晏婴不为庄公殉节,并解释说:"君民者,岂以
陵民? 社稷是主。臣君者,岂为其口实? 社稷是养。故君为社稷死,则
死之;为社稷亡,则亡之。若为己死,而为己亡,非具私昵,谁敢任之?"
(见《春秋左传正义》[阮元(1764—1849)校刻《十三经注疏》本,北京:中
华书局,1980 年],卷 36,第 280 页[下册,第 1982 页])

　　[19]范蠡辞别越王句践(?—前 464,前 496—前 464 在位)时说的
话。原文有"臣闻"二字,或为范蠡转引而已(见司马迁《史记》[北京:中
华书局,1959 年],卷 41,《越王句践世家》,第 1752 页)。

　　[20]所谓"君为社稷死,则死之;为社稷亡,则亡之"是认为社稷是
高于君主的,如果君主因为社稷而死亡,则人臣亦跟随;否则可以不从。

"主辱臣死"无疑是以忠君为唯一的道德标准，不管君主致辱的原因是什么；即是说，人臣丧失了选择的权利。

[21]见《礼记正义》(《十三经注疏》本)，卷8，第60页(上册，第1288页)。

[22]《礼记·曲礼上》，同上，卷1，第2页(上册，第1230页)。

[23]《国语》(上海：上海古籍出版社，1978年)，卷13，《晋语七》，下册，第442页。

[24](题)马融(79—166)撰、郑玄(127—200)注：《忠经》(《丛书集成初编》本，上海：商务印书馆，1936年)，《冢臣章第三》，第30页。按：关于《忠经》的成书年代与内容大要，参看张心澂《伪书通考》(长沙：商务印书馆，1939年)，下册，第640—641页；萧公权(1897—1981)：《中国政治思想史》(台北：中华文化出版事业委员会，1954年)，册4，第506—507页。

[25]关于欧阳修撰《新五代史》的详情，参看林瑞翰《欧阳修〈五代史记〉之研究》，《台湾大学文史哲学报》，1974年第23期，第15—57页；何泽恒：《欧阳修之经史学》(台北：台湾大学出版委员会，1980年)，第141—175页；蒋复璁：《宋欧阳修撰〈五代史记〉的意义》，见《"中研院"第二届国际汉学会议论文集》编辑委员会(编)：《"中研院"第二届国际汉学会议论文集·历史考古组》(台北："中研院"，1989年)，下册，第919—932页。至于《死节传》与《死事传》的划分标准，并参本书第七章第三节。

[26]关于理学对社会的作用和影响，参看张立文《宋明理学研究》(北京：中国人民大学出版社，1985年)，第688—691页。

[27]关于三部大全的编纂及朱学独尊以后对学术、社会、文学、艺术等方面的影响，参看侯外庐(1903—1987)、邱汉生、张岂之(主编)《宋明

理学史》下卷(北京:人民出版社,1987 年),第 1—54 页。

[28]张立文:《宋明理学研究》,第 594 页。

[29]王夫之(1619—1692):《张子正蒙注》(北京:中华书局,1975 年),卷 9,第 282 页。

[30]参看陈金生《略论王艮》,见中国哲学文学会及浙江省社会科学研究所(编)《论宋明理学——宋明理学讨论会论文集》(杭州:浙江人民出版社,1983 年),第 489—509 页(特别是第 498—504 页)。

[31]这是黄宗羲(1610—1695)批评王艮的话,见氏著《明儒学案》(北京:中华书局,1985 年),卷 32,《泰州学案一》,《处士王心斋先生艮》,下册,第 711 页。按:黄宗羲引录王艮的"安身"说,然后批评说:"而以缂蛮为安身之法,无乃开一临难苟免之隙乎?"(同上)但是,此书的点校者标点错误,使上述两句误为王艮"安身"说的一部分。关于《明儒学案》一书点校方面的错误,参看朱鸿林《明儒学案点校释误》(台北:"中研院"历史语言研究所,1991 年)。上述错误见第 195 页。

[32]例如,李贽(1527—1602)批评当时的儒者为"穿窬之盗""穿窬之人"。他说:"其未得富贵也,养吾之声名以要朝廷之富贵,凡可以欺世盗名者,无所不至。其既得富贵也,复以朝廷之富贵养吾之声名,凡所以临难苟免者,无所不为。"(见氏著《读史·贾谊》,载于氏著《焚书》,《焚书·续焚书》合刊大字本,北京:中华书局,1974 年),下册,第 560 页)

[33]参看 Wm. Theodore de Bary, *The Liberal Tradition in China*(Hong Kong:The Chinese University of Hong Kong Press and New York:Columbia University Press,1983),p. 71。按:引文乃根据[美]狄百瑞著,李弘祺译《中国的自由传统》(香港:香港中文大学出版社,1983 年),第 82—83 页。虽然狄百瑞没有列出证据,但他的说法是可信的。例如,殉国者吴钟峦(1577—1651)在《霞舟随笔》中便说:"或问:'当此之时,何以自

处？'答云：'见危临难，大节所在，惟有一死。其他随缘俟命，不荣通，不愧穷，常养喜神，独寻乐处，天下自乱，吾身自治。'"又说："当此之时，惟见危授命，是天下第一等事，不死以殉社稷，成败尚听诸天，非立命之学也。"（见《明儒学案》，卷61，《东林学案四》，《宗伯吴霞舟先生钟峦》，下册，第1494—1495页。）

[34]颜元（1635—1704）：《存学编》（《颜元集》本，北京：中华书局，1987年），卷1，《学辨一》，上册，第51页。

[35]参看《明季南略》，卷2，《北京殉难诸臣谥》，第85—86页；《建文朝死难诸臣谥》，第87—88页；《正德朝死谏诸臣谥》，第88页；《天启朝死珰难诸臣谥》，第88页。

[36]查继佐（1601—1676）：《国寿录》（北京：中华书局，1959年），卷3，《太仆寺卿号军衔史陈公传》，第97页。

[37]高阳（1922—1992）：《明末四公子》（台北：求精出版社，1977年），第24页。

[38]例如James Bunyan Parsons在《晚明农民之乱》一书中便注意到"流寇"起事期间士大夫自杀殉国的问题（*The Peasant Rebellions of the Late Ming Dynasty* [Tucson: The University of Arizona Press, 1970], pp. 200—205）。

第二章　明季士大夫的殉国人数

明清之际虽有不少史籍记载明季殉国者的事迹,可是当时没有人正式统计殉国者的数目,直到乾隆中叶,官方统计的数字为3883人,并且认为是过往朝代所不及的(详第一节)。然而,明清之际的人物却每每慨叹殉国的官员过少。上述两种说法好像互相矛盾,但其实是可以并存的。

第一节　官私记载中的明季殉国人数

明季有多少士大夫殉国,是一个很难解答的问题。乾隆四十年(1775)十一月,清高宗弘历"命议予明季殉节诸臣谥典"[1];四十一年(1776)正月,又"命议谥前明靖难殉节诸臣"[2],合而为《胜朝殉节诸臣录》一书。弘历亲为此书题诗,诗前有序文,讲述编纂情况。根据序文记载,弘历命"大学士、九卿等稽考史书",分殉国诸臣为"专谥""通谥"两类,"统计一千六百余人",至于"诸生、韦布

未通仕籍及姓名无考如山樵市隐之流,则入祀所在忠义祠,统计又二千余人","各为一册进览".[3]

　　弘历所提的数目固为笼统,而《四库全书总目》所述人数又与《四库全书》中的《钦定胜朝殉节诸臣录》所载人数颇有出入,兹表列如下:[4]

《四库全书·钦定胜朝殉节诸臣录》		本传	附传	合计	《四库全书总目》
卷一	专谥诸臣	26	18	44	33
卷二	通谥忠烈诸臣	113	8	121	124
卷三	通谥忠节诸臣	108	18	126	122
卷四 卷五	通谥烈愍诸臣(上) 通谥烈愍诸臣(下) (上)+(下)	222 352 574	20 42 62	242 394 636	377
卷六 卷七 卷八	通谥节愍诸臣(上) 通谥节愍诸臣(中) 通谥节愍诸臣(下) (上)+(中)+(下)	278 272 293 843	29 30 28 87	307 302 321 930	882
卷九 卷十 卷十一	入祠职官 入祠士民(上) 入祠士民(下) (卷九)+(卷十)+(卷十一)	495 553 941 1989	37 0 0 37	532 553 941 2026	2249
卷一至 卷十一		3653	230	3883	3787

备注:(1)《四库全书总目》未分卷数,亦未提到所述数字是本传或本传、附传合计。
　　　(2)《钦定胜朝殉节诸臣录》卷十二为《建文殉节诸臣》,由于此卷与本书无关,故不录;《四库全书总目》亦未提及此卷。

就算单就《钦定胜朝殉节诸臣录》而言，上表所述数字乃根据书中各卷标目列出的殉国者计算出来，至于书中各传附载与他们同殉的父母、妻妾、子女、孙辈和亲属则因记载不详，无法统计。

明季殉国的实际人数，相信已不能确知。个别地区或某次战事的殉国者数目，偶见于清初的著述中。如屈大均（1630—1696）在《皇明四朝成仁录》中记载延绥镇的情况说：

> 当闯贼攻城时，以孤城死守七日夜，力竭城崩，自将帅兵民以至商贾、厮养、妇人、女子凡十余万人，无不慷慨激昂，为朝廷而死。[5]

又记苏州、嘉定、昆山三地"义声不绝，死者四万余人，其君子能忠，其小人有义"[6]。如果上述数字可信，明季殉国的人数将十分庞大。可是，这类记载每每夸张失实，诚如黄宗羲批评当时的"朝章野史，粉墨杂糅"时说：

> 其死操之己者，是志在于死者也，方可曰死之；其死操之人者，原无欲死之心，亦曰遇难而已。[7]

屈大均所记的数字，大概泛指诸地方被"闯贼"和清兵屠杀的人，死者不尽有殉国的意念。况且，《皇明四朝成仁录》间有自相矛盾的记载，[8] 所以不宜轻信。

御製題勝朝殉節諸臣錄有序

昨以勝國殉節之臣各能忠於所事不可令其湮

沒不彰特勑大學士九卿等稽考史書核議予謚

入祠以昭軫慰其建文諸臣之死事者並命甄議

兹大學士等議上錄其生平大節表著者予以專

謚餘則通謚為忠烈忠節次則通謚為烈愍節愍

統計一千六百餘人若諸生韋布未通仕籍及姓

名無考如山樵市隱之流則入祀所在忠義祠統

文渊阁《四库全书》本《钦定胜朝殉节诸臣录》序

第二节　明季殉国人数为历朝之冠

尽管明季殉国的人数不可统计,但其数目可以肯定是超越前代的。早在李自成(1606—1645)入主北京时,前明翰林院庶吉士张家玉(1616—1647)上书请求表扬殉国者,说"忠臣义士,于明为多"[9]。弘历在《题胜朝殉节诸臣录》一诗的序文中指出:

> 以明季死事诸臣多至如许,迥非汉、唐、宋所可及。[10]

又在诗中说明季的殉国者,"等度早传辽及宋,后先直迈汉和唐"。在上一句诗下,弘历附注说:"宋李若水(1093—1127)从钦宗(赵桓,1100—1156,1126—1127 在位)至金营,不屈而死,金人相与言曰:辽国之亡,死义者十数,南朝惟李侍郎一人。"[11]弘历所注,实有误导之嫌。[12]他所说的,充其量亦只是北宋覆亡的情况,不能兼指南宋。至于北宋以后因国亡而殉国的人数,间亦见于文献。例如金朝(1115—1234),据元人虞集(1272—1348)说:

> 女真入中州,是为金国,凡百年,国朝发迹大漠取之,士大夫死以十百数。自古国亡慷慨杀身之士,未有若此其多者也。[13]

又如南宋,清初孙奇逢(1584—1675)慨叹:

元何时哉？宋之遗民宁死不仕者实多。[14]

　　所谓"多"，未免笼统。按：专门记载南宋死节的著作，有《昭忠录》一卷，不著撰人。《四库全书总目》说是"宋遗民之所作"，书中"记皆南宋末忠节事迹，自绍定辛卯（四年，1231）元兵克马岭堡"，"迄于国亡徇义之陆秀夫（1235—1279）、文天祥（1236—1283）、谢枋得（1226—1289）等凡一百三十人"。又指此书使宋"一代忠臣义士未发之幽光，复得以彰显于世"。[15] 固然，《昭忠录》所载，不能尽包南宋亡国时的殉国人数；[16] 但是比起前述明季的殉国人数，委实相差太远。既然被人认为殉国人数超越前代的金朝和南宋远不及明季，我们有理由相信明季的殉国人数是历朝之冠。

　　此外，明季殉国人数是否为历朝之冠，还可以从另外一个角度探讨。就是把各朝代亡国时的职官人数和殉国者的人数做一比较，看看明代的比例是否优胜。可是这项统计并不能实行，因为我们无法计算出每一朝代亡国时到底有多少职官。退而思其次，我们可以采用折中的办法，就是估计某一朝代的殉国者与该朝代最后一朝的登第者之间的比例。而就现存资料来看，只有南宋和明代可粗略做出比例及加以比较。南宋末年的登第记录，只有《宝祐登科录》流传下来，从而可知在宝祐四年（1256），即文天祥中状元的那一科，由第一甲至第五甲共有 601 人；[17] 但是《昭忠录》所载"一代忠臣义士"仅有 130 人（包括妇女 3 人）而已。[18] 至于崇祯朝则有常科六次、特科一次（崇祯十五年，1642），表列如下：[19]

科　年	登科人数	一甲进士	二甲进士	三甲进士
崇祯元年（1628）	353	（3	67	283）
崇祯四年（1631）	349	（3	67	279）
崇祯七年（1634）	302	（3	57	242）
崇祯十年（1637）	301	（3	57	241）
崇祯十三年（1640）	296	（3	57	236）
崇祯十五年（1642）	263	（赐特用进士出身）		
崇祯十六年（1643）	395	（3	78	314）
	2259			

依据前引《钦定胜朝殉节诸臣录》卷一至卷九所载,明季殉国职官共有 2159 人,比上表登科人数最少的一科(即崇祯十五年一科)多八倍,比登科人数最多的一科(崇祯十六年)也多五倍。即使将崇祯七科的人数加起来,也不过比殉国职官多出 100 人。由此可见,弘历指明季殉国者较前朝为多的说法,无论从实际人数或与登第人数的比例来看,都是正确的。[20]

第三节　明季殉国士大夫与当时
整个士大夫阶层的比率

明遗民[21]杜濬(1611—1687)记载,明亡时,在他的"同学十数人"中,"两人引颈先朝露,一人万里足重茧,一人入海随烟雾,三人灭迹逃空门,四人墙东长闭户,一人卖药不二价,一人佯狂以为污"。[22]换言之,在十三人中有两人殉国。不过,这只是一个独立的例子,其中的比率并没有代表性。

尽管我们同意明季殉国的士大夫为历朝中最多,但他们在当时整个士大夫阶层所占的比率,仍不宜高估。如史可法(1602—1645)就"甲申之变"说:

> 先帝(明思宗朱由检,1611—1644,1627—1644在位)待臣以礼,御将以恩,一旦变出非常,在北诸臣死节者寥寥,在南诸臣讨贼者寥寥,此千古以来所未有之耻也![23]

计六奇亦慨叹:

> 我国家不幸,罹此凶毒,宗庙震惊,至尊以身死社稷,臣子殉难者,仅北都二十余人。而在差籍诸大臣,受国深恩者,曾无一人奋决。[24]

他又具体地就崇祯十七年在六垣任职的几十人中的情况指出:

> 余览甲申春仕籍,时六垣计数十人,惟公(户科给事中吴甘来,?—1644)一人死节,余或逃,或遭刑辱,或污伪命,视公贤不肖何如也!语曰:"主辱臣死。"未闻主死而臣犹可以生者,况于反面事贼,恬不知耻。纲常名教,至(甲)申(乙)酉之际扫地尽矣,哀哉![25]

又以殉国御史陈纯德(?—1644)同科登第召对的官员为例说:

其同以进士召对者,特旨除词林五人,科,道各五人,共十五人,而死者惟公(陈纯德)一人。[26]

钱龡在比较跟从朱由检殉国及归顺李自成的大臣人数时亦说:

大行皇帝遂崩,一时从死者三十余臣,而拷掠垂挞,拜舞劝进者以千计,向之称蹇谔臣者,莫不咸在其间。由此观之,诸臣能从先帝于地下者,其视俯首贼庭,相去远矣。[27]

至于张岱(1597—1680 或 1681)指两者人数的差距更大。他说:

闯贼陷京师,百官报名投顺者四千余人;而捐躯殉节效子车之义者,不及三十。[28]

而李世熊(1602—1686)就崇祯朝及南明各朝内阁大臣的情况加以讨论,则说:

四郊多垒,卿大夫之辱也,况君死社稷,臣得独生乎?又况秉国钧,式百僚,与君同心德之臣乎?甲申之变,自范吴桥(范景文,1587—1644)外,如陈(演,?—1644),如方(岳贡,?—1644)、魏(藻德,1605—1644),如李(遇知,?—

1644)、王(可能指王鳌永[1625年进士]或王正志[1628年进士])等,或露踝贼庭,哀呼婉转;或输贿祈活,缓戮须臾。甚有天子赐坐,亲奉剑救,饯酒尚温,而降旗旋竖者。论道经邦之席,遂为囊羞纳垢之区,此前代所绝无,谈之犹腥齿也。及黄漳浦(黄道周,1585—1646)藏碧于留都,傅进贤(傅冠,?—1646)溅血于汀水,杨清江(杨廷麟,?—1646)沉骨于章贡,瞿虞山(瞿式耜,1590—1650)碎齿于桂林,三台再耀,两曜稍辉,三百年辅臣报国,仅仅如此![29]

除汉族士人外,就是满洲皇帝福临(清世祖,1638—1661,1643—1661在位)也认为明亡殉国的大臣过少。他在《故明殉难太监王承恩碑文》中说:

> 帝(朱由检)遂捐生以殉社稷,而一时戴纵垂缨之士……遇难则苟且偷生,言之可为太息。唯有范景文等十九人无愧臣节。……然多士盈庭,能赴义捐躯者盖不多见。[30]

上引言论虽不是精密的统计,但我们仍可相信明季殉国士大夫在整个士大夫阶层中所占百分率实在微乎其微。然而,我们亦要指出,不管明清之际的人如何痛惜明季殉国及变节的官员怎样不成比例,但是,他们仅系针对明季这段短暂时期而做比较。他们不是不知道明季殉国的人数比其他朝代为多,只是他们不愿意提及罢了。事实上,明季殉国者的人数不但为历朝之冠,而且被近人批评为过分夸张了。[31]

　　不过,尽管明季殉国者的人数为历朝之冠,但是,后人能够较多了解明季殉国者的情况,实有赖清廷"详为甄录"。他们根据的史料"大抵以《钦定明史》为主,而参以官修《大清一统志》、各省通志诸书",最后把各地的殉国者"皆胪列姓名,考证事迹,勒为(《钦定胜朝殉节诸臣录》)一编",[32]成为目前记载明季殉国者最齐全的记录。如果没有清廷的努力,恐怕明季殉国者的姓名和事迹,也和前代殉国者的命运一样,不能有系统地流传下来。[33]

注释

　　[1]《高宗纯皇帝实录》,卷996,"乾隆四十年十一月癸未"条,册13,第316页。

　　[2]同上,卷1000,"乾隆四十一年正月己卯"条,册13,第385页。

　　[3]弘历:《题〈胜朝殉节诸臣录〉》,见氏著《御制诗四集》(《清高宗御制诗文全集》本,北京:中国人民大学出版社,1993年),卷35,叶6上下(册6,第830页);又见舒赫德(1710—1777)、于敏中(1714—1780)等《钦定胜朝殉节诸臣录》(《四库全书珍本》第6集本,台北:台湾商务印书馆,1976年),《上谕》,叶1上下。按:弘历所提的殉国人数,甚为笼统,可惜后人不察,或只把两数加起来,说全书共载明季殉国者三千六百余人,并不合事实。如白新良《乾隆传》(沈阳:辽宁教育出版社,1990年,第335页),即其一例。至孙康宜谓"据乾隆皇帝说,明末约有三千六百官员(officials)殉国"(Kang-i Sun Chang, *The Late-Ming Poet Ch'en Tzu-lung : Crises of love and Loyalism* [New Haven and London : Yale University Press, 1990], p. 133),不但数字笼统,而且误把殉国者的身份,混为一谈。至孙书中译本作"明末有三百名官吏殉国"([美]孙康宜著,李奭学译:《陈子龙、柳如是诗词情缘》,台北:允晨文化实业股份有限公司,1992

年,第 55 页,注 30),乃系误译而已。

[4]表中所列《四库全书总目》的数字见永瑢(1744—1790)等《四库全书总目》(北京:中华书局,1965 年),卷 58,《史部·传记类》2,上册,第 526 页。又《四库全书·钦定胜朝殉节诸臣录》附《提要》同(叶 3 上下)。按:魏斐德说《钦定胜朝殉节诸臣录》中有 33 人获专谥(honorary titles)、1505 人获通谥(standard titles)、2249 人入祀本地庙宇(Frederic Wakeman, Jr., *The Great Enterprise : The Manchu Reconstruction of Imperial Order in Seventeenth-Century China*, vol. 2, p.1098;中译本,第 997 页),显系依据《四库全书总目》,忽略了它与原书的记载有出入。按:有关《四库全书总目》与《四库全书》纂修官原撰提要的异同问题,参看黄爱平《四库全书纂修研究》(北京:中国人民大学出版社,1989 年),第 327—336 页。

[5]屈大均:《皇明四朝成仁录》(《广东丛书》第 2 集本,上海:商务印书馆,1948 年),卷 4,《崇祯朝·延绥镇死事诸文武臣传》,叶 129 下。

[6]同上,卷 7,《弘光朝·苏州死节死事传》,叶 246 上下。

[7]黄宗羲:《赠刑部侍郎振华郑公神道碑》,见陈乃乾(1896—1971)编《黄梨洲文集》(北京:中华书局,1959 年),《碑志类》,第 111 页。

[8]这里举两例:第一,屈大均在《皇明四朝成仁录·崇祯朝·和州死事传》中初指崇祯七年十二月二十六日(1635 年 2 月 13 日)"当(和州)城之陷,州守、学师而下,死者十余万人"。但稍后又说:"崇祯十年(1637)五月,巡按御史特按州所以残陷状,哭极哀,祠诸男女死者万余人,赐名香烈,甚盛典也。"(卷 2,叶 38 上下)这是同一传中记载矛盾的例子。第二,屈大均在《崇祯朝·北都殉难诸臣传》序中,列殉难者 42 人(同上,卷 5,叶 160 上),但在《弘光朝·南都死节诸臣传》跋中则说:"甲申之变,北都殉难者二十七人;……乙酉之变,南都殉难者十有二人。"(同上,卷 6,叶 217 上)后文所说"北都殉难"者人数,固与前文不合;而

所谓"南都殉难者十有二人"又与同卷《二镇死事传》所载"南都之变,文臣殉节者七人,武臣……三人而已耳"(叶 210 下)的数字有出入。这是不同传记中互相抵牾的例子。

[9]计六奇:《明季北略》,卷 22,《从逆诸臣·张家玉》附《张家玉荐人才书》,下册,第 618 页;又见钱默《甲申传信录》(《中国历史研究资料丛书》本,上海:上海书店,1982 年),卷 5,《槐国衣冠·宏文院》,第 77 页。

[10]弘历:《题〈胜朝殉节诸臣录〉》,《御制诗四集》,卷 35,叶 6 下(册 6,第 830 页);又见《钦定胜朝殉节诸臣录·上谕》,叶 1 下。

[11]同上,前者,叶 7 上(册 6,第 830 页);后者,叶 2 上。按:弘历的注文,出自脱脱(1314—1356)等《宋史》(北京:中华书局,1977 年),卷 446,《列传》205,《忠义》1,《李若水》,第 13162 页。按:弘历另有《题李若水〈忠愍集〉》一诗,歌颂李若水的死节(《御制诗四集》,卷 29,叶 9 上下[册 6,第 720 页])。

[12]《宋史·忠义传》所载因北宋亡而死的大臣,不止李若水一人。如《李若水传》后有《刘韐传》,记刘韐(1067—1127)因"忠臣不事两君"及"主辱臣死"的理由,自缢而死,"燕人叹其忠,瘗之寺西冈上,遍题窗壁,识其处"(同上,第 13164 页)。除刘韐外,《宋史·忠义传》尚有他例,恕不烦举。

[13]虞集:《田氏先友翰墨序》,见氏著《道园学古录》(《四部丛刊》本),卷 5,叶 3 下。

[14]孙奇逢:《读薛方山高士传摘要》,见氏著《夏峰先生集》(《孙夏峰大全集》本,道光二十五年[1845]刊本),卷 4,叶 27 上。

[15]《四库全书总目》,卷 58,《史部·传记类》2,上册,第 522 页。

[16]例如《宋史·忠义传》载南宋末年为宋朝殉国者共有 77 人(参

看 Jennifer W. Jay, *A Change in Dynasties*: *Loyalism in Thirteenth-Century China* [Bellingham: Centre for East Asian Studies, Western Washington University, 1991), p. 70 and p. 265), 并不尽在《昭忠录》之中。

[17]《宝祐登科录》(见《南宋登科录两种》,台北:文海出版社,1981年)载宝祐四年中第一甲者 21 人(第 107 页)、第二甲者 40 人(第 114 页)、第三甲都 79 人(第 128 页)、第四甲者 248 人(第 154 页)、第五甲者 213 人(第 237 页)。

[18]三人为雍氏、林孺人和美人朱氏,见《昭忠录》(《丛书集成初编》本,上海:商务印书馆,1936 年),第 14—15 页及第 32—33 页。

[19]参看朱保炯、谢沛霖(编)《明清进士题名碑录索引》(上海:上海古籍出版社,1980 年),下册,第 2604—2625 页。

[20]计六奇曾把明朝和宋、元两朝状元及第而殉国的人数做过比较,他说:"尝历考宋、元以来,以状元及第死事者,于宋得三人……于元得三人……而本朝乃五人焉(按:"逊国之时"二人、"北京之变"三人)……先后皆死国事,此亦科名人物之盛,轶于前代者。"(《明季北略》,卷 21 上,《殉难文臣·刘理顺》,下册,第 525 页)

[21]本书所谓"明遗民",乃广义指明亡后不再干谒禄位的人,而非狭义指因忠于明朝而退隐者。其次,很多出仕清朝的士人并不是在明亡后立即改节易行。因此,本书以他们一日未变节,仍作遗民看待。关于"遗民"一词的来源与定义,参看拙文《论明遗民之出处》,见拙著《明末清初学术思想研究》(台北:台湾学生书局,1991 年),第 102—105 页,注 2;赵园:《明遗民论》,《学人》,第 7 辑(1995 年 5 月),第 373—394 页。

[22]杜濬:《樵青歌为黄仙裳作》,见氏著《变雅堂诗集》(《变雅堂遗集》本,光绪二十年[1894]刊),卷 2,叶 14 上。

[23]史可法:《请讨贼御敌以图恢复疏》,见氏著《史可法集》(北京:

中华书局,1984年),卷2,第390页。

[24]《明季北略》,卷21上,《西蜀吴子论》,下册,第549页。

[25]同上,《殉难文臣·吴甘来》,第535页。

[26]同上,《陈纯德》,第540页。

[27]《甲申传信录》,卷3,《大行骖乘》,第36页。关于明亡后大臣"俛首贼庭"的情况,参看同书,卷4,《跧铺遗商》,第54—72页;卷5,《槐国衣冠》,第73—100页。又见计六奇《明季北略》,卷22,《诛戮诸臣》,下册,第575、579页;《刑辱诸臣》,下册,第579—592页;《从逆诸臣》,下册,第598—641页。

[28]张岱:《石匮书后集》(北京:中华书局,1959年),卷23,《乡绅死义列传》,第164页。

[29]李世熊:《傅相公传略》,见氏著《寒支初集》(同治甲戌[十三年,1874]秋月新镌本),卷9,叶30上下。按:"四郊多垒,此卿大夫之辱也"两语,出《礼记·曲礼上》(《礼记正义》[《十三经注疏》本,北京:中华书局,1980年],卷3,第22页[上册,第1250页])。又按:范景文为崇祯朝刑部尚书兼东阁大学士(见张廷玉[1672—1755]等《明史》[北京:中华书局,1974年],卷265,《列传》153,《范景文》,第6835页);陈演为吏部尚书兼建极殿大学士(同上,卷253,《列传》141,《陈演》,第6547页);方岳贡为户、兵二部尚书兼文渊阁大学士(同上,卷251,《列传》139,《方岳贡》,第6505页);魏藻德为兵部尚书兼工部尚书、文渊阁大学士(同上,卷253,《列传》141,《魏藻德》,第6548—6549页)。关于陈、方、魏三人在"贼庭"受辱的情况,参看计六奇《明季北略》,卷22,《诛戮诸臣》,下册,第575—577页;《刑辱诸臣》,第581页。又见钱𫐐《甲申传信录》,卷4,《跧铺遗商·辅臣》,第60—62页。此外,李遇知为吏部尚书(见《明季北略》,卷22,《刑辱诸臣》,第581页;《甲申传信录》,卷4,

《跖鞴遗裔·六部》，第 64 页）。王鳌永为户部左侍郎（见《明季北略》，卷 22，《从逆诸臣》，下册，第 621 页。按：《甲申传信录·跖鞴遗裔·六部》作"王鳌永"［第 64 页］；佚名《国变难臣钞》又作"王骘永"［与《三朝野记》等合刊，《中国历史研究资料丛书》本，第 184 页］，均误。今以《明季北略》及《明清进士题名碑录索引》［下册，第 2604 页］为准）。王正志为户部右侍郎（见《明季北略》，卷 22，《刑辱诸臣》，第 583 页。按：《国变难臣钞》作"王志正"［第 184 页］，误；《明清进士题名碑录索引》［下册，第 2606 页］与《明季北略》同）。黄道周为隆武朝（1645—1646）武英殿学士（见《明史》，卷 255，《列传》143，《黄道周》，第 6600 页）。傅冠为崇祯朝及隆武朝礼部尚书兼东阁大学士（见《明史》，卷 264，《列传》152，《傅冠》，第 6816 页。按：《明史·傅冠传》载傅氏生平过简，另参李世熊《傅相公传略》，叶 27 上—30 下；计六奇：《明季南略》，卷 8，《傅冠不屈》，第 332—333 页）。杨廷麟为隆武朝兵部尚书兼东阁大学士（见《明史》，卷 278，《列传》166，《杨廷麟》，第 7113 页）。瞿式耜为永历朝（1647—1661）文渊阁大学士兼兵部尚书（见《明史》，卷 280，《列传》168，《瞿式耜》，第 7181 页）。

［30］巴泰等：《世祖章皇帝实录》（《清实录》第 3 册本，北京：中华书局，1985 年），卷 141，"顺治十七年十月庚戌"条，第 1089 页。

［31］Frederic Wakeman, Jr., "Localism and Loyalism during the Ch'ing Conquest of Kiangnan: The Tragedy of Chiang Yin", in Frederic Wakeman and Carolyn Grant (eds.), *Conflict and Control in Late Imperial China* (Berkeley, Los Angeles, and London: University of California Press, 1975), p. 44.

［32］《四库全书总目》，同注［4］。按：弘历敕修《钦定胜朝殉节诸臣录》的原因及表彰明代忠臣的情况，参看白新良《乾隆传》，第 334—336

页;孙文良、张杰、郑川水:《乾隆帝》(长春:吉林文史出版社,1993 年),
第 336—347 页。

[33]私人记录明季殉国者的著述,当以屈大均的《皇明四朝成仁
录》与高宇泰的《雪交亭正气录》收录的人物最多。据《广东丛书》第 2
集中的《皇明四朝成仁录》,大均共记 706 人(按:据各卷传目计算并加
卷 7《附录》2 人。又《皇明四朝成仁录》颇有阙文,而各种版本亦有出
入,参看汪宗衍[1908—1993]《跋〈皇明四朝成仁录〉》,载氏著《广东文
物丛谈》[香港:商务印书馆,1973 年],第 100—102 页;阮廷焯:《钞本
〈皇明四朝成仁录补编〉跋》,《广东文献季刊》,16 卷 2 期[1986 年 6
月],第 78—81 页;本书第七章第四节)。至于高宇泰《雪交亭正气录》则
载有 369 人传记(《四明丛书》第 2 集本,四明张氏约园开雕。按:上述数
目只计本传,不计附载的人。又刊刻《四明丛书》的张寿镛[1875—1945]
为《雪交亭正气录》作序,谓此书"传三百七十一人"[《序》,叶 1 上],不
确。冒广生[1873—1959]的《〈雪交亭集〉跋》则谓此书"凡存人三百六
十有奇"[见谢国桢《增订晚明史籍考》,卷 9,《总记·南明史乘》,第 404
页])。由此可见,官方所载殉国者比上述两书多出五倍及十倍。

第三章　明季士大夫殉国的原因

　　明季殉国士大夫虽然一致认为殉国是他们的责任或义务,但是他们殉国的原因不尽相同,所殉身的对象亦不一致,对殉国的态度又有积极和消极之分。此外,殉国者多有复杂的心情,不少人都为一个以上的原因而死。

第一节　明季士大夫对殉国观念的认同

　　崇祯十七年北京失陷以后,明朝的士大夫对自己的未来取向,都会做出或多或少的考虑。而最先考虑的,就是须否为明朝殉国。虽然,绝大多数的人仍会生活下去,但总难避免想到这个问题,即使是后来变节的人,也不例外。例如,翰林检讨赵玉森(1640年进士)在北京陷后到同乡王孙蕙(1634年进士)的寓所涕泣说:

> 受崇祯恩深,然国破家亡,实自作之孽。予捐性命以殉
> 之,理既不必。将逃富贵以酬之,情又不堪。奈何?[1]

结果他们决定不逃富贵,"相携诣贼报名"。[2]又如兵科给事中
龚鼎孳(1616—1673)"从逆"为直指使,每对人说:

> 我原欲死,奈小妾(顾媚,1619—1664)不肯何![3]

尽管赵玉森和龚鼎孳都没有殉国,但到底摆脱不了殉国观念
的阴影。

明季殉国的士大夫,不论被杀或自杀,莫不认为殉国是他们的
责任或义务。关于被杀者,如知府饶可久(?—1636)丁艰于应城,
崇祯九年(1636),"流寇"入城,饶可久被执,不屈而死。他不肯投
降的原因是:

> 臣死忠,妇死节,分也。[4]

把总吴之蕃(?—1645)"起兵江东,被获,死之",曾说:

> 我父子并死王事,分也。[5]

文肃公文震孟(1574—1636)子文秉(1609—1669)在"国变后
隐居竹坞",有人告发他和反清活动有关,他不加辩白而被杀戮。
他不辩白的原因是:

死固分也,宁敢辱先人。[6]

大学士瞿式耜留守桂林,城破被捕,不屈而死。他在狱中赋诗,亦有"效死忠臣分"之句。[7]

至于自杀者,如刑部右侍郎孟兆祥(？—1644)在北京城陷后自缢死,他所持的理由是:

我国之大臣,分在一死。[8]

祁彪佳(1603—1645)在弘光朝(1644—1645)受命为苏松巡抚,因不容于马士英(1591—1646)而告退。清军迫近杭州,祁彪佳自杀,遗诗谓:

委质为人臣,之死谊无二。[9]

张国维(1595—1646)在鲁元年(即顺治二年)督师江上,以势不可支持,投水而死。他说:

吾大臣,死王事,礼也。[10]

苏观生(1599—1647)掌绍武朝(1646)兵部,清兵至,自缢死,死前"大书'大明忠臣义士固当死'九字于壁"。[11]

明遗民虽然没有殉国,但其中赞成殉国为人臣的责任者,大不

乏人。如孙奇逢便说:

> 人臣死君难,天地之大义也。[12]

魏禧(1624—1681)亦认为:

> 人臣事君不幸而遇变,死其义也。[13]

陈确(1604—1677)更进一步指出,不论君主"手足视臣,固腹心报之;即犬马草芥视臣,亦有死无二"[14]。

人臣之中固有高下尊卑的分别,但他们同受朝廷俸禄,因此,不少人认为不论高官或低职,在殉国的责任上,并没有轻重缓急之别。例如,霍山教谕龚元祥(?—1634)在崇祯七年(1634)殉国前已指出:"食禄而违其难,不忠;临危而弃其城,不义。"并教诲门人,"职无大小,皆可效忠"。[15]又如屈大均虽然没有殉国,却强调:

> 臣子于君父之难,至愚至贱,无所逃死。[16]

更有人认为一般士人和百姓,都有殉国的义务,例如,含山生员张秉纯(?—1645)绝食而死前曾说:

> 今日率天下之人,无贵无贱,无老无少,皆宜为君父而死者也。[17]

这无疑把普天下的人都纳入应当殉国的行列。

第二节　明季士大夫殉身的对象

明季殉国的士大夫虽认为殉国是他们的责任,但他们所殉的对象是可以区分的。简单来说,有些人是为国而死,有些人是为君而死,另一些人则兼为两者而死。

就为国而死来说,便是"国亡与亡"。如大学士范景文在崇祯十七年三月十七日"京城陷,群哗上南迁"时已投井死,"绝不知上凶问"。[18]又如太常少卿吴麟征(1593—1644)自缢前亦不知朱由检的消息,但他感到:

> 吾受恩列卿寺,国亡贼入,虽君父消息未真,亦何颜自立![19]

又如兵部右侍郎王家彦(1588—1644)也是在不知朱由检下落的情况下便自经的,死前说:

> 国破身死,吾何足惜!但主上存亡不可知,恨不追随乘舆,触死辇前,赎臣子万一之罪耳![20]

又如左春坊左谕德刘理顺(1582—1644)决定自杀时,"僚友门人辈金商进止",但他拒绝说:

国有与存,国亡与亡,古之制也。[21]

又如举人杨廷枢(1595—1647)为复社名彦。南京破后,他屏居邓尉山中,清军怕他与太湖起事者勾结,拘捕他并劝他归顺。他以"为人臣者,国亡则与之俱亡;国存则与之俱存。今国既亡矣,吾不死何为"作答,"不屈被斩"。[22]

"生为明臣,死为明鬼"的想法,是不少明季士大夫殉国的原因。如左懋第(1601—1645)为南都使清议和,为清廷所拘,有人"以利害之说"劝他归顺,他以"生为明臣,死为明鬼,此我志也"作答,不屈而死。[23]又如清廷在攻陷南都后,"查搜户、工二部存饷,择廉干司之",众人推举原任户部江西司郎中刘成治(?—1645),"成治愤然索笔书曰:'生为明臣,死为明鬼。'遂自缢"。[24]又如礼、兵二部尚书詹事陈函辉(1589—1646)从鲁王航海,途中失散,入云峰山,作"六言《绝命词》十章",投水死。《绝命词》第一章说:

生为大明之臣,死作大明之鬼。笑指白云深处,萧然一无所累。[25]

又如总兵金声桓(?—1649)在顺治四年(1647)投诚清朝,仍授总兵。顺治五年(1648)正月,听从标将王得仁(?—1649)的劝告,占据南昌叛清。顺治六年(1649)正月,清兵攻占南昌,斩王得仁,金声桓中箭投水死。当金声桓决定反清时对王得仁说:

吾有心久矣！所以隐忍不发者,欲乘间待时耳！今弟举事矣,生为明人,死为明鬼,敢有他志?[26]

又如清廷派监察御史盛复选钦差巡视江南下江,顺治四年九月,他在如皋县十里墩擒捕"异叛许元博"。原来许元博在顺治二年,"避兵下乡,初意不肯削发,因父屡劝,勉强剃头"。顺治三年(1646)"因看《岳武穆传》,激起反清之念,于胸前刺'不愧本朝'四字,左臂刺'生为明人',右臂刺'死为明鬼'"。当许元博被捕后,"站立公堂,声称身系明朝杰士,不得志宁甘一死,断不归顺"。[27]

有些殉国者虽然没有说过"生为明臣(人),死为明鬼"两句话,但在他们的笔墨言谈中,透露了相同的信息。例如,张国维自杀前赋有《绝命诗》三首,第一首说道:

一去仍为朱氏鬼,英灵常伴孝皇(明太祖朱元璋)坟。[28]

又如诸暨湄池儒士傅商霖(？—1646)在顺治三年六月"不食而死",他的《明志诗》说:

但愿谱书明末子,不欲吾孙说国初![29]

此外,不愿屈事二姓的殉国者,亦应归入这类人的行列。如太子太保尚书曹学佺(1573—1646)在南京失陷后自缢于中堂,死前预言:

战守非吾事,皇天……倘不祚明,老臣岂事他姓? 惟有死而已。[30]

又如海虞人徐恽,"兵后邑民已薙发,恽湛然如常",后"阖户自经,题诗留几上,言不屈二姓也"。[31]

就为君而死来说,便是"君亡与亡"或"主辱臣死"。诚如第一章第二节指出,明季有这么多人殉国,与理学流行使得忠君思想深入人心有密切关系。现举数例如下:詹事府左谕德兼翰林侍读周凤翔(? —1644)认为"若至尊无恙,吾犹可不死",但现在"国君死社稷,人臣无不死君上之理,况身居讲职,官为侍从乎?"[32]又如大理卿凌义渠(1593—1644)知道"龙驭宾天"后自缢,因为他认为:

君为社稷死,则死之;为社稷亡,则亡之。死吾分也,复何辞![33]

太仆寺正卿霍子衡(? —1647)在广州城破和唐王朱聿鐭(1605—1647)自杀后投井死。死前对诸子说:

吾国之上卿,君亡与亡。吾今从君,汝曹亦当从父。[34]

"主辱臣死"是前人死君的一项信念,[35]明季亦不乏因此而殉国的例子。如左都御史李邦华(1574—1644)知道朱由检的死讯后便决定自杀,他说:

> 主辱臣死,臣之分也,夫复何辞! 但得为东宫导一去路,
> 死庶可无憾已矣,势不可为矣![36]

又如兵部武库主事成德(? —1644)在"逆闯入都"后,即致书
同年马世奇(? —1644),"相约死难",信中说:

> 主忧臣辱,主辱臣死,我等不能匡救,贻祸至此,惟有一死
> 以报国耳![37]

又如行人陆培(1617—1645)在杭州失守后自经,死前说:

> 主辱臣死,陆生男子忍复须臾活耶?[38]

钦天监五宫挈壶陈于阶(? —1645)官位虽微,亦因南都亡而
自缢,他的理由是:

> 主辱臣死,岂独为公卿大臣言哉?[39]

不过,死国与死君的界线有时甚难划分,有些人的殉国可能是
两者兼顾的。举例来说,崇祯二年(1629),"流寇"犯北京,翰林院
庶吉士徐汧(1597—1645)便"誓必死,裂绢书《矢志》诗寄其母",
其中说:

> 为臣贵死忠,义更无他顾。[40]

当时距离明亡尚有十五年,可见死忠思想的流行。及顺治二年,清兵下江南,缙绅相继变节,徐汧"独遁荒于野","扼吭仰天而叹"说:

> 国家养士三百年,临难觍然,若此三纲绝矣,我必死之。[41]

又如御史陈良谟(1589—1644)在崇祯十七年"三月十九日,(北京)城陷,大书二十字于桌"说:

> 国运遭阳九,君王遘难时。人臣当殉节,忠孝两无亏。[42]

他在《绝命词》中又说:

> ……苍苍不可问,国亡我何存? 誓守不贰心,一死报君恩。[43]

考功司员外郎许直(? —1644)亦在北京城破后殉国,他所持的理由是:

> 国乱不匡,君危无济,惟有一死而已。[44]

从上引数人死前流露的思想可见,他们既为国死,亦为君而死。

第三节　明季士大夫热心殉国的原因

虽然明季殉国者都认为殉国是他们的责任,可是在履行责任的时候,他们的态度有显著的不同。有些殉国者表现得较为热切,因为他们相信自己的殉国是仁义道德的实践。举例如下:举人刘恩泽(？—1642)在崇祯十五年十月南阳城陷后"掷楼下以死",死前"自题楼壁",其中说:

> 千古纲常事,男儿肯让人![45]

晋府宗人朱敏泰(？—1644)任真定通判,驻守龙门。崇祯十七年二月,太原陷,朱敏泰自缢死,死前在墙壁上写有"君臣难负,五伦须顾"等句。[46]吏部文选司郎中张罗彦(？—1644)兄弟等人于崇祯十七年在河间倡义守城,希望保护京师,以纾国难。兄长张罗俊(？—1644)认为,如果他们抗敌"不济,则以死继之,固人臣之节也"。后来城陷,张氏兄弟同殉国难。[47]刘理顺在自缢之前,赋赞辞以表明心迹,他说:

> 成仁取义,孔孟所传。文信(文天祥)践之,吾何不然!既掇巍科,岂可苟全?三忠祠内,不愧前贤![48]

太仆寺丞申佳胤(1603—1644)与刘理顺同殉北京之难。城破之前，申佳胤"知大事已去"，写信给儿子申涵光（1620—1677），讲述自己为仁义而死的决心，引录如下：

> 行己曰义，顺数曰命。义不可背，命不可违，在朝在野，无二道也。天下事坏于贪生畏死，死于疾，死于利，死于刑戮，死于房帏斗争，均死也。数者宁死不惜，遇君父大节，缩手垂涕，百计求免，此真不善用死矣。吾受国恩，誓以死报。[49]

阳和卫经历毛维张（？—1644）在北京城破当日被执，不肯投降，被"夹拶并加，足伤指折，乃死"。毛维张不但不屈，并且大骂说：

> 吾虽小臣，素明大义，吾首可碎，吾志不可夺。[50]

邛州知州徐孔徒（？—1644）在顺治元年十月"城陷被执，贼知其才，欲生降之，不屈"，"（贼）怒其不顺"，"遂死之"。徐孔徒不肯屈服，因他认为：

> 不屈固不顺，降则为不忠，吾不敢不忠也。[51]

左懋第在清廷刑部被审，有人劝他须"知兴废"，他反驳说：

> 兴废，国运之盛衰；廉耻，人臣之大节。先生止知兴废而忘廉耻乎？[52]

黄金玺（？—1645）在清军至南京时"纠合八铺子弟为守御计"，但被"邻贵"以"举朝有成议矣，若自取祸何益"为借口所阻挠。"黄金玺愤甚，叩膺大呼号，焚书数纸，祝告天地"，"扼吭而死"。死前在门上题：

　　大明武举黄金玺一死以愧为人臣怀二心者。[53]

上述数人的殉国，无疑都含有积极地践行仁义道德的精神。

另一类殉国者所以慷慨赴义，是出于报恩之心。例如，成都陷，"流寇"遣人招明经邱之坊（？—1644），邱之坊"卧于床曰：'吾受国恩已久，更知谁耶？'掉臂复卧，不食死"。[54]又如内阁行走带经历张应选（？—1644）"闻贼陷宣（府）、大（同），知势去，指屋梁谓友人曰：'国恩难报，此梁为我毕命处也。'"[55]上述所谓"国恩"，乃指受朝廷俸禄，如陈良谟《绝笔》说："食君之禄，国亡与亡。"[56]就是因为"食君之禄"而报恩的说明。

在报恩者当中，那些世袭职官与累世为官者的殉国之心尤其炽热。如顺天府诸生曹持敏（？—1644）是"嘉靖壬戌（四十一年，1562）进士曹子登之曾孙"，因明亡而自杀。死前说：

　　我曹子登之裔，世受国恩，义不受辱，阖门矢死无愧耳！[57]

又如原任昌平守御任之华（？—1644）是"丙戌（万历十四年，1586）武进士任心源侍御之子"，亦于明亡时以"我世受国恩，义不与贼共天日"而死。[58]又如登州世官乐巨金等在崇祯末年殉国，也是本着相同的信念。据屈大均记载：

> 乐巨金……尝谓人曰："巨金，世官也，登州祸将及矣，言而验则且必死。"又曰："凡世官皆宜必死，岂祸一巨金哉？"登州陷，果与母及妻子皆死之。而登州世官自万户以下千、百夫长，人以百计，亦无一人从叛贼者。[59]

又如清兵下江南，"金山卫参将侯承祖（？—1645）守城不下，城陷，死之"。当他被清军执捕时拒降说：

> 吾祖宗为官二百八十年，今日之死，分内事也。[60]

九江卫指挥徐可行（？—1645）则在城陷后全家殉国。据记载，徐可行自缢前大呼说："我武臣亦有人哉！"并在屏间大书：

> 世受国恩，阖门殉节！[61]

又如右卫指挥使胡上琛（1615—1645）听闻清兵将入南京，便饮毒药而死。死前说：

> 吾世受国恩，岂有北面清兵之理！纵赧颜偷生，他日何面目见祖先于地下乎？[62]

所谓"世受国恩,国亡与亡,义也"[63],这不独是殉国者的信念,而且亦是不殉国者认可的观点。例如,张居正(1525—1582)的曾孙张同敞(? —1650),桂王(朱由榔,1623—1662)时授兵部侍郎,与瞿式耜同死桂林。归庄(1613—1673)尝和其绝命诗,其中第三首说:

> 江陵相业故非常,身后凄凉行路伤。谁料有孙绳祖武,还能为国死封疆。当年朝局何须问,累代君恩不可忘。报答此时惟授命,精灵常在毅宗旁。[64]

这无疑是把"世受国恩"者的殉国传为美谈。

另一类殉国者所以趋死无悔,是因为他们相信殉国是他们职务上的最后责任,例如,"封疆之臣,应死封疆"及"城亡与亡",都是因为上述信念而死的写照。举例如下:崇祯十七年二月,太原陷,中军应时盛扶巡抚蔡懋德(? —1644)上马,欲护卫蔡懋德出城。但蔡懋德跃下马对应时盛说:"吾封疆之臣,应死封疆,汝辈自去。"后来便自勒而死。[65]云南都司经历徐道兴在崇祯末年"署师宗州事,见贼逼,集士民谕之曰:'力薄兵寡,不能抗贼,吾死分也。若等可速去。'民请偕行,道兴厉声曰:'封疆之臣死封疆,吾将安之!'""及贼入署","道兴大骂,掷酒杯击之,骂不绝口,遂被杀"。[66]南宫知县彭士弘(? —1644)在"闯贼长驱畿南,所至歘附"的情况下,仍"励士民,饬守具"。他不是不知道"贼势已大,邑小不支",而是深信"吾奉命守此土,生死以之。奋勇击贼,纵不胜,死亦瞑目"。因此他坚持至城陷,不屈被斩。[67]兵部车驾司主事金铉(1610—1644)

在北京城陷后,"遂易冠服,拜母,诀曰:'儿职在皇城,即死皇城为正。'"然后"投深渊而死"。[68]御史凌炯(? —1645)"驻归德,提督各镇兵",顺治二年三月,城破被执,自缢而死。他的遗书说:

> 炯世受国恩,不克有济,天乎人乎? 日昨不急就裁者,犹为封疆人民起见,今势已不可为,正炯从容赴义之日也。[69]

通政司左通政侯峒曾(1591—1645)在嘉定城破后,士卒欲护卫他出走。侯峒曾亦以"与城存亡,义也"为理由而"赴水死"。[70]阎应元(? —1645)在江阴抗清,与"戚磐(? —1645)居城外为犄角"。"城将破",戚磐"乃入城自缢",因为他认为:

> 吾之所以戮力者,为此城也。当死城中,以成吾志![71]

湖西兵备佥事彭期生(? —1647)驻守吉安,隆武二年(顺治三年,1646)城破,走赣州。明年,"心腹曾参戎、杨长班二人,知事不可为",劝彭期生"出避深山,以图后举"。但他回答说:"吾始莅任,即以一帨一剑自随,誓与此城存亡,今又何避哉!"当城破之日,"即正衣冠,投缳萧寺中"。[72]瞿式耜也信奉"封疆之臣,当死封疆"的教条。[73]据他的门人瞿元锡的记载,瞿式耜曾对张同敞说:

> 城存与存,城亡与亡。予自丁亥(永历元年,即顺治四年,1647)三十一日[虏]薄桂林,已拼一死,吾今日得死所矣![74]

当桂林陷,瞿式耜被清军所执时,又说:

> 我留守督师瞿式耜也。……城既陷矣,惟求速死耳! 夫
> 复何言。[75]

后来瞿式耜在狱中赋诗,其中一首的诗题如下:

> 庚寅(永历四年,即顺治七年,1650)十一月初五日,闻警,
> 诸将弃城而去。城亡与亡,余自誓一死。[76]

瞿式耜最后固然不屈而殉国,但毕竟他的死期不在城破之日,
因而感到遗憾。所以他在狱中所赋的《浩气吟》里有《自艾》一首,
其中说:

> 七尺不随城共殉,羞颜何以见中湘(何腾蛟,1592—
> 1649)![77]

瞿式耜自惭不如何腾蛟"随城共殉"的诗句,反映出他对"城亡
与亡"式的殉国,是何其向往! 王夫之认为:

> 守孤城,绝外救,粮尽而馁,君子于此,唯一死而志事
> 毕矣。[78]

这番话,可说是上述"城亡与亡"者的写照。

第四节　明季士大夫迫于无奈而殉国的原因

部分明季殉国者对死的态度是比较消极和无奈的。他们可能是死于绝望，可能是以死抵罪或借死免辱，甚或借死而逃避现实。

明亡以后，许多士大夫不是一开始就想殉国的。他们仍寄望明室能够复兴，及至他们感到明室复兴无望后，才相继走上殉国之路。例如，翰林院检讨汪伟（？—1644）在崇祯十七年"闻贼渐近都城，遗书友人"说：

> 京师单弱，不惟不能战，亦不能守，一死外无他计也。[79]

及城陷之日，与妻耿氏投缳死，死前"手书贻子孝廉观生"，信中说：

> 呜呼！我生不辰，丁此国难。讲读之官，既无事权可为，一得之长亦不见用，惟有一死以自靖而已！[80]

又如顺治二年四月，清军渡淮河，黄宗羲劝吏部尚书徐石麒（1578—1645）"避地四明山，石麒不可，曰：'马（士英）、阮（大铖，1586—1646）已坏天下，虽智者难善其后，惟有死此一块土耳。'"[81]六月，"石麒死节于嘉兴"，死前有遗书，道出他的绝望心情，引录如下：

我生不辰,会当阳九。流氛陡发,龙驭上宾。边燧旋扬,鸾舆继逊。去岁含哀忍死,赴召秉铨。自谓尽忠后皇(朱由崧),即是仰报先帝(朱由检)。岂图归田不久,国难频仍。于野未安,王畿再破。怂都会之摧坏,伤士女之流残。精力销亡,既不能单骑传呼,使异邦之谢过;年齿衰暮,又不能肃清宫禁,致宗社之奠安。惟有决志歼身,见危授命。[82]

吏部主事夏允彝(1596—1645)亦于同年八月"自沉而死",他的绝命词也流露了绝望的心声,其中说:

少受父训,长荷国恩。尽心报国,矢死忠贞。南都继覆,犹望中兴。中兴望杳,何忍长存。[83]

顺治八年八月,清兵至舟山,有人劝东阁大学士张肯堂(?—1651)逃难,张肯堂不听。城破,自缢而死。张肯堂为什么不肯逃生呢?他解释说:

我昔为闽抚,应死封疆,以唐王存亡未审,故不死;后知鲁王在,是亦高皇帝子孙,因事之。今更何所图?惟有一死而已。[84]

由此可见,张肯堂决定殉国,是因为他对明室恢复的希望已告幻灭。

另一些殉国者虽亦因失望而死，但在失望之外，他们希望可以借死来抵偿他们在职务上的错误或不能完成任务。例如，史可法死前遗书母亲说：

> 儿在宦途一十八年，诸苦备尝，不能有益于朝廷，徒致旷远于定省。不忠不孝，何颜立于天地之间，今以死殉城，不足赎罪。[85]

又遗书嗣子史得威，流露了同样的内疚：

> 可法受先帝（朱由检）厚恩，不能复大仇；受今上（朱由崧）厚恩，不能保疆土；受慈母厚恩，不能备孝养。遭时不遇，有志未伸，一死以报国家，固其分也。[86]

上述这些话，固然是史可法的自谦之词，他何尝不忠不孝，但亦反映他之所以殉国，含有以死抵罪之意。又如清兵"下南京，徽民议降"，但金声（1589—1645）纠集义勇，起兵抵抗，及城陷，金声被执，不屈死。他被执之前，遣散将士说：

> 徽本不欲守，吾为祸始，义当死。汝曹从吾死，无益。[87]

可见他有以死赎罪之意。又如当清兵至延平，"守土者咸遁去"，延平知府王士和（？—1646）"矢志不移"，自经于堂上。死前说：

吾受国家厚恩,以守此土,不能持寸铁与斗,死有余愧,可与寇俱生哉![88]

以死抵过之意,亦溢于言表。

另有些殉国者见到国势危殆,虽怀有救国之心,无奈势单力薄,唯有一死以报国。例如,上蔡知县许永喜(？—1642)在崇祯十五年县城陷时自刎死,死前叹道:

贼势所向无敌,一邑其能守乎? 我惟以死谢朝廷而已。[89]

又如左副都御史施邦曜(1585—1644)在"贼逼京师"时,自誓"此臣子授命之日也"。及城破,"自缢死,题诗于几"说:

惭无半策匡时难,唯有一死报君恩。[90]

又如大竹武生王藻(？—1644)在崇祯十七年十月"流贼"入四川时被擒,"藻骂不绝口,死之"。当他"闻贼入川"的时候,感到无能为力,已有殉国之念,对父亲说:

食国家水土,力不能报,毕命可耳。[91]

又如傅商霖死前作《愤歌》,道出他无力挽救时局的悲痛:

然而大厦既云倾，一木难为柱与础！况我书生甚藐焉，作辞敢仿《离骚》楚！惟尝清夜自思维，幼曾遂过邹与鲁。兴王后史采民谣，或者不尽废狂瞽![92]

又如衢州府检校胥自修本"升光禄监事，尚未离衢，会国变"，"自是绝粒。子弟微劝之，不顾曰：'吾无他能，惟一死以报朝廷耳！'城破，不屈，被刺死"。[93]严格来说，上述殉国例子都可以归入以死抵罪的类型。

有些朝臣殉国，不无害怕受辱的成分。例如，范景文所以急于殉国，亦因"自念大臣必为（流寇）所求，誓不失节"，"急投井而死"。[94]又如马世奇"历官至左春坊，素有文名，士林争慕羡之，依为指归"。"流寇"陷北京后，马世奇"引缳而尽"。而他之所以殉国的其中一个原因是：

自以负闻望贤者之林，万不可辱于贼，恐为所得，即不能自裁。[95]

又如新乐侯刘文炳（？—1644）为朱由检母贤妃刘氏侄，当"贼破（北京）外城时，欲于崇文门突围出，不得，乃回宫"。城陷，自杀死。刘文炳在不能突围后说：

身为戚臣，义不受辱，不可不与同难。[96]

而驸马巩永固（？—1644）与刘文炳一同突围失败后，"归家，杀其爱马,焚其弓刀铠仗,大书八字于壁曰:'世受国恩,身不可辱.'"于是将"亲生子女五人","纵火焚死",然后自杀.[97]

此外,有些殉国行为其实是以死塞责或逃避现实的。例如,在北京城陷后殉国"最先",而且"绝不知上凶问"的范景文,在北京城陷前五日已开始"绝粒",他深知"身为大臣,不能仗剑为天子击贼,虽死奚益!"但是"蒿目时艰",感到时局已不能挽救,又认为非此(按:指死)"无以报圣明万一".[98]于是当他"闻贼已入宫,或言先帝驾崩,或言南巡",便叹道:"不知圣驾所在,惟有一死以报陛下。"随即"投井死".[99]

又如户科给事中吴甘来在不能证实"圣驾南出"的消息之下便匆忙自缢,他所持的理由是"我不死无以见志"。他对任礼部员外的兄长吴泰来(1631年进士)的儿子吴家仪解释说:

> 我不死无以见志,汝父死无以终养,古者兄弟同难,必存其一。使皇上(朱由检)在,则土木袁彬,逊国程济皆可为也。否则,求真人于白水,起斟鄩于有仍,是我虽死犹生也。努力勉之。[100]

然而,范景文为什么"不能仗剑为天子击贼"?吴甘来何以不能为"必存其一"的兄弟?又何以不能为甲申之变的袁彬或程济等人?这可能因为他们认为殉国为易、救国为难吧。[101]

从殉国为易、救国为难的角度来看,殉国可以是一种卸责的方法。例如,吴麟征在北京城陷后,城中有人"讹言先帝(朱由检)匿前门外","从者多劝"吴麟征"削发南遁图事报国"。但吴麟征答道："我身居谏垣，言不足动主，目击时危，每欲牵御衣哭陈其详，自触而死，以尸为谏，况国破日乎！"换句话来说，他平日已无力救国，国亡以后，自然更无能为力了。无怪他在遗书中说：

> 若国家深泽，岂遂泯灭？四海九州之大，不乏忠义之贤。使天未厌明，则仆犹以一死为赘，是所望于有心君子。[102]

由此可见，他的殉国背后实有推卸责任的意图，而复明的责任只好"望于有心君子"了。国子监生王赞明（？—1645）的殉国是另一例子。王赞明在南京陷后不立刻殉国，因为他认为"吾家中之粟皆本朝物，尽此则虏粟矣"。几个月后，家中之粟吃光了，他便在相山开葬地，集合亲友说：

> 吾不死于家而死相山，相山当往来之冲，使后之过而见者有动心焉。天下事未可知也。[103]

上引王赞明自经前一番话，反映出他以死塞责的态度。既然他认为"天下事未可知也"，为什么还要死呢？显然，这也是因为死节易得，复国难成的缘故罢了。

行人姜埰（1614—1653）"闻国变"，"恸悼不欲生"，他的母亲"日夕守视，凡池井处皆塞其门"。他的继室傅氏"乘间"劝他不死，其中一项理由是：

> 闻之忠君不耻其身之不死，而耻仇之不报，君奈何以一死

塞责乎？[104]

傅氏的话，对"以一死塞责"者来说，可谓一针见血。

"以死塞责"者或"舍难图易"者所逃避的现实，乃针对明亡而言；但有些殉国者所逃避的现实，则是对清兴而言，亦即在清朝统治下如何生存的问题。例如，诸生王毓蓍（？—1645）在"清兵至武林，辄告友人：'彼朝入，吾朝以死；夕入，吾夕以死。'"他所以有这个想法，是因为"今不自决，他日见吾里贵官从清所来，势必愤搏其身首；即不然，欲退躬耕，已非故家物土，此时求死则有难矣"。无怪乎他在《愤时致命篇》中说：

> 尔其目前偶可偷生，吾谓异日必贻后悔。[105]

王毓蓍不但投河自尽，而且上书催促老师刘宗周（1578—1645）及早殉国。他说：

> □骑渡江，伪官俱已受事，吾辈非复大明黎赤矣。毓蓍已得死所，愿先生早自决，毋为王炎午（1252—1324）所吊。[106]

刘宗周虽有殉国之心，但绝食后又"连日食少糜，忍死以俟"，直到清廷的征书到达后，才"自此勺水不入口"。[107]祁彪佳的死，亦在清廷的"书币"来到以后。祁彪佳是与刘宗周同时被清廷征召的八人之一。[108]据他的弟弟祁熊佳（1640年进士）记载：

适师逼武林,兼以书币聘,先生即欲引诀。(顺治二年)闰六月初四日,闻诸绅有渡江者,遂密语兄季超先生(祁骏佳)曰:"此其时矣!"[109]

诚如刘宗周指出:

国破家亡,吾辈不能死,又有一番出处,罪且浮于不死矣,其亦何以对知己乎?[110]

无疑,当明季士大夫一旦殉国,他们不但克尽臣道,取得美誉,而且不会受到在清朝统治下出处问题的困扰。

第五节　其他导致明季士大夫殉国的原因

部分殉国者不肯苟生源于他们对夷夏大防的执着及对儒家文化的依恋。例如,北京将陷,有人劝申胤佳说:"有变,薙发可免。"申胤佳答道:"毁父母之遗不孝,不可。"[111]又如千墩陆幼安(?—1645)在"薙发牌"到县后说:"吾发受之父母,可擅削乎?"于是"尽出所畜鸡豚祀其先人,大会宗亲,痛饮至夜半",对儿子说:"我不忍去发苟生也。"然后"自缚桥下死"。[112]又如六合诸生马纯仁(?—1645)"不肯薙发","袖大石,投浮桥水中",遗书说:

朝华而冠,夕夷而髡。与丧乃心,宁死乃身。[113]

又如补吏部验封司员外郎华允诚（1588—1648）在南京陷后不薙发，"杜门者三年"。顺治五年，"潜居乡间"，"会有告其婿未薙发者，下逮"，华允诚亦因而被执。巡抚土国宝劝华允诚薙发，不从。解至南京，仍不屈，最后以"吾不爱身易中国之冠裳也"见杀。[114] 又如吴江诸生苏兆人（？—1651）在"南都失守"后"亡命海上"，他的老师张肯堂"荐授中书舍人，寻进礼部主事。及舟山破"，"自缢死"。死前"赋绝命词"说：

> 保发严夷夏，扶明一死生。孤忠惟自许，义重此身轻。[115]

保发固在严夷夏之防及遵从儒家对孝的教条，另一方面也是对故国的眷恋。例如，署横州知州郑云锦（？—1661）城陷被执，"在狱三年，吏民劝其薙发"，郑云锦始终不屈，结果被杀。郑云锦所以不肯薙发，又不自杀，因为：

> 留一日鬓发，即顶一日君恩；为一日南冠之楚囚，即为一日大明之臣子耳。[116]

留发可说是民族志节的一个表征。张岱指出，当时不少汉人恐"发一落"而忠于明朝的"心与发俱落"，所以不惜以死护发。[117]

虽然，"明之季年，故臣庄士，往往避于浮屠"，[118] 但有些士大夫因为遵从儒家救诲或严分华夷界限，所以宁死也不逃禅。举例如下：礼部仪制主事黄端伯（？—1645）当南京城破时，决定以身殉

国。有僧人劝他说:"公如老衲,盍浮沉山野?"但黄端伯不从,且说:

> 临难(原注:毋)苟免,先圣训也。我岂借口释氏以苟活乎?[119]

举人祝渊(1614—1645)在清兵到浙江时绝食,有人不同意他的行为,对他说:"子不从北,亦可逃之释氏乎?"祝渊答道:

> 释氏犹非胡乎?舍彼而从此,则牛羊何择焉?[120]

瞿式耜被执后,孔有德(?—1652)命人"多方劝慰。求薙发,不从;请为僧,亦不从"。因为瞿式耜认为:

> 为僧者,薙发之别名也。薙发则降矣,岂有降(原注:虏)之留守乎?[121]

此外,屈大均甚至有"忠臣不可以为僧"及"无君而不忍死其君者谓之忠"的说法。[122]

另有不少殉国者是陪父兄、上司或同僚而死的。例如,当"(流贼)入犍为","伪守任元祐促(举人)周正(?—1644)之官,正不从,骂贼被杀"。周正的儿子周成儒(?—1644)兄弟相议后,认为"臣死君,子死父,其分也",便"以家属托其叔",然后"共奔贼营,抱父尸大哭,贼并杀之"。[123]又如侯峒曾在嘉定城破后欲"赴水死",子侯玄演(？—1645)、侯玄洁(？—1645)"从之"。侯峒曾对他们说:"吾死义也,夫二子者何为?且有祖母在,不可。"二人答道:"有(弟)玄净以奉祖母矣,何忍吾父之独死也?"于是二人"相挽而没"。此外,与侯峒曾一起守城的进士黄淳耀(？—1645)知道侯峒曾的死讯后,说:"吾与侯公同事,义不独生。"然后"自裁于城西僧舍"。而他的弟弟黄渊耀(？—1645)亦步兄长后尘,自缢而死,自言:"兄为王臣宜死,然弟亦不愿为□□之民也。"[124] 又如江天一(？—1645)跟随金声在徽州起义,兵败,金声被执至南京。江天一"追声及之途"。金声对江天一说:"此何与汝事而来乎?"江天一答道:"天一可同公建义,独不可同公死乎?"当金声和江天一行刑后,"声邑人王世德(？—1645)乃自刎。一时死声之傍者六七人,知姓名者二人(江天一、王世德)而已!"[125] 又如张同敞来与瞿式耜殉难,初时瞿式耜不赞成,他说:"子非留守,盍去诸?"张同敞却"毅然正色"答道:

> 死则俱死耳!古人耻独为君子,师(瞿式耜)顾不与门生同殉乎?[126]

上述诸人可说是受到别人的激发,才赴义捐躯的。

有些士大夫的殉国不能抹杀有为名之心。例如,屈大均说到在"太湖之役"中,有"死而埋名"的人,亦有"死以殉名"的人。[127] 所谓"殉名",固可有积极的意义。如祝渊绝食后,有人责难他说:"子以草莽臣而死节,无乃过乎?"祝渊答道:

> 吾以上书为世指名，夫名之所在，攘臂而争之；害之所在，
> 畏首而避之。此何异市井贩夫之智也。[128]

然而，对一些士大夫来说，殉国何尝不是"名之所在"。如万安知县梁于涘（1595—1645）"婴城固守，援绝不支，被执，下南昌狱五十三日"，"自缢而死"。他的《绝命词》便慨叹一般人"但知生富贵，谁识死功名"。[129]下引潘文焕（？—1645）和王之仁（？—1646）的例子，更能显示殉国者对名的重视。潘文焕"尝佐瑞昌王（即潞王朱常涝），王兵散"，潘文焕父子被执，潘文焕的儿子为此而哭泣，但潘文焕却说：

> 我死忠，汝死孝，传至天下后世。若老死牖下，邻里亲戚而外，谁知之者？[130]

宁国公王之仁在"江上兵溃"后，"载其妻、妾，并两子、妇、幼女、诸孙尽沉于蛟门下"，"乃立旗帜，鼓吹张盖，泛海至松江"。时清兵还以为王之仁来投降，把他"护送至金陵"。王之仁"峨冠大袖，肩舆而入，百姓骇愕聚观"。之仁从容入见洪承畴（1593—1665），自称："前朝大帅，国亡当死，恐葬于鲸鲵，身死不明，后世青史，无所征信，故来投见，欲死于明处耳！"承畴"优接以礼，劝之剃发，不从，乃戮于市"。[131]王之仁求见洪承畴，可能具有讥辱洪承畴的积极意义，但也不能否定没有殉名的意图。

第六节　明季士大夫殉国原因的多元性

明季士大夫殉国的原因虽然林林总总,但这些原因不是互不相干的。事实上,大多数殉国者的死因都是错综复杂的,他们大多是有一个以上的原因才决定捐躯的。现在以与上文不重复为原则,揭示这方面的情况。

徽州府推官温璜(1585—1645)招募义勇响应金声,起兵徽州。及金声战败被执,温璜"急入城登陴严兵固守"。城陷,温璜叹道:"城亡矣,吾其尚生乎?"于是"索笔书百余字",大意说"受国恩,惟以死报",然后自尽。[132]可见温璜的殉国一方面有感于"城亡与亡"的责任,另一方面是为了报答国恩。

钱塘知县顾咸建(?—1645)在潞王朱常淓降清后"弃官而走,北抚追之,及于吴江,令其薙头改冠。咸建曰:'不仕以完臣道,不髡以完子道!'朔日杀之"。[133]表面上,顾咸建是因为不肯薙发而殉国,内里实为履行"臣道"(忠)和"子道"(孝)等儒家教条。

另一些殉国者所持的原因更多。例如,原任武德道兵备贺仲轼(1580—1644)在北京陷后"缢于东间梁上,北向对君"而死。综合他所以殉国的原因有三。第一,为仁而死。他说:"道二,仁与不仁而已矣。出此入彼,事无骑墙,一生功力在此一日,吾今得死所矣。"第二,为报国恩而死。他说:"吾家自典膳祖以来,受朝廷恩厚,及今一百七十余年。国家一旦有急,不以死报,何以对吾皇?何以见吾祖考?"第三,殉名而死。他说:"河北千里名区,岂可无一殉义之臣?"[134]

又如兵部职方主事王道焜（？—1645）在"北都变"时已萌"臣惟一死报国"的念头。后来接受友人"待时观变"的劝勉,返回家乡钱塘。及至"南都再变,敌兵至杭",他便"避居乡村"。但当他知道儿子王均"已列选单",便"自经死"。死前写信给儿子说:

> 闻汝名在选单,吾家世受国恩,一旦臣虏,何面目见祖宗于地下? 吾死,汝必丁艰。三年之后,事又不知如何耳![135]

可见王道焜的死,一则为了报国恩,一则为了不辱亲,一则为了爱惜儿子,免他出仕清朝。

刘宗周的自杀,最足以反映殉国者的复杂死因。虽然刘宗周本已认为臣子有殉国的责任。例如,他在崇祯十七年六月二十一日"恸哭时艰,上陈四事",便说过:

> 当此国破君亡之际,普天臣子皆当致死。[136]

顺治二年六月十三日"杭城失守",十五日刘宗周"闻变",又对儿子刘汋说:

> 食人之食者,死人之事,分义然也。[137]

二十四日,当他拒绝清廷征聘,"口授答书",书中又再指出:

> 国破君亡,为人臣子,惟有一死。[138]

然而,为什么他在崇祯十七年五月"闻北变"时没有殉国呢?

据刘汋记载,当刘宗周的学生王谷等数十人前来刘宗周居所告变时,刘宗周自惭"当日既不能戮力图君,今又不能身先讨贼",请诸生斩他的头"以谢先帝"。但王谷向刘宗周进言,说刘宗周"负天下之望,一死不足以塞责,必缟素发丧,声《春秋》大义于长夜之中,檄召四方,一举灭贼,复君父之仇,定社稷之难"。刘宗周大受感动,说:"诸生责宗周是也,身虽老,敢为众先驱。"[139]此后刘宗周虽然"每以身余一死为憾"[140],但仍一直相信"吾越有险可恃,一成一旅断有济于天下事"。及至顺治二年六月十五日进食时,知道了两日前"杭城失守,诸大帅尽散,潞王具款降"的消息,他才"推案恸哭"说:"此予正命时也!"并且开始绝食起来。当时,姚江张应烨和吕滋前来规劝他,指出"潞藩虽降,浙东犹有鲁、惠二王,宗室有楚将军(华堞,?—1646)",而且黄道周又在"近郊"。因此,刘宗周应"择诸王贤者",与黄道周"间道走闽",檄郑成功(1624—1662)"以海师直捣南都",浙江的清兵必然"不攻自去",所以刘宗周不应"言死"。可是,刘宗周答谓从前多次提议于颖(1631年进士)守城的意见,都不被采纳,"今欲为,于国亡势去之余,亦已知其难",因而"惟有一死"。张应烨不同意刘宗周的看法,认为"今日所论者,宗社为重",因此,刘宗周"需一死以存宗社"。"死而有益于天下,死之可也;死而无益于天下,奈何以有用之身轻弃之!"然而,刘宗周不为所动,他回答说:

吾固知图事贤于捐生，顾予老矣，力不能胜，徒欲以垂尽
之躯，扶天崩地坼之业，多见其不知量耳。子之所言，异日不
可知之功也。予之所守者，人臣之正也。身为大臣，敢舍今日
之正而冀异日不可知之功乎？吾死矣！夫匡复之事，付之后
人已矣！[141]

从前刘宗周不敢以死塞责，自言"身虽老，敢为众先驱"。但经
过一年的"图事"后，深知"图事"之难，于是把"匡复之事，付之后
人"，而自己则守所谓"人臣之正"。刘宗周所为，是否即王谷所谓
"一死不足以塞责"？其次，刘宗周既"心醒"张应烨，却"命（他）往
见于颖为后事图"[142]，难免有舍难取易及卸责给别人之嫌。

十六日，越人"争镶金镐（清）师"，张应烨再"驰见"刘宗周。
张应烨说："事急矣，奈何！宜出城更图计画。"刘宗周答道："国存
与存，国亡与亡，古之制也。吾将安之乎？"张应烨知道不可说服刘
宗周，便"以死激"他说："古人云：'择一块干净土死。'今城降矣，
即欲死，岂先生死所？"这时，刘宗周才"色动"说："姑从子出城观
变，迟数日授命耳。"尽管刘宗周这样说，但他的死意确是稍缓了。
至少，他在当晚已经复食，并且派遣人访寻黄道周，及催促章正宸
（？—1645）和熊汝霖（？—1648）"急趋郡"。几日后，熊汝霖来信
"约期来会"，并写下"恢复可期"的大计。于是刘宗周又再写信邀
请熊汝霖入城说：

门下若有意高皇一线，急宜捐躯入郡。吾辈断无生路，行
亦死，住亦死，做事亦死，等死也。与其默默而死，毋宁烈烈而

死。况事尚有可为乎？若不做便合速死矣！[143]

刘宗周"连日食少糜，忍死以俟"。到了十九日通判张愫及诸生耆老"渡江输降"，刘宗周"闻之复不食"。这时，熊汝霖"为邑人所觉，避入山中"，章正宸"以书辞踪迹"，又寻访不到黄道周，加以听到门人王毓蓍在二十二日自沉的消息，再次激起刘宗周不愿"濡滞"人间的念头。[144]

刘宗周绝食之初，女婿秦祖轼写信开解他，指"江万里（1198—1275）身为宰相，义难苟免"，但刘宗周不是宰相，不须效法江万里；又援引文天祥、谢枋得和袁闳的事例，"言死尚有待"。刘宗周看过信后，"为进糜一盂"，似乎有所感动。可是，门人王毓蓍在二十二日的死讯又令刘宗周改变态度。于是他在当天复信给秦祖轼，表示必死的决心。首先，他指出时局至此，自己再没有偷生的余地。他说："北都之变，可以死，可以无死，以身在削籍也，而事尚有望于中兴。南都之变，主上自弃其社稷而逃，仆在悬车，尚曰可以死，可以无死，以俟继起者有君也。迨杭州失守，监国降矣！今吾越又降矣，区区老臣尚何之乎？"其次，他反驳秦祖轼引喻失当。他说："若曰身不在位，不当与城为存亡，独不当与土为存亡乎？故相江万里所以死也。世无逃死之宰相，亦岂有逃死之御史大夫乎？若少需时日焉，必待有叠山（谢枋得）之征聘而后死，于义未尝不可。然叠山封疆之吏，非大臣也。且安仁之败而不死，终为遗憾。宋亡矣，犹然不死，则有九十三岁老母在堂，恋恋难一决耳！我又何恋乎？"其三，他重申"君臣之义，无所逃于天地之间"。这时他亦无地可逃，如果还说"可以不死，而死可以有待，而蚤死颇伤于近名，则随地出脱，终成一贪生畏死之徒而已"。最后，他指出王毓蓍"赴水而死"，可称为"士死义也"。而王毓蓍"真可以不死"而死，所以他实际上比不上王毓蓍。因此他说："以玄祉（王毓蓍）之死决我之死，万万无逃矣！"在给秦祖轼的信末，刘宗周附了下面一首诗：

> 信国（文天祥）不可为，偷生岂能久？止水（江万里）与叠山，只争死先后。若云袁夏甫（袁闳），时地皆非偶。得正而毙焉，庶几全所受！[145]

上述的信和诗，带给我们重要的信息。第一，王毓蓍的死对刘宗周有很大的影响，刘宗周所以下定决心殉国，可说是受到王毓蓍的激发。第二，跟上引刘宗周与张应烨的对话比较，刘宗周这时另外考虑到如果不立即死，便可能面对出处的问题。既然他已感到自己对时局无能为力（"信国不可为"），他处身在国破家亡兼且是异族入主的情况下（"若云袁夏甫，时地皆非偶"），如果他不效法江万里般在亡国时死去，将来终不免像谢枋得一样，因为不肯出仕异族而被杀（"止水与叠山，只争死先后"），所以他决意不再生存下去了。

三天后（二十五日），刘宗周投水自杀，获救，"暂息灵峰寺"。二十六日，清廷的征书终于来到。即是说，他从前恐不死必受出处问题困扰的忧虑落实了，在他眼前，只有死路一条，所以他说："吾所以隐忍至今者，以熊雨殷（汝霖）诸君不忘明室故，今已矣，吾止尽今日之事。"于是他"口授（儿子刘汋）答书"，说：

劉念臺公像

(明)张岱《三不朽图赞》刘宗周像

遗民刘某顿首启。国破君亡，为人臣子惟有一死。七十余生业已绝食经旬，正在弥留之际，其敢尚事迁延，遗玷名教，取讥将来。某虽不肖，窃尝奉教于君子矣。若遂与之死，某之幸也；或加之以铁钺焉而死，尤某之所甘心也。谨守正以俟。[146]

刘宗周命令刘汋把答书交"付使者，并来书不启封归之"，以示坚决之志。不过，刘宗周说这时"业已绝食经旬"，是不实的。因为他在绝食期间多次进食，就是不食的时候，感到"燥渴甚，因饮少茶，觉味如甘露，始知饮茶亦能续命"。自从答复征书后，他才开始"勺水不入口"。[147]换言之，清廷的征书是令刘宗周不能延迟殉国的关键。

二十八日，门人王毓芝来问刘宗周的"心境如何"。刘宗周答道：

他人生不可以对父母妻子，吾死可以对天地祖宗；他人求生不得生，吾求死得死；他人终日忧疑惊惧，而吾心中泰然。如是而已。[148]

二十九日，女婿秦祖轼入侍，刘宗周向他"口吟《绝命辞》"，引录如下：

留此旬日死，少存匡济意。决此一朝死，了我平生事。慷慨与从容，何难亦何易！[149]

上引的话和诗篇,都洋溢着"个人主义"(详第一章第二节)。尽管刘宗周在留死期间"少存匡济意",但所谓"匡济意"不过如昙花一现。他始终把"匡济"大业卸给别人承担,他所专注的还是个人的忠节而已。

毕竟,刘宗周这时对自己的行为仍未"心中泰然",所以希望得到别人的认同。六月一日,当王毓芝再来问候他时,他便问王毓芝说:"吾今日自处合义否?"王毓芝答道:"甚正,虽圣贤处此,不过如是!"刘宗周便说:"吾岂敢望圣贤哉?求不为乱臣贼子而已矣!"可是,"有门人谓国统断不中绝",再劝刘宗周"进少饮",他却回答说:

> 古人一饭之德必酬,我一穷秀才,官至御史大夫,焉得不死。语曰:"正其谊不谋其利,明其道不计其功。"功利之说昌,此国事所以不竞也。死则死耳,何劝?[150]

无疑,刘宗周殉国的原因虽然错综复杂,但他始终都以"臣道"为本位,始终都在舍难而取易。

注释

[1] 钱𫗪:《甲申传信录》,卷5,《槐国衣冠·县令》,第960页。按:据计六奇《明季北略·从逆诸臣·赵玉森》所载,赵玉森在登进士后,"召对,应答详明。问及边事,既对且泣,先帝(朱由检)以为能,亲拔翰林简讨,时谓'钦赐翰林'。始出封藩,众颇荣之"(卷22,下册,第605页)。无怪赵玉森自称"受崇祯恩深"了。又按:《明季北略》所谓"翰林

简讨"即"翰林检讨",因避朱由检的讳而改称(参看陈垣[1880—1971]《史讳举例》[北京:中华书局,1962年],第167页)。

[2]《明季北略·从逆诸臣·赵玉森》,同上注。

[3]同上,《龚鼎孳》,第631页。按:龚鼎孳之说,论者认为是"为自己不肯死作掩饰逊词,而使横波(顾媚)分谤了"(见孙甄陶《明末名妓顾横波事迹考证》,《大成》,31期[1976年6月],第51页)。又关于顾氏的事迹及龚鼎孳以不死委诸前者一事,另参孟森(1869—1938)《横波夫人考》,见氏著《明清史论著集刊续编》(北京:中华书局,1986年),第128—161页。

[4]张廷玉等:《明史》,卷292,《列传》180,《忠义》4,《张绍登》附,第7494页。

[5]朱子素:《嘉定屠城纪略》(与《扬州十日记》等合刊,《中国历史研究资料丛书》本),第267—268页。

[6]屈大均:《皇明四朝成仁录》,卷7,《弘光朝·苏州死事死节传·附录》,叶246上。

[7]瞿式耜:《二十六日夜,梦在一室,如家中驭娑馆。先君命余设榻而卧,余即拂拭书几,以卧具敷其上。几旁一窑瓶,触而坠下,余以手承之竟不堕地,完好无恙。觉而纪之》,见氏著《浩气吟》,载于氏著《瞿式耜集》(上海:上海古籍出版社,1981年),卷2,第241页。

[8]《甲申传信录》,卷3,《大行骖乘·文臣》,第44页。

[9]祁彪佳:《遗言》,见氏著《祁彪佳集》(北京:中华书局,1960年),卷9,第222页。

[10]邵廷采(1648—1711):《东南纪事》》(《中国历史研究资料丛书》本),卷5,《张国维》,第219页。

[11]黄宗羲:《行朝录》(《黄宗羲全集》第2册本,杭州:浙江古籍出

版社,1986 年),卷 2,《绍武之立》,第 124 页。

[12]孙奇逢:《光禄寺少卿二酉孙公暨元配赵宜人合葬墓志铭》,《夏峰先生集》,卷 9,叶 53 上。

[13]魏禧:《杂问九》,见氏著《魏叔子文集》(《宁都三魏全集》本,易堂原镌),卷 19,叶 12 上。按:魏禧虽认为"死其义也",但接着又说:"变未作而匡救之于其先,又不可而先事以去,犹不失夫《诗》所称"明哲保身"、《易》称'肥遯'之义焉。"可见在魏禧的观念中,殉国并不是人臣绝对的责任或义务。

[14]陈确:《与张考夫书》,见氏著《陈确集》(北京:中华书局,1979年),《文集》,卷 3,第 124 页。按:《孟子·离娄下》说:"君之视臣如手足,则臣视君如腹心;君之视臣如犬马,则臣视君如国人;君之视臣如土芥,则臣视君如寇仇。"(见《孟子注疏》[《十三经注疏》本],卷 8 上,第 62 页[下册,第 2726 页])由此可见,孟轲(约前 372—前 289)所说的君臣关系是相对的。陈确不同意孟轲的比拟,在同书中,陈确指出上述比拟只是"就恒情言之,君子则否"。陈确提倡的君臣关系是绝对性的,臣于永远"生死惟命","何寇仇之有?"

[15]《明季北略》,卷 10,《龚元祥霍山骂贼》,上册,第 160—161 页。

[16]《皇明四朝成仁录》),卷 7,《弘光朝·太湖死事传》,叶 274 下。按:屈大均为自己的不能殉国,感到内疚,参看第五章第七节。

[17]同上,卷 12,《隆武朝·生员死义传》,叶 443 上。按:有关张秉纯的名字及死期,清初记载颇有出入,参看拙文《书全祖望"答诸生问〈思复堂集〉帖"后》,见拙著《明末清初学术思想研究》,第 264—265 页。

[18]《明季北略》,卷 21 上,《殉难文臣·范景文》,下册,第 504 页。

[19]同上,《吴麟征》,第 527 页。

[20]同上,《王家彦》,第 516 页。

[21]孙奇逢：《刘文烈遗集序》，《夏峰先生集》，卷4，叶28下。按：刘氏官职，《甲申传信录》作"左春坊右谕德"（卷3，《大行骖乘·文臣》，第41页）；《明季北略》亦作"谕德"（卷21上，《殉难文臣·刘理顺》，下册，第524页）。《明史》则谓"历南京司业、左中允、右谕德、入侍经筵兼东宫讲官"（卷266，《列传》154《刘理顺》，第6859页）。黄宗羲《弘光实录钞》（《黄宗羲全集》第2册本，卷2，第41—42页）及查继佐《国寿录》（卷1，《左中允刘理顺传》，第10页）作"左春坊左中允"。

[22]南园啸客：《平吴事略》（与《虎口余生记》等合刊，《中国历史研究资料丛书》本），第114页。

[23]《甲申传信录》，卷10，《使臣碧血·萝石先生节略》，第158页。

[24]《皇明四朝成仁录》，卷6，《弘光朝·南都死节诸臣传》，叶214下。

[25]徐芳烈：《浙东纪略》（与《崇祯长编》等合刊，《中国历史研究资料丛书》本），第186页。按：陈函辉的官职，温睿临（1705年举人）《南疆逸史》与《浙东纪略》同（北京：中华书局，1959年，卷30，《列传》26，《陈函辉》，第210页）；计六奇作"吏部侍郎"（《明季南略》，卷6，《陈函辉自尽》，第296页）；邵廷采作"兵部侍郎"（《东南纪事》，卷5，《陈函辉》，第236页）；《明史·陈函辉传》作"礼部右侍郎"（卷276，《列传》164，《陈函辉》，第7073页）。本书据徐芳烈说，因徐芳烈为"鲁王（朱以海，1618—1662）时官中书舍人"（见谢国桢《增订晚明史籍考》，卷12，《鲁监国》，第591页），与陈函辉共事。

[26]蒙正发（1617—1679）著，金永森辑注：《三湘从事录》（《中国历史研究资料丛书》本），第267—268页。

[27]《江南下江巡视盛复选揭帖》，见"中研院"历史语言研究所（编）《明清史料己编》（台北："中研院"历史语言研究所，1958年），第1

本,叶 43 上。按:关于许元博,参看第四章注[79]。

[28]《浙东纪略》,第 192 页。

[29]同上,第 185—186 页。

[30]佚名:《思文大纪》(与《虎口余生记》等合刊,《中国历史研究资料丛书》本),卷 8,第 292 页。

[31]冯班(1602—1671):《海虞三义传》,见氏著《钝吟老人文稿》(《钝吟全集》本,美国国会图书馆藏康熙刻本),叶 6 下、7 上。

[32]《甲申传信录》,卷 3,《大行骖乘·文臣》,第 41 页。

[33]《明季北略》,卷 21 上,《殉难文臣·凌义渠》,下册,第 513 页。

[34]《皇明四朝成仁录》,卷 9,《隆武朝·前广州死难诸臣传》,叶 342 上—343 上。

[35]如北宋(960—1127)末年,京城不守,刘韐被遣使金营,不肯变节仕金,自缢而死。他之所以自缢,乃因为:"金人不以予为有罪,而予为可用。夫贞女不事二夫,忠臣不事两君;况主忧臣辱,主辱臣死,以顺为正者,妾妇之道,此予所以必死也。"(脱脱等:《宋史》,卷 446,《列传》205,《忠义一·刘韐》,第 13164 页)又如陈遘(?—1128)为兵马元帅,死守中山,后为部将所杀。陈遘在"受围半年,外无援师"的情况下始终不肯降金,是因为他信奉"主辱臣死"的教条(同上,卷 447,《列传》206,《忠义》2,第 13182—13183 页)。至于"主辱臣死"一词的出处,详第一章注[20]。

[36]《明季北略》,卷 21 上,《殉难文臣·李邦华》,下册,第 510 页。

[37]同上,《成德》,第 545 页。按:《明季北略》谓成德为"兵部郎中",不确。《国寿录》有《兵部车驾司郎中成德翼传》(卷 1,第 11—12 页),又有《兵部主事成德传》(同上,第 12—13 页)。两传之间,"附有夹条并录",谓"成德翼疑即后成德……由如皋县升兵部武库司主事,转车

驾司见外郎，断不必分传"（同上，第 12 页）。据《明史·成德传》，成德为"武库主事"（卷 266，《列传》154，第 6868 页）；同书《马世奇传》则称其为"兵部主事"（同上，第 6856 页）。

［38］《皇明四朝成仁录》，卷 7，《弘光明·杭州死节传》，叶 232 下—233 上。

［39］同上，卷 6，《弘光朝·南都死节诸臣传》，叶 216 上。

［40］《皇明四朝成仁录》，卷 7，《弘光朝·苏州死事死节传》，叶 245 上。

［41］陈子龙（1608—1647）：《徐詹事殉节书卷序》，见氏著《陈忠裕全集》（《陈子龙文集》本，上海：华东师范大学出版社，1988 年），卷 26，叶 9 上（上册，第 407 页）。

［42］《明季北略》，卷 21 上，《殉难文臣·陈良谟》，下册，第 538 页。

［43］陈良谟：《陈忠贞公遗集》（《四明丛书》第 2 集本，四明张氏约园开雕），卷 1，叶 25 上。

［44］《明季北略》，卷 21 上，《殉难文臣·许直》，下册，第 542 页。

［45］《明史》，卷 293，《列传》181，《忠义》5，《颜日愉》附，第 7508 页。

［46］《皇明四朝成仁录》，卷 4，《崇祯朝·晋宗人死节者传》，叶 151 上。

［47］《甲申传信录》，卷 7，《董狐剩荚·守汴三》，第 133 页。

［48］《弘光实录钞》，卷 2，第 41 页。

［49］《明季北略》，卷 21 上，《殉难文臣·申佳胤》，下册，第 541 页。

［50］同上，卷 21 下，《殉难臣民·毛维张》，下册，第 556 页。

［51］彭遵泗（1737 年进士）：《蜀碧》（与《先拨志始》等合刊，《中国历史研究资料丛书》本），卷 2，第 31 页。

[52]《甲申传信录》,卷10,《使臣碧血·萝石先生节略》,第159页。

[53]《皇明四朝成仁录》,卷6,《弘光朝·南都死节诸臣传》,叶216下—217上。

[54]《蜀碧》,卷2,第27页。

[55]《甲申传信录》,卷3,《大行骖乘·文臣》,第50页。

[56]《陈忠贞公遗集》,卷3,叶4下。

[57]《甲申传信录》,卷3,《大行骖乘·士民》,第50页。

[58]同上,《武臣》,第51页。

[59]《皇明四朝成仁录》,卷1,《崇祯朝·登莱死事传》,叶21下。

[60]《弘光实录钞》,卷4,第100页。

[61]徐鼒(1810—1862):《小腆纪传》(台北:台湾学生书局,1977年),卷51,《列传》44,《忠义》3,《徐可行》,下册,第536页。

[62]《思文大纪》,卷8,第294页。

[63]《东南纪事》,卷8,《高岱》,第258页。

[64]归庄:《大学士临桂伯瞿公之殉难也,祚明既作长律三十韵吊之,已而得公与张别山司马临难唱和之作八首,复次韵如其章数,亦不尽同前诗之旨,或不嫌言之重辞之复也》,见氏著《归庄集》(上海:上海古籍出版社,1984年),上册,第1490页。另参(题)吴伟业(1609—1672)《鹿樵纪闻》(与《扬州十日记》等合刊,《中国历史研究资料丛书》本),卷下,《粤西二臣·瞿式耜》,第195页。按:关于此书的作者问题,参看秦佩珩《〈鹿樵纪闻〉的作者及内容问题》,《学术研究》,1982年5期;冯其庸、叶君远:《吴伟业〈鹿樵纪闻〉辨伪》,附录于氏著《吴梅村年谱》(上海:上海古籍出版社,1990年),第578—589页。

[65]《明季北略》,卷20,《蔡懋德太原死节》,下册,第428页。

[66]《明史》,卷293,《列传》183,《忠义》7,《徐道兴》,第7572—

7573 页。

[67]《明季北略》,卷 21 下,《殉难臣民·彭士弘》,下册,第 561 页。

[68]《甲申传信录》,卷 3,《大行骖乘·文臣》,第 48 页。

[69]《国寿录》,卷 2,《御史凌公传》,第 51 页。

[70]《弘光实录钞》,卷 4,第 101 页。

[71]同上,第 103 页。按:黄宗羲不详阎应元的名字,他说:"阎某不知何许人也,为江阴典史。"(同上,第 102 页)关于阎应元的事绩,参看邵廷采《明江阴县典史阎应元传》,见氏著《思复堂文集》(《绍兴先正遗书》第 4 集本,光绪十九[1893]至二十年[1894]刊),卷 2,叶 68 下—72 上;并参《明史》,卷 277,《列传》165,《侯峒曾》,第 7100—7101 页。

[72]陈确:《彭观民先生归骨记》,《陈确集·文集》,卷 9,上册,第 226 页。

[73]《鹿樵纪闻》,卷下,《粤西二臣·瞿式耜》,第 194 页。

[74]瞿元锡:《庚寅始安事略》(与《崇祯长编》等合刊,《中国历史研究资料丛书》本),第 198 页。

[75]同上,第 199 页。

[76]瞿式耜:《庚寅十一月初五日,闻警,诸将弃城而去。城亡与亡,余自誓一死。别山张司马自江东来城,与余同死。被刑不屈,异月幽囚,漫赋数章,以明厥志,别山从而和之》,《浩气吟》,载于《瞿式耜集》,卷 2,第 233 页。

[77]同上,第 238 页。按:何腾蛟在永历三年(即顺治六年,1649)于长沙殉难,封中湘王(参看《明史》,卷 280,《列传》168,《何腾蛟》,第 7171—7177 页;又《明季南略》,卷 12 上,《何腾蛟死难》,第 389—390 页)。

[78]王夫之:《读通鉴论》(北京:中华书局,1973 年),卷 27,《(唐)肃宗》,下册,第 798 页。

[79]《明季北略》,卷 21 下,《殉难文臣·汪伟》,下册,第 532 页。

[80]同上。

[81]《东南纪事》,卷 5,《徐石麒》,第 222 页。

[82]《弘光实录钞》,卷 4,第 98 页。

[83]同上,第 100 页。按:《国寿录·行取知县夏公传》载:"允彝……知事不可为,行欲死。或曰:'浙东尚有可待。'允彝曰:'吾目中无中兴将相材,安待之?'"(卷 2,第 53 页)可见他是因绝望而死的。又查继佐指夏允彝死时为行取知县,误。关于夏允彝生平,并详《明史》,卷 277,《列传》165,《夏允彝》,第 7098—7099 页。

[84]翁洲老民:《海东逸史》(与《三湘从事录》等合刊,《中国历史研究资料丛书》本),卷 10,《列传》7,《张肯堂》,第 135 页。

[85]史可法:《遗书·上大夫人》,《史可法集》,卷 4,第 110 页。

[86]史可法:《付史得威》,同上。

[87]《东南纪事》,卷 4,《金声》,第 208 页。

[88]《思文大纪》,卷 8,第 289 页。

[89]《皇明四朝成仁录》,卷 2,《崇祯朝·河南知县死事传》,叶 56 下。

[90]《明季北略》,卷 21 下,《施邦曜》,第 511 页。按:《明季北略》引诗作"愧无半策匡时难,但有微躯报主恩"。正文所引,据黄宗羲《左副都御史赠太子少保谥忠介四明施公神道碑》,《黄梨洲文集·碑志类》,第 99 页。

[91]《蜀碧》,卷 2,第 37—38 页。

[92]《浙东纪略》,第 186 页。

[93]《皇明四朝成仁录》,卷 8,《隆武朝·徽州起义传》,叶 316 下。

[94]《国寿录》,卷 1,《大学士范景文传》,第 2 页。

[95]同上,《左春坊马世奇传》,第 9 页。

[96]《明季北略》,卷 21 下,《殉难勋戚·刘文炳》,下册,第 552 页。

[97]同上,《巩永固》,第 553 页。

[98]同上,卷 21 上,《殉难文臣·范景文》,下册,第 504 页。

[99]《甲申传信录》,卷 3,《大行骖乘·文臣》,第 39 页。

[100]《明季北略》,卷 21 上,《殉难文臣·吴甘来》,下册,第 534—535 页。按:袁彬以锦衣校尉扈驾北征,土木之变,所有从官都奔散,只有袁彬随侍明英宗(朱祁镇,1427—1464,1435—1449 及 1457—1464 在位)左右,一直到朱祁镇被释还京(参看《明史》,卷 167,《列传》55,第 4509—4510 页)。程济相传为明惠帝(朱允炆,1377—?,1398—1402 在位)的"从亡之臣"(同上,卷 143,《列传》31,《程济》,第 4062—4064 页)。"白水真人"乃指东汉光武帝(刘秀,前 6—57,25—57 在位)。刘秀生于南阳白水乡,谶称他为"白水真人",作为他龙飞之兆(参看范晔《后汉书》[北京:中华书局,1965 年],卷 1 下,《光武帝纪第一》,第 86 页)。"起斟鄩于有仍"一句乃取夏代少康中兴典,参看第五章注[47][48]。

[101]不少明季殉国者都持有这种想法,例如,瞿式耜初时不答允张同敞同死于桂林,对张同敞说:"后事未可知,君亟去图生以任其难,勿留此同死而为其易。"(《鹿樵纪闻》,卷下,第 194 页)瞿式耜为封疆之臣,固亲尝"任其难"之苦,就是居家的刘宗周,也深明个中道理,详第六节。有关明清之际士大夫对这种想法的意见,参看第六章第三节。

[102]《甲申传信录》,卷 3,《大行骖乘·文臣》,第 45 页。

[103]《皇明四朝成仁录》,卷 6,《弘光朝·南都死节诸臣传》,叶 216 下。

[104]魏禧:《莱阳姜公偕继室傅孺人合葬墓表》,《魏叔子文集》,卷 17,叶 139 下—140 上。按:据魏禧所载,姜垓因此不死,"亡命浙东",

"多所建白"。惜不为朝廷接纳,遂退居不出,自号"明室潜夫"。由此可见,姜垓虽无大建树,到底能不"以一死塞责"(同上)。

[105]《国寿录》,卷2,《赠翰林院简讨诸生王毓著传》,第62—63页。

[106]同上,第630页。按:文天祥兵败被执,囚于燕京,王炎午作《生祭文丞相文》,"以速丞相之死"(参看程敏政[1446—1499]:《宋遗民录》[《知不足斋丛书》本],卷1,《王鼎翁》,叶2上—8下)。又按:王毓著的信,为刘宗周的儿子刘汋(1613—1664)所收,刘宗周并未看到(见刘汋《(刘宗周)年谱》[载于董玚(编):《刘子全书》,道光十五年(1835)刊本,卷40),卷下,顺治二年五月丁丑"条,叶45上)。

[107]《(刘宗周)年谱》,同上,叶47上。

[108]同上,叶46下。

[109]祁熊佳:《(祁彪佳)行实》,见《祁彪佳集》,卷10,《附录》,第240页。

[110]陈揆(等):《陈祠部公家传》,见陈龙正(1585—1645):《几亭全书》(康熙三年[1664]云书阁藏板本),《附录》,卷1,叶7上。按:刘宗周这番话,原系指北京陷落后不能死,便需要考虑在弘光朝的出处问题。但我们亦可把它引申而指明季士大夫因不能殉国而在清朝统治下的情况。关于明遗民在当面对的出处困难,参看拙文《论明遗民之出处》,《明末清初学术思想研究》,第53—124页。

[111]陈子龙:《申节愍公传》,《陈忠裕全集》,卷29,叶9下(下册,第580页)。

[112]《皇明四朝成仁录》,卷7,《弘光朝·昆山死义传》,叶262上。

[113]《弘光实录钞》,卷4,第107页。

[114]《明季南略》,卷4,《无锡华允诚传》,第237页。

[115]《海东逸史》，卷 10，《列传》27，《苏兆人》，第 137 页。

[116]《小腆纪传》，卷 50，《列传》43，《忠义》2，《郑云锦》，下册，第 534 页。

[117]张岱在《石匮书后集·刘、华、杨、续、沈、李、邝、蔡列传》说："余尝读《文文山集》，有《薙发诗》云：'回看鬓少原非我，只要心存尚是人。'则文山亦曾薙发。诸君子之死护髡头，以至身殉，非谓此发不薙，为胜过文山。第恐文山之发一落，文山之心与发俱落，故不若留发杀身，反得保全，此鲁男子之所以善学柳下惠也。"（卷 28，第 180 页）。按：有关清初的护发事迹，详第四章注[64]。

[118]邵廷采：《明遗民所知传》，《思复堂文集》，卷 3，叶 57 下。按：关于明季士大夫逃禅的情况，参看陈垣《明季滇黔佛教考》（北京：中华书局，1962 年）;《清初僧诤记》（北京：中华书局 1962 年）；暴鸿昌《明季清初遗民逃禅现象论析》，《江汉论坛》，1992 年 3 期。

[119]《小腆纪传》，卷 16，《列传》9，《黄端伯》，上册，第 183—184 页。

[120]《弘光实录钞》，卷 4，第 99 页。按：黄宗羲接着说："（祝渊）卒守志而死。或曰：时渊已病甚。"但据当时和祝渊在一起的陈确记载，"渊固病且死，亦愤寇氛日迫，强起再缢而死"（《陈确集·文集》，卷 12，上册，第 275—276 页）。可见祝渊实死于殉国，其详情如下："乙酉（弘光元年，即顺治二年）五月十二日，留京溃，北师长驱至浙，所至愚民翕然劫守令降附。开美（祝渊）闻而谓余（陈确）曰：'事如此，安归乎！此某毕命之日也。'时开美方谋改葬其生母有日矣。余谓曰：'子言是也。然尔母尚暴露，盍少忍之，则忠孝两尽矣。'开美颔余言。……闰六月初二，母得改葬，开美病，不能往葬所。初五，葬役竣，诸弟及执事者归报竣，开美强起稽颡谢，遂手蜕自缢。诸弟惊解之，气不绝如线，至初六子时死。"（陈

确:《祝子开美传》,同上,第 275—276 页)

[121]《庚寅始安事略),第 200 页。

[122] 屈大均在《汪贞妇传》中说:"嗟夫,贞妇与忠臣,同一道哉? 贞妇不可以为尼,犹忠臣之不可以为僧。然而僧其外而儒其中,若雪庵 (叶希贤) 之流可也,必为僧则君不得以为臣矣。乌乎忠夫? 无君而不忍死其君谓之忠,无夫而不忍死具夫者谓之贞。"(见氏著《翁山文钞》[《广东丛书》第 1 集本,上海:商务印书馆,1946 年],卷 4,叶 31 上下) 按:相传御史叶希贤在靖难之变后,削发为僧,号雪庵和尚 (参看《明史》,卷 141,《列传》29,《练子宁》,第 4022—4023 页)。

[123]《蜀碧》,卷 2,第 39 页。

[124]《弘光实录钞》,卷 4,第 101 页。

[125] 同上,第 105 页。

[126]《庚寅始安事略》,第 198 页。

[127]《皇明四朝成仁录》,卷 7,《弘光朝·太湖死事传》,叶 274 下。按:所谓"死以埋名",似采班固《汉书·翟方进传》"死国埋名"之意。据班固所载,翟义(？—7)任东郡大守时,"平帝(刘衍,前 9—5,前 1—5 在位)崩,王莽(前 45—23,9—23 在位)居摄,义心恶之",乃联络东郡都尉刘宇等起兵反王莽,立刘信为帝,自称大司马柱天大将军,众达十余万,后失败被杀。翟义起兵前,曾说:"设令时命不成,死国埋名,犹可以不惭于先帝(刘衍)。"颜师古(581—645)曰:"埋名,谓身埋而名立。"(卷 84,《翟方进传第五十四),第 3426—3437 页) 至于"殉名"一词,见于《庄子·骈拇》,引录如下:"自三代以下者,天下莫不以物易其性矣。小人则以身殉利,士则以身殉名,大夫则以身殉家,圣人则以身殉天下。故此数子者,事业不同,名声异号,其于伤性以身为殉,一也。"郭庆藩(1844—1896)引崔譔注说:"杀身从之曰殉。"(见氏著《庄子集释》)[北京:中华书

局,1961年],卷4上,《外篇·骈拇第八》,册2,第323、325页)

[128]《弘光实录钞》,卷2,第99页。按:所谓"上书为世指名",乃指祝渊在崇祯十六年上京考试时,适逢御史大夫刘宗周被大学士周延儒(1589—1644)弹劾去职,祝渊上疏力争,因而被罚不准参试一事(参看陈确:《祝子开美传》,《陈确集·文集》,卷12,上册,第275页;张履祥[1611—1674]:《言行见闻录一》,见氏著《(重刻)杨园先生全集》[同治辛未(十年,1871)江苏书局刊本],卷31,叶9上—10下)。

[129]同上,第109页。

[130]同上,第97页。

[131]《海东逸史》,卷7,《列传》4,《王之仁》,第119页。

[132]《皇明四朝成仁录》,卷8,《隆武朝·徽州起义传》,叶279上—280上。

[133]《弘光实录钞》,卷4,第96页。

[134]孙奇逢:《贺公景瞻传》,《夏峰先生集》,卷8,叶23上。

[135]《皇明四朝成仁录》,卷7,《弘光朝·杭州死节传》,叶233下。

[136]《弘光实录钞》,卷1,第190页。按:刘氏原疏题为《恸哭时艰立伸讨贼之义疏》,《刘子全书》,卷18,叶5上。

[137]《(刘宗周)年谱》,卷下,"顺治二年六月丙寅"条,叶43上。

[138]同上,"顺治二年六月丁丑"条,叶47上。

[139]同上,"顺治元年五月己丑"条,叶26下。

[140]同上,"顺治元年十月丁卯"条,叶39下。

[141]同上,"顺治二年六月丙寅"条,叶43上—44上。按:所谓"一成一旅"乃取少康中兴的典故,参看第五章注[48]。又关于于颖生平及当时招募义师抗清情况,参看《小腆纪传》,卷41,《列传》34,《于颖》,上册,第406—407页。

[142] 同上, 叶 44 上。

[143] 同上, 叶 44 下。

[144] 同上,"顺治二年六月丁丑"条, 叶 45 上。

[145] 同上, 叶 45 上—46 上。按:《年谱》未确指复信日期, 但信末一诗载于《刘子全书》中, 为《殉难诗三首》之一, 题目是《示秦婿嗣瞻》, 题下注"六月二十二日"(卷 27, 叶 56 下)。又按:江万里为宋末"左丞相兼枢密使", 咸淳十年(1274),"元兵渡江, 万里隐草野间, 为游骑所执","欲自戕, 既而脱归"。当他"闻襄樊失守, 凿池芝山后圃, 扁其亭曰'止水'","及闻警, 执门人陈伟器手, 曰:'大势不可支, 余虽不在位, 当与国为存亡。'及饶州城破,"万里竟赴止水死"。(《宋史》, 卷 418,《列传》177,《江万里》, 第 12525 页)关于刘宗周所引谢枋得的典故, 陈邦瞻(?—1623)的《宋史纪事本末》记载甚详, 节录如下:"(至元)二十五年(1288)夏四月, 征故宋江西招谕使谢枋得……时程钜夫(1249—1318)至江南访求人才, 荐宋遗士三十人, 枋得亦在列。枋得方居母丧, 遗书钜夫曰:'大元制世, 民物一新。宋室孤臣, 只欠一死。枋得所以不死者, 九十三岁之母在堂耳。'……二十六年(1289)夏四月, 福建参知政事魏天祐执宋谢枋得至燕, 不屈, 死之。初, 天祐见时方以求才为急, 欲荐枋得为功……诱枋得入城。与之言, 坐而不对, 或熳言无礼。天祐不能堪, 乃让曰:'封疆之臣当死封疆, 安仁之败何不死?'枋得曰:'程婴、公孙杵臼(?—前 597)二人皆忠于赵, 一死于十五年之前, 一死于十五年之后, 万世之下, 皆不失为忠臣。王莽篡汉十四年, 龚胜(前 68。后 11)乃饿死, 亦不失为忠臣。司马子长(迁)云:"死有重于泰山, 有轻于鸿毛。"参政岂足知此?'天祐怒, 逼之北行。……"(北京:中华书局, 1977 年, 卷 109,《文谢之死》, 册 3, 第 1189—1190 页。关于程婴和公孙杵臼的事迹, 参看第六章注[55]。袁闳为东汉末年高士, 据范晔记载:"延熹(158—167)

末,党事将作,阆遂散发绝世,欲投迹深林。以母老不宜远遁,乃筑土室,四周于庭,不为户,自牖纳饮食而已。……潜身十八年,黄巾贼起,攻没郡县,百姓惊散,阆诵经不移。贼相约语不入其间,乡人就阆避难,皆得全免。年五十七,卒于土室。"(《后汉书》,卷45,《袁、张、韩、周列传》第35,第1526页)

[146]《(刘宗周)年谱》,卷下,顺治二年六月丁丑"条,叶46下—47上。

[147]同上,叶47上;又同书,"顺治二年六月戊寅"条,叶47上下。

[148]同上,"戊寅"条,叶47下。

[149]同上。按:《绝命辞》是《殉难诗三首》之三,见《刘子全书》,卷27,叶57上。

[150]《(刘宗周)年谱》,卷下,"顺治二年六月戊寅"条,叶48下。

第四章　明季士大夫在忠与孝之间的抉择

传统士大夫自幼受儒家思想教育,莫不以忠臣孝子自期。在天下无事之时,忠孝两种德行固能并存;但在改朝易代之际,两者颇难兼顾。明季士大夫遭逢国难,便感到进退维艰。如御史陈良谟慨叹:"为子为臣,不能两全。"[1]兵部左侍郎张煌言(1620—1664)拒绝清人招聘时,亦有"忠孝已难两全"的感触。[2]诚然,对明季士大夫而言,忠孝确是难于取舍的。虽然陈良谟与张煌言最后都殉国而死,透过上述的话,可见他们先已考虑取舍问题,才做出抉择。另一方面,有些士大夫虽在明亡后意图捐躯殉国,但为了家有高堂而偷生,如黄宗羲称不殉国乃系"屈身养母"[3],陈确亦谓"未死皆缘母已老"[4]。可见他们也有考虑忠孝的取舍问题,才做出尽孝的决定。既然忠孝难两全,谁人应尽忠? 谁人应尽孝? 忠孝是否有高下之分? 这些问题,颇为明清之际士大夫所关注及讨论。

第一节　尽忠的例子

明季的忠臣义士，无论为抗清而死或自杀殉国，无疑都视尽忠比尽孝为重要。

就抗清者而言，如张煌言在"忠孝已难两全"的情况下，"倡义辞家"，终至"吾父见背，路隔华夷，奔丧无所"。虽然张煌言为此"抱恨终天"，[5]但他并不后悔"忘家"的决定，因为他相信：

> 两间自有正气，万古自有纲常，忠臣义士，惟独行其是而已。[6]

又如苏观生"镇守南安，粮运不继，动辄掣肘"，知道大势已去，仰天叹息说：

> 吾年五十未有子，老母七十有八，今岭头几日地，岂不怀归？然身受君命，事苟不免，有死而已。[7]

又如候任南昌知县刘曙（？—1647）在"南都之变"时本欲殉国，"特以父丧未葬，老母在堂"而不死。后因牵涉"通海"为清廷所捕，"械至南京，洪承畴霁颜相劳苦"，不屈。洪承畴说："汝不念老母邪？"刘曙答道："君亲原非两人，臣子岂有二理！"最终下狱被杀。[8]刘曙对忠孝的态度实先后不同：被捕前，他以孝为先；被捕后，他虽将忠孝相提并论，但从他不屈而死的事迹看来，他显然是舍孝取忠。

就自杀者而言，如陈良谟在嗟叹"为子为臣，不能两全"之余，选择了"为臣"之道，所以对执友李芳泰说："吾以国死，义不顾家。"[9]在自杀者殉国之前，家人亲友每每希望以尽孝为理由，打消他们的死意，但都被他们以不同理由驳回。现以崇祯十七年的死者为例，加以说明。

户部尚书倪元璐（1594—1644）"投缳"前，"所亲皆劝"他"权忍耻，出外举兵，再图匡复"。倪元璐不从。"所亲"于是说："太夫人在堂，亦不为之地耶？"倪元璐初时"默然，一泪及颧而止。既而曰：'老母八十四矣，而犹健康，夫复何憾！'"[10]马世奇自杀前"南向遥拜辞母"说："母生儿不能养，既不能尽忠，又不能尽孝，欲长依膝下不可得矣！"于是"闭一小室中自经。诸仆排户入救之"，并"泣劝"马世奇说："太夫人在，主未可死。"马世奇答道："不死，正恐留此身为太夫人辱耳。"[11]申佳胤在明亡前已萌殉国意念，"其母太安人年近七十，迎养京邸，左右以此为解"。申佳胤却说："吾业以身许国，势难两全。"[12]从上述例子可见，殉国者明显认为忠重于孝，所以在忠孝之间，选择了前者。

在重视孝道的风气下，有些士人在取舍忠孝之前，或先征求父母的意见。如傅日炯（？—1646）与族父平公在"江上师溃"后讨论说："吾辈义固当死，然俱有老母在，亦惟白于老母，许死则死耳。"结果，"平公白于母，不许；日炯白于母，许之，遂赴湄池死"。而"平公乃养日炯母终身"。[13]

明清之际，出现了不少"深明大义"的父母。例如，和州知州黎弘业（？—1636）在崇祯八年十二月（1636 年 1、2 月间）"城将陷"时，"系印于肘，跪告其母"李氏说："儿不肖，贪微官以累母，奈何！"李氏哭着对他说："汝勿以我为意，事至此，有死而已。"于是自缢而死，黎弘业亦随后殉节。[14] 又如成德的母亲在北京城陷后"争欲先引决"，反为成德"止之，以慷慨、从容二义为告"。[15] 后来"母见子女及媳皆已殁，亦恸而自缢"。[16] 又如金铉当"贼攻城急"时，"跪母章氏前"说："儿世受国恩，职任车驾，城破义在必死，得一僻地可以藏母，幸速去！"八十岁的章氏却说："尔受国恩，我犹不受国恩乎？事急，庑下井是吾死所。"终于在金铉投河死后，章氏"亦投井死"。[17]

此外，有些父母虽没有与儿子一同殉国，却成就了他们的节义。例如，当傅日炯的母亲知道儿子要自杀殉国后，"特来戒其酒，恐人以炯为酒误"而自戕。又如傅日炯自杀之前，"母躬具酒肴，命幼孙持浆满觞而三酌之，庆慰备至。至末觞"，傅日炯"跪而勿饮，母诘之"。傅日炯说："子乐母戚，是弗忍饮。"母说："儿饮！予勿戚也！"于是傅日炯才饮，"更涤觞献母"说："惟愿我母无楚于家！"母又"笑饮之"。这样，"母子劝饮半日，炯乃扶母上坐，四拜永诀而去。炯回顾母，母亦顾炯。母又即命曰："儿勿顾！"于是竟往上浒"，"投入冲中而死"。[18] 又如张煌言"之航海也，仓卒不得尽室以行。有司系累其家，以入告"。清廷以张煌言父张圭章尚在，"弗籍其家"，而令张圭章写信劝识张煌言归顺。张煌言复信说："愿大人有儿如李通（？—42），弗为徐庶。儿他日不惮作赵苞（？—177）以自赎。"而张圭章暗中"寄语"张煌言说："汝弗以我为虑也。"[19] 诚然，父母的开明态度，可使儿子较安心于尽忠。

第二节　从孝的例子

　　明亡以后,有些士大夫或欲投身复明,或欲轻生与国同亡,但因为家有老亲而不能遂志。

　　就前者而言,陈子龙便是一例。当夏允彝决意投水殉节后,与陈子龙"手疏见诀,不责以偕亡",而"勉以弃家全身,庶几得一当"。可是,陈子龙在夏允彝死后"一载于兹","窜处菰芦之下,栖伏枋榆之间,往来缁羽,混迹屠沽,若全无肺腑者"。陈子龙报书亡友,解释自己的苦衷如下:

　　　　仆门祚衰薄,五世一子。少失怙恃,育于大母,报刘之志,已非一日,奉诏归养,计终亲年。婴难以来,惊悸忧虞,老病侵寻,日以益甚。欲扶携远遁,崎岖山海之间,势不能也;绝裾而行乎? 孑然靡依,自非豺狼,其能忍之! 所以徘徊君亲之间,交战而不能自决也。悲夫! 悲夫! 亲以八十之年,流离野死,忠孝大节,两置涂地,仆真非人哉![20]

　　可见陈子龙在夏允彝死后,反复考虑应尽忠抑或尽孝的问题,虽然他把祖母的"流离野死"视为不孝,而自责于"忠孝大节,两置涂地",他的抉择反映了他把尽孝放在尽忠之上。因此,"自慈亲见背","藁窀粗毕"之后,即"日思芒屩屝南奔,荷一叟之任,分身陨首犹生之年","虽懦弱,安敢宁处"了。[21]陈子龙先亲后君的态度,昭然

上海松江跨塘桥,陈子龙于此自沉

若揭。张煌言向同辈说:

> 应念同仇多死友,休言有母不售人![22]

就是呼吁时人:国难当前,须以忠为先,孝为次。

就欲轻生者而言,如方文(1612—1669)"虽未仕金马门",但因
"父祖十世承国恩",所以在明亡时"几欲捐躯励微节",最后"以亲
故遂苟存"。[23]又如按察副使郑溱(1613—1698)知道北京陷落的
消息后,"恸哭投继",但为父亲劝阻,"瞿然中止"。郑溱父亲的话
引录如下:

> 汝祖母以十七岁孀妇遗腹生吾,荼苦数十年,唯汝一块肉
> 耳。汝纵不念吾,犹不念祖母乎?[24]

又如殉甲申之难的吴麟征的儿子吴蕃昌(1622—1656)"遭国
变,慨然有殉君父之志,伯父(吴麟瑞,1588—1645)责以为人后之
义,乃不果"。[25]又如徐枋(1622—1694)的父亲徐汧在南京失陷后
欲"殉节",徐枋"誓必从死",但父亲不许,命"长为农夫以没世"。
于是徐枋的"死志未遂",而"谨守"父亲的遗言,终身而不变。[26]又
如魏阀(1609—1678)在"甲申国变"时,"自念尊人年高,不即死,奉
尊人避乱湖滨",并且"弃诸生服,潜心易服"。[27]又如张罗喆为军
都督府佥事张纯仁第五子,助二兄张罗彦守保定,以拱卫京师。北
京"围急",张罗喆妻王氏对丈夫说:"我妇人惧辱,义必死。子兄弟
六人,如皆死,即绝尔父母后,何忍?"于是张罗喆听从妻子的话,

"变形易服,从水门亡去",而他的兄弟则在保定城破后殉节。[28]上述数人虽在亡国后有过殉节的意图,但因他们重孝多于重忠,所以选择了尽孝的道路。

此外,另有士大夫不但因有父母而不死,而且变节背主。如王孙蕙在北京陷后游说同乡赵玉森同"诣贼报名"。王孙蕙说:

> 百行以孝为先,君太公年高,图锦足矣。不为徐庶,忍心为赵苞耶?[29]

又如张家玉在"流贼"入京后"三上书于贼,责以大义,请宾而不臣";"见贼"的时候,"长揖"而不跪。"贼怒,缚柱上欲剐之,颜色不变,异而释之。"由于"愈欲其降,不可",所以"流贼"要挟"遣人往拘其父母,乃降,授原官"。[30]又如吴伟业在"甲申之变"时"里居,攀髯无从,号恸欲自缢,为家人所觉。朱大淑人抱持泣曰:'儿死,其如老人何?'"[31]其后吴伟业自责说:

> 故人往日燔妻子,我因亲在何敢死。憔悴而今困于此,欲往从之愧青史。[32]

顺治十年(1653),清廷征辟诏书下,"有司敦逼",吴伟业"控辞再四";但双亲惧祸,"流涕办严,摄使就道"。吴伟业"难伤老人意,乃扶病入都",出仕清廷。[33]

表面上,上述诸人都为尽孝而不死,甚至改节事二主,其实可能只是借口而已。韩菼(1637—1704)批评明季官员说:

呜呼! 彼仕而不死者多矣。其人又未必皆有父母之养于其身也;又或徼幸于父母之存,而借口以逭其不能死之罪者,比比也。[34]

韩菼所说甚是,如左春坊左中允兼翰林院编修赵士春(1599—1675)便承认在"乙酉之变,借口母在,不敢图死"[35]。近人推原吴伟业的心迹,亦指他说"我因亲在何敢死","不过是借口罢了"[36]。又如张家王为"广东人,父母在籍,未尝到京",竟为"流贼"吓到,无怪时人批评他"抗怯焂忽,殊自无谓"[37]。

第三节　如何取舍忠孝的意见

忠孝既难两全,而忠孝都有人选择,谁人应尽忠、谁人应尽孝的问题因而出现,并且成为明清之际士大夫经常讨论的话题。

有关忠孝的取舍问题,当时有不同的意见,就官员的取舍来说,有两种相反的说法。第一,有父母在堂,不必死。前述王孙蕙劝赵玉森效法徐庶的话,虽或是变节的借口,却反映出时人的一种想法,即父母健在,不必殉国。如孟兆祥在北京陷落以前已萌殉国之念,却对门人司勋郎熊文举(1631 年进士)谓,"子有老亲在千里外","尚可从容"[38]。又如金声与江天一在徽州城陷被清军所执,金声便对江天一说:"汝有老母,不必死。"[39] 当然,家有老母就不须尽忠的观念,不是人人都能接受,第一节举例甚多,兹不赘说。

第二，"尽忠即所以尽孝"[40]。另外有些殉国官员相信，他们必须尽忠，这样去做，不是忘孝，而是以忠存孝，无忝所生。例如，许直在北京陷后"归而觅死，家人以父阻之"。许直说："曩父寓书于直云：'无忝厥职，便是孝子！'天下有君死臣生谓之无忝者乎？然则今日之死，父命之矣！"于是许直"叩头君父"，自缢而死。[41]周凤翔亦于同时殉国，死前写信给父母说：

> 国君死社稷，人臣无不死君上之理，况身居讲职、官为侍从乎？父母生我、育我、教我，以有今日，幸不亏辱此身，贻两大人羞，我事毕矣！[42]

又如申佳胤在北京城破后，"左右请易服匿他所"，但申佳胤笑着回答说："我以孤童随老母起微贱，主上（朱由检）不以为不肖，食禄十有三年，国家事至此，何所复顾？独念大安人年老逢难，长背冈极。然辱身以辱亲，不孝滋大，我志决矣。"后来便投入王恭厂"灌畦巨井"中死。[43]又如左懋第使清议和，不屈被杀。拘留期间，思索"忠臣孝子"之道，得出下面的结论：

> 忠臣孝子，两全甚难，其实非难。从（伯）夷、（叔）齐死后，君臣义薄，纲常扫地，生也徒然。宋有文山，又有叠山，青史于今万古传。他两人父兮与母兮，亦称大贤。[44]

总括来说，上述类型的人明显是把忠放在孝之上，但为了为他们忘孝的行为辩护，所以提出"人臣当殉节，忠孝两无亏"的说法，掩饰他们"吾为国死,义不顾家"的行为。[45]

就士人来说,明清之际的舆论已指未出仕者没有殉国的义务(参看第五章第二节)。因此,如果他们的父母在世,他们更不必死了。例如,生员许王家(1607—1645)未仕而死,时人便认为他有两个理由"可以无死"。第一是"不仕,可以不死";第二是"不仕而父母在,尤可以不死"。[46]家有高堂而殉国的士人,后来更受到非议。如徐启睿(？—1645)在鲁王朱以海时"白衣参军",最后被清兵所执,"谕之降,则谩骂",因而触怒了清兵,被刳腹而死。全祖望为徐启睿立传,虽谓"公之志则烈矣",却指"其时公尚有亲也。君父良难兼顾,但公以环堵书生,未尝受国家恩命,而必弃其亲以从君,斯亦不无小过";并就此而引申,批评明季"以笃老之亲,因抗节而有所不顾"的人,认为"揆之圣贤之处此,未必其然,斯论世者所当知也"。[47]换言之,未出仕者应"从亲弃君",才没有过错。

因为已仕与未仕者的角色不同,所以明清之际又有出仕者须尽忠,未仕者须尽孝的调和之说。如孙奇逢认为:

> 古来烈士英人值屯遭蹇,已入仕者先君后亲,未入仕者先亲后君,各有攸当。[48]

屈大均亦说:

> 人尽臣也,然已仕、未仕则有分。已仕则急其死君,未仕则急其生父,于道乃得其宜。[49]

因此，就已仕者而言，如陆培自杀前作书遗母，便说：

> 儿不自意得跻科目，其自癸未（崇祯十六年），儿非母有，宁自溃乱以伤先人砥砺之意。有两弟可慰天年，譬儿夭折或襁褓不育，天下亦有此事。儿从先帝意适，勿以为不幸。[50]

既然"得跻科目"以后，"儿非母有"，现在国难临头，自然应当"先君后亲"了。所以陆培强调他的殉国是"适意"，不是"不幸"。他的弟弟未曾出仕，因此他们的责任是慰母亲天年，即"先亲后君"，套用孙奇逢的话，可谓"各有攸当"。相反来说，彭之灿（？—1658）未曾仕君，遇到国变则"欲以此作首阳"而殉国，无怪孙奇逢规劝他宜"归首丘"以养亲，因为他的情况应是"先亲后君"。[51]

其次，在传统社会里，忠与孝常常被视为一致和统一，如《礼记·祭统》说：

> 忠臣以事其君，孝子以事其亲，其本一也。[52]

在明清之际已仕者尽忠、未仕者尽孝的观念里，尽忠与尽孝亦系两者恪守本分的表现，彼此地位一致，并无高下之分。例如，屈大均就《易经·困卦》"君子以致命遂志"一句而阐释忠孝之道说：

> 忠者，臣之命也；孝者，子之性也。君得有其臣之命，父母得有其子之性，而天下已治矣。致命遂志云者，臣致其命而后臣之志乃遂，子致其性而后子之志乃遂也云尔。[53]

　　由于"君得有其臣之命",无怪屈大均以为"已仕则急其死君";由于"父母得有其子之性",所以屈大均认为"未仕者则急其生父"。这样,尽孝便能与尽忠等同起来。

　　殉国者由于弃亲从君,因而提出以忠存孝之说,以遮掩他们无法尽孝的遗憾。不死者或者亦因为舍忠取孝,所以采取传统的"移孝作忠"说,[54]文饰他们未能尽忠的缺点。陈确在祭宗祠时的话,便是一例,引录如下:

　　　　国难殊足忧,家祸亦可怜。移孝即作忠,亲亲宜所先。[55]

　　可是,无论未仕者须先尽孝或移孝作忠,都不能抹杀他们不能死的事实。于是,齐之千提出进一步的观点,尝试解决这个问题。首先,他引录谢枋得"某所以不死者,以有九十三岁老母在堂耳"与"某不得为忠臣,犹愿为孝子"等语,及"经"所谓"资于事父,移孝以作忠",申明"孝与忠非二道,死孝即所以死忠"的道理。接着,他又举出四个例子,阐述"不成忠者不成孝"的道理。引录如下:其一,"古无位而死忠者,推孤竹;首阳饿死,忠矣。其先以父命逊国,此孝子之所用心"。其二,"泰伯遵父命让季历,本孝子事,而识者又谓即夷、齐叩马之心"。其三,"陶渊明为晋处士,作《五等孝传赞》加丁宁焉"。其四,"李陵不顾老母,忘汉,病死沙漠"。透过这四个例子,齐之千得出下面的结论:

　　　　忠孝两成者,不在生死,可以死,可以不死。[56]

这样，无论已仕者或未仕者，只要能够克尽孝道，并"移孝以作忠"，他们的不死便不是缺点了。然而，理论终归是理论罢了。陈确批评"全肤体为孝"说时指出：

> 如此解，则天下何多孝子耶？忠臣孝子，是一是二。偷生与死义，孰为无忝，孰为辱亲，儒者必有能辨之矣。[57]

诚然"忠臣孝子，是一是二"，还是可以辨明的。

第四节　薙发与忠孝之间的矛盾

北京将陷，有人对申佳胤说："有变，薙发可免。"申佳胤答谓：

> 毁父母之遗不孝，不可。[58]

上述所谓"薙发"，乃指削发为僧。马世奇在北京陷后自缢，死前写信给弟弟说：

> 衙门多有削发为僧者，虽于"身体发肤，受之父母"之义未免有碍，然亦不得已之苦心，彼念主上犹在南也。忠臣不事二君，吾自当以一死报主上，数月前主意已定。所不能恝然者，母亲耳！吾幸全受全归，母亲自可无憾。[59]

上述例子反映削发图生与孝道观念的冲突。因此,马世奇虽舍孝取忠,仍能以"全受全归"而自豪,以为未尽亏孝道。

顺治二年六月,钱塘失陷,知县顾咸建"弃官而走"。清兵追及,"令其薙头改冠",顾咸建不从,答道:

> 不仕以完臣道,不髡以完子道。[60]

同年八月,清廷"下薙发令",许王家自杀。他申明原因如下:

> 父母冠我时,祝我为何如人? 此发岂复可毁伤耶![61]

上述二例同系因儒家的思想而不肯薙发苟活,不过他们抗拒的,不是佛教的风习,而是清廷对汉族的压迫。

在清廷的"不薙发者以违制论斩"令下以后,"吏恫不薙发者至军门,朝至朝斩,夕至夕斩"。[62]诚然,对自幼已熟悉"身体发肤,受之父母,不敢毁伤,孝之始也"[63]思想的士大夫来说,清廷的薙发令迫使他们走入进退两难的境地,迫使他们在国亡后面临另一次生与死的抉择,甚至更掀起一场反抗的浪潮。[64]因为在明季士大夫看来,"薙发则亏体,亏体则辱亲,亏体辱亲"便不能为人。因此许多人都不愿意薙发,甚至更进一步认为"以不薙发死",便能"无忝所生"。陈确起初就本着这个信念,不肯薙发。后来,当他听闻"不薙发而见执者,法未必死,而大戮辱之,终亦不免于薙发"的消息后,立场开始动摇,以为"不杀而终薙发,则名垢身辱,而吾志不得遂,即愤而自杀而已,无解于亏体辱亲之罪"。在陈确心目中,自行薙发与被捕后强行薙发"同罪",因而希望在两者之间选出一条"未甚戮辱"的途径,所以"亦思变计从俗"而自行薙发。毕竟,他仍感到"发非确之发,父母所遗之发也",因此"不敢自擅",所以"敬斋卜日,请命于显考而乃从事"。[65]

上述陈确用来证明为何要改变对薙发立场的消息,谅非杜撰。如明末诸生卢象晋"念两兄(卢象升,1600—1639;卢象观,？—1645)苦为国死,乙酉后,不就试,率闭户著书。至庚寅(顺治七年,1650),尚发完。偶为仇者所持讦,逮清抚土(国宝),土重伤其家率忠主竭命,颇欲生之,故曰:'知晋不敢抗清,当是薙后复生。'晋大言曰:'此发故自明出。'士卒义之,出强薙入见,为已其事"。[66]此事虽发生在陈确的记载以后,亦可作为陈说的佐证。然而,因为怕被强行薙发便想自行薙发,反映了陈确性格怯弱的一面。

其次,陈确一方面自称"生无益于时,正忧不得死所,而以不薙发死",便能"无忝所生",可是他为什么不"先死之"呢？陈确说这是因为"母在不忍也"。但问题是,既然说因为母在不忍死,那么从前又何以不薙发而又"不畏杀"呢？陈确辩护说:

> 苟虏而见杀,则是非人子之获已也,义不得不尔也。且吾昔之所为不畏死者,非扬扬然号于人曰:"吾发未薙,尔执于官而杀之也。"凡可以晦迹而全生者,无不至也。倘万不幸而卒见获而被投,而吾心亦可以无愧矣。与无故而先自杀以弃吾母者,微有间。[67]

上引的设问设答,与其说是"告先府君",毋宁说是陈确为自己的行为做合理解释的辩白,以求心之所安而已。幸而他的父亲有灵,"同意"他的"请命",否则他便无法解决薙发与"亏体辱亲"之间的矛盾了。当他的女婿董世琮"以剪发作数日悲"时,陈确写了一首诗安慰他说:

> 守身昔称孝,儒者良所志。世乱相驱迫,悲哉忽捐弃!珍重千古心,捐弃须臾事。捐弃奚足悲?区区事已逝。一毛亦前定,得失非所意。吾体虽幸全,栗栗胡敢恃!君子忧其大,方寸难区置。时时惧有失,数茎岂为累!勉之勤进修,古贤宜可至。完亏在厥性,具形未云贵。[68]

陈确等既选择生存,薙发苟活势所难免,唯有委诸天意,并且退而思自励及互勉,盼能有裨世道,将功补过。

明遗民既已薙发求存,当他们赞扬留发杀身的人时,实已自相矛盾而不自知。例如,崇祯七年(1634)进士曾亨应(?—1646)在顺治二年"南昌陷"后,"与同县知州揭重熙(?—1651)倡义抚州,人心涣散,无以支,乃使其弟和应(?—1647。按:曾和应为监生)奉父"。城陷,曾亨应与子曾筠(?—1646)"不屈死";曾和应"奉父走肇庆"。后肇庆亦陷,曾和应欲自杀,说:"吾而髡发,何以见吾兄?"虽然许多人劝阻他,但他最后还是"整衣拜父投井死",在留发而死与奉父而生之间,选择了前者,屈大均在记载上述事迹后,对曾和应的取舍做出这样的评价:

> 和应之去也以奉父，奉而不终，以两行在俱陷故也。至是
> 生而奉父，孝而非孝，不若死而从兄，非忠而忠之为愈矣。[69]

曾和应的死，表面上是"死而从兄"，不是忠君而死。但屈大均则从另一角度着眼，诠释曾和应的死。他大概认为曾和应不肯"髡发"而死，不但是忠于前朝衣冠的表现，而且更能凸显兄长忠节的影响力，所以说"非忠而忠之为愈"。另一方面，头发受之父母，"髡发"便属不孝。在这个前提之下，"奉父"虽为尽孝，但"髡发"而"奉父"，便变成"孝而非孝"了。既然屈大均用上述标准衡量曾和应，那么屈大均本人的生而奉母岂不是变成"孝而非孝"了吗？

顺治三年，"广州破陷"，屈大均心"怀忠愤，有捐躯报国之志"。[70]他的老师陈邦彦（1603—1647）当时为兵科给事中，起兵攻广州。兵败，入清远。城破被执，不屈而死，弟子数人同时殉难。屈大均虽然追随陈邦彦起兵，后来又为他收尸，却没有捐躯报国。屈大均解释其中原因如下：

> 予少遭变乱，沟壑之志积之四十余年，濡忍至今，未得其所，徒以有老母在焉耳。[71]

此外，屈大均在他的诗中，常常提到因为母亲而不能尽忠报国，举例如下：

> 磨剑未屠龙，弯弓未射虎。郁抑英雄姿，念我有慈母。[72]
> 涕泣辞宗国，间关出战尘。发肤归父母，薪胆献君臣。[73]

　　母在身难许,年衰道未闻。[74]

　　母老如何出? 官闲未敢辞。[75]

　　屈大均指出"已仕则急其死君,未仕则急其生父,于道乃得其宜"的说法(详第三节),极可能是为自己的舍忠取孝而提供理论根据。可是,上述说法与屈大均称赞曾和应的意见,互相排斥,不能共存。因为,如果以"已仕""未仕"之说衡量曾和应,由于他未仕,所以应"急其生父,于道乃得其宜"。曾和应既然不"生而奉父",屈大均理应指摘曾和应"于道不得其宜",不应反加赞美。相反,如果以"生而奉父,孝而非孝"之说绳墨屈大均,他诚难免受责。其实,屈大均"发肤归父母"这句诗,甚为反讽,诚如张秉纯指出:

　　发肤受之父母,不全归则不孝。[76]

　　前引陈确亦谓"薙发则亏体,亏体则辱亲"。因此,屈大均薙发奉母而生,无形中就是以"不孝"存孝;套用屈大均的话,则是"孝而非孝"。由此可见,当屈大均称美曾和应的舍孝取忠时,已堕入自贬的窠臼而不自知了。然而,苛论古人,岂是笔者之意! 不过就事论事,指出他们的矛盾之处而已。

第五节　忠孝不能两全下的遗憾

　　明季殉国者在忠孝难全的困境下毅然死去,虽然在忠君方面

显得理直气壮,但在孝亲方面实有亏欠。如徐汧在"敌薄都城"时已"誓必死",作《矢志诗》寄母说:

> 为臣贵死忠,义更无他顾。所伤有孀亲,就养在中路。[77]

又如夏完淳(1631—1647)在临刑当日,作《狱中上母书》说:

> 呜呼!双慈在堂,下有妹女,门祚衰薄,终鲜兄弟。淳一死不足惜,哀哀八口,何以为生!虽然,已矣!淳之身,父(夏允彝)之所遗;淳之身,君之所用。为父为君,死亦何负于双慈!但慈君推干就湿,教《礼》习《诗》,十五年如一日。嫡母慈惠,千古所难。大恩未酬,令人痛绝。[78]

诚然,殉国者虽或早已选定尽忠,但并不因此而能忘孝。至于徘徊于忠孝两途者,最后哪怕选择从忠,对孝道亦难释怀。如许德溥(? —1647)在"甲申闻北变"后,"号哭数日,寝食俱废"。及"剃头令下",许德溥本以"头可断,发不可剃","誓以死殉",但父亲对许德溥说:"尔不剃发,必死发;尔死父馁,奈何?"于是许德溥"剪其发,如头陀然",但"于臂间刺'生为明人,死为明鬼'八字"。事发被捕,许德溥不屈,以"谢叠山者,亦曾剃头,后始殉节"自况,并谓"叠山之剃头为老母,德溥之剃头为老父,今事已至此,有死何辞"。"狱具,拟斩,坐其父城旦"。许德溥请求县令说:"死固当,愿释老父。"县令"义而释之",许德溥高兴地说:"得脱老父,死无恨矣!"[79]

由于不能忘孝,所以在死忠以前,他们多考虑过供养父母的问题。如果他们有兄、弟、妻、子、侄等，问题便较易解决。关于兄的例子，如许直在甲申殉国，客羊君辅尝"从旁慰解，动以亲老子幼"。许直回答说："有兄在，吾无忧也。"[80]关于弟的例子，如江天一在徽州起义失败，清廷"购天一甚急"，天一"归嘱其母于弟天表"，然后自投罗网，为国捐躯。[81]关于妻的例子，如许王家投水前，"以父母属妻顾氏"说："尔善事堂上，吾不能终养为孝子矣。"[82]关于子的例子，如汪伟死前"手书贻子孝廉观生（1642年举人）"说："老母不能终养……吾儿事也。"[83]关于侄的例子，如吴甘来自缢前，"兄子家仪自外至，相与恸哭"，吴甘来对吴家仪说："吾不死无以见（志），然祖母尚在，汝若死，无以终养。"[84]如果殉国者没有子嗣，供养父母的事宜便须另作安排。例如，陈良谟虽谓"殉难之官，不应口言家事"，到底还是立下遗嘱，交代立嗣、分产、养母等事。[85]史可法无子，特地收副将史得威为继子。本来，史得威想从史可法死，史可法不允，说："我为国亡，子为我家存，我以父母大事嘱子，子可勿辞。"又说："为我祖宗父母计，我不负国，子忍负我？"这样，史得威才肯受命。[86]于是史可法上书告诉母亲说："得副将得威完儿后事，望母亲以亲孙抚之。"[87]

为了弥补不能尽孝的过失，殉国者在死前仍设法安慰父母，希望可以减轻他们丧子的悲痛，如申佳胤投入井后，向两仆人呼叫说：

汝等归慰太安人，君亡与亡，有子作忠臣，毋过戚也。[88]

就是希望以忠的观念开解母亲。又如周凤翔死前写信给父母说：

> 罔极之恩,矢之来生,万千珍调,不必以男为念。[89]

以及马世奇所谓:

> 魂气无所不之,在天为日星,在地为河岳,固时时周旋母亲之侧也。[90]

就是希望以孝子依依难舍之情,恳请父母珍重。又如魏学濂在绝命诗中告诉母亲说:

> 人生谁百年,寿夭死所同。我比兄与弟,我年为独丰。高堂无复悲,譬不生阿侬。辞母却就父,生死犹西东。[91]

以及史可法上书谓:

> 望母亲委之天数,勿复过悲,儿在九泉亦无所恨。[92]

乃是以天命为据,希望母亲能节哀顺变。此外如张国维命人“对太夫人勿言我死,言遁去”[93],就是怕母亲知道自己的死讯后过哀,所以隐讳不报,免她伤心。

尽忠者固难死得安心,而尽孝者也活在内疚与惭愧的心境之中。如黄宗羲与张煌言共起兵于浙东,最后张煌言尽忠,黄宗羲尽孝,当黄宗羲为张煌言撰写墓志铭时,便流露出内心的惭愧说:

余与公,则两世之交也。念昔周旋鲸背蛎滩之上,共此艰难。今公已为千载人物,比之文山,人皆信之。余屈身养母,戋戋自附于晋之处士,未知后之人其许我否也?[94]

又如周颖侯在"甲申之变天地裂"时,"气激欲自尽",并已"书绝命词",但因"伤哉二老垂白年,乃祖八十尤皤然。抱持号泣互相守,解缚不得从所天"。由于他感到"君亲一理那可弃",于是"且活余生俱粗粝,永栖陇亩为顽民"。然而,他对自己不能尽忠一直耿耿于怀,所以"偶对人言还自愧"。[95]又如高承埏(1602—1647)"遭乙酉之变,痛愤不欲生",但是"念太夫人春秋高,终鲜兄弟,未能即自引决",因而"悲歌慷慨,低回结辙,以生为可厌,而以死为可乐也"。[96]

陈确在明亡以后不断肯定自己生存的价值,反映出遗民因为尽孝而不能尽忠的痛苦一面。陈确的同学祝渊和老师刘宗周在顺治二年先后自杀殉国,陈确却因母老不能死,因而毕生难过不已。所以在文字中常流露"晚死惭师(刘宗周)友(祝渊)"[97]的苦痛思绪,甚至自责说:

吾师吾友,循节安理。存为明臣,没为明鬼。予生惘然,曷究厥止![98]

又说:

先生(刘宗周)与开美(祝渊)俱死国难,而确独隐忍苟活,皇皇未知所税驾也，悲夫！[99]

此后，陈确努力探求自处之道，并希望为自己的不死寻求合理的根据。然而，无论陈确的说法如何冠冕堂皇，到底不是他一直以来的信念。因此，每当他想起殉国的师友，内心仍感到苦恼。由此可见，舍忠取孝的抉择，始终令他感到遗憾。[100]

注释

[1]陈良谟：《题绝命词后》，《陈忠贞公遗集》，卷 3，叶 4 上。

[2]张煌言：《复田提督雄、张镇杰、王道尔禄书》，见氏著《冰槎集》，载于氏著《张苍水集》（北京：中华书局，1959 年），第 1 编，第 2 页。

[3]黄宗羲：《兵部左侍郎苍水张公墓志铭》，《黄梨洲文集·碑志类》，第 206 页。

[4]陈确：《过查肇五漫赋兼寄封娄兄弟》，《陈确集·诗集》，卷 7，下册，第 750 页。

[5]张煌言：《祭四叔父文》，《冰槎集》，载于《张苍水集》，第 1 编，第 25 页。

[6]同注[2]。

[7]邵廷采：《东南纪事》，卷 4，《苏观生》，第 216 页。

[8]徐鼒：《小腆纪传》，卷 49，《列传》42，《忠义》1，《刘曙》，下册，第 524 页。

[9]计六奇：《明季北略》，卷 21 上，《殉难文臣·陈良谟》，下册，第 539 页。

[10]同上，《倪元璐》，第 506 页。

[11]同上，《马世奇》，第 521、522 页。

［12］同上，《申佳胤》，第 541 页。

［13］翁洲老民：《海东逸史》，卷 17，《忠义》4，《傅日炯》，第 187 页。

［14］张廷玉等：《明史》，卷 292，《列传》180，《忠义》4，《黎弘业》，第 7492 页。

［15］《明季北略》，卷 21 上，《殉难文臣·成德》，下册，第 545 页。

［16］同上，卷 24，《门户杂志》，下册，第 710 页。

［17］同上，卷 21 上，《殉难文臣·金铉》，下册，第 547 页。

［18］徐芳烈：《浙东纪略》，第 185 页。

［19］全祖望（1705—1755）：《明故权兵部尚书兼翰林院侍讲学士鄞张公神道碑铭》，见氏著《鲒埼亭集》（《四部丛刊》本），卷 9，叶 10 上。按：李通助东汉光武帝刘秀平定天下，恢复汉室（详范晔《后汉书》，卷 15，《李、王、邓、来列传第五》，第 573—577 页）。徐庶初仕刘备（蜀汉昭烈帝，161—223，221—223 在位），曹操（155—220）取荆州，跟从刘备南行，因为母亲被曹军所执，被迫归降曹操（详陈寿《三国志》，卷 35，《蜀书·诸葛亮传》，第 914 页）。赵苞在东汉熹平末年任辽西太守，派人迎接母亲和妻子到辽西，途中为鲜卑人俘虏，鲜卑人进攻辽西，把赵苞的母亲和妻子作为人质。但赵苞母说："人各有命，何得相顾？"于是赵苞立即开战，击败鲜卑军，但是母亲与妻子因而被害。赵苞在事后自杀赎罪（详《后汉书》，卷 81，《独行列传第七十一·赵苞》，第 2692—2693 页）。

［20］陈子龙：《报夏考功书》，《陈忠裕全集》，卷 27，叶 13 下、17 下—18 上（上册，第 478、486—487 页）。

［21］同上，叶 18 上下（第 487—488 页）。

［22］张煌言：《寄纪侍御衷文》（其二），见氏著《奇零草》，载于《张苍水集》，第 2 编，第 166 页。

［23］方文：《赠别周颖侯》，见氏著《嵞山集》（上海：上海古籍出版

社,1979年),卷3,叶9下—10上。

[24]郑梁(1637—1713):《中宪大夫显考秦川府君行状》,见氏著《寒村安庸集》(载于《寒村诗文选》,紫蟾山房藏板本),卷2,叶26上。

[25]吴复本:《祇欠庵集原叙》,见吴蕃昌:《祇欠庵集》(《适园丛书》本),该文,叶1上。按:吴麟瑞虽然没有殉国,但亦因其弟吴麟征的殉国,在顺治二年"忧死"(参看陈确《哭秋浦先生》,《陈确集·诗集》,卷7,下册,第743页)。

[26]徐枋:《与冯生书》,见氏著《居易室集》(《四部丛刊》本),卷3,叶10上。并参看《诫子书》,同上,卷4,叶5下—6上;《书成告家庙文》,卷15,叶20上—21上。

[27]周镛:《清风遗集原序》,见魏阀《清风遗集》(光绪壬辰[十八年,1892]汉川甑山书院藏板本),该文,叶1上。

[28]钱𱆞:《甲申传信录》,卷7,《董狐剩英·守汴三·张罗彦》,第136页。按:张罗喆原文为"张罗诘",唯查继佐(《罪惟录》)作"张罗喆"(杭州:浙江古籍出版社,1986年,《列传》,卷9上,《抗运诸臣列传上·张罗彦》,册2,第1525页)。由于其余五兄弟的名为俊、彦、士、善、辅(同上二书),所以当以"喆"为是,"诘"或为手民之误。

[29]《甲申传信录》,卷5,《槐国衣冠·盐运使》,第92页;《明季北略》,卷22,《从逆诸臣·赵玉森》,下册,第605页。按:徐庶与赵苞的典故,详注[19]。

[30]《明季北略》,卷22,《从逆诸臣·张家王》,下册,第618页。

[31]顾湄:《吴梅村先生行状》,见吴伟业《吴梅村全集》(上海:上海古籍出版社,1990年),《附录》1,下册,第1404页。

[32]吴伟业:《遣闷六首》(其三),《吴梅村全集》,卷10,《诗后集》2,上册,第260页。

[33]顾湄:《吴梅村先生行状》,《吴梅村全集·附录》1,下册,第1405页。

[34]韩菼:《许秀才传》,见氏著《有怀堂诗文集》(康熙四十二年[1703]镌本),卷13,叶3下—4上。

[35]赵士春:《先姚何太淑人行述》,见氏著《保闲堂集》(光绪癸未[九年,1883]冬常熟赵氏用聚珍板刷印本),卷24,叶5上。

[36]孙克宽:《吴梅村北行前后诗》,台北《"中央图书馆"馆刊》,7卷4期(1974年3月)。

[37]江上外史:《甲乙史》,据《明季北略》,卷22,《从逆诸臣·张家玉》引,下册,第6180页。按:计六奇虽引这则记载,但他对张家玉则有不同的评价,引录如下:"就其抗颜贼庭,睹死不惕,即古之烈士,何以加焉! 虽为亲改节,以方徐庶,非其例矣!"(同上)此外,清季人黄芝又批评"杂史"所载张家玉"为善不终"的事迹,"盖论其迹,而不论其心也"(见氏著《粤小记》[道光十二年(1832)刻本复制本,广州:广东省中山图书馆,1960年],卷3,叶26下—27上)。

[38]《明季北略》,卷21上,《殉难文臣·孟兆祥》,下册,第517页。

[39]屈大均:《皇明四朝成仁录》,卷8,《隆武朝·徽州起义传》,叶278上下。按:江天一并没有听从金声的意见,最后与金声同时受刑而死。参看第三章第五节。

[40]凌义渠自缢前"上尊人书,有'尽忠即所以尽孝,男视死如归,含笑入地'语"(《明季北略》,卷21上,《殉难文臣·凌义渠》,下册,第513页)。

[41]黄宗羲:《弘光实录钞》(《黄宗羲全集》,第2册本),卷2,第43页。

[42]《甲申传信录》,卷3,《大行骖乘·文臣》,第41页。

[43]陈子龙：《申节愍公传》，《陈忠裕全集》，卷29，叶10上（上册，第581页）。

[44]左懋第：《沁园春》，见《弘光实录钞》，卷4，第108页。

[45]陈良谟在北京城陷后，"大书二十字于桌曰：'国运遭阳九，君王迈难时，人臣当殉节，忠孝两无亏。'""仆地昏晕者数四，自足水浆不入口。""时有执友李芳泰在旁"，陈良谟对他说："吾为国死，义不顾家。"（《明季北略》，卷21上，《殉难文臣·陈良谟》，下册，第538—539页）

[46]同注[34]。

[47]全祖望：《明锦衣徐公墓柱铭》，《鲒埼亭集》，卷8，叶7上。

[48]孙奇逢：《复彭了凡》，《夏峰先生集》，卷7，叶33上。

[49]屈大均：《周秋驾六十寿序》，见氏著《翁山文外》（戊申[1920]吴兴刘氏嘉业堂刊本），卷2，叶62上。

[50]查继佐：《国寿录》，卷2，《行人陆公传》，第50页。

[51]同注[48]。

[52]见《礼记正义》，卷49，第374页（上册，第1602页）。

[53]屈大均：《黎大仆集序》，《翁山文外》，卷2，叶22下。

[54]例如，《孝经·广扬名》说："君子之事亲孝，故忠可移于君。"（见《孝经注疏》[《十三经注疏》本]，卷7，第20页[下册，第2558页]）。按：《孝经》中尚有其他相类的观点，参看注[56]。

[55]陈确：《告宗祠》，《陈确筑·诗集》，卷2，下册，第632页。

[56]齐之千：《谢黎博庵老师撰先公传书》，见氏著《兼斋文集》（哈佛大学哈佛燕京图书馆藏19卷附4卷本），卷3，叶261下。按：谢枋得的话，见氏著《上程雪楼御史书》，载于氏著《叠山集》（《四部丛刊》本），卷4，叶1上及4上。谢枋得对忠孝的观点，该书尚有："传曰：'求忠臣必于孝子之门。'为人臣不尽孝肚家而能尽忠于国者，亦未之有也。"（叶2

上)"为人子止于孝,为人臣止于忠。"(叶 4 上)至齐之千所引"经",疑脱胎自《孝经·士章》:"资于事父以事君而敬同。……故以孝事君则忠。"而"注"解后句说:"移事父孝以事于君,则为忠矣。"(见《孝经注疏》,卷 2,第 10 页[下册,第 2548 页])至齐之千所举例,第一例详司马迁《史记·伯夷列传》,唯据司马迁所载,"饿死于首阳山"者为伯夷、叔齐,二人乃"孤竹君之二子也"(卷 61,第 2123 页)。第二例事亦可参看《史记》,卷 31,《吴太伯世家第一》,第 1445 页。第三例所提《五等孝传赞》或作《五孝传赞》,有人认为不是陶渊明的作品,因此一些陶渊明集不予载录。但陈澧(1810—1882)认为"不必疑",并且收录全文(见氏著,陈之迈编集《陶渊明集札记》[香港:龙门书店,1974 年],卷 8,第 76—81 页)。第四例事见班固《汉书》,卷 54,《李广、苏建传第二十四》,第 2450—2459 页。

[57]陈确:《学者以治生为本论》,《陈确集·文集》,卷 5,上册,第 158 页。

[58]陈子龙:《申节愍公传》,《陈忠裕全集》,卷 29,叶 9 下(上册,第 580 页)。

[59]《明季北略》,卷 21 上,《殉难文臣·马世奇》,下册,第 522 页。按:同传又谓"北京陷后,有朝士数人,微服相过"马世奇,其"中有削发者"说:"皇上且南,吾辈以此故偷生。"(同上)

[60]《弘光实录钞》,卷 4,第 96 页。

[61]魏禧:《许秀才传》,《魏叔子文集》,卷 17,叶 130 下。

[62]陈确:《告先府君文》(顺治三年),《陈确集·文集》,卷 13,上册,第 310 页。

[63]《孝经·开宗明义章》,见《孝经正义》,卷 1,第 7 页(下册,第 2545 页)。

[64]有关清初汉族士大夫的护发事迹,参看胡蕴玉(胡朴安,1878—1947)《发史》(见广文编译所[编]《清史集腋》[台北:广文书局,1972年),册1,第165—186页);胥端甫:《辩发衣冠与民族气节》,见氏著《明清史事随笔》(台北:台湾商务印书馆,1969年),第37—79;冯尔康:《清初的剃发与易衣冠——兼论民族关系史研究内容》,《史学集刊》,1985年第2期;陈生玺:《清初剃发令的实施与汉族地主阶级的派系斗争》,《历史研究》,1985年4期;吴琦:《清初的剃发与反剃发——兼论民俗心理与民族意识》,《中南民族学院学报》,1989年第5期;包群立:《从剃发制度看清朝的民族政策》,《内蒙古民族师院学报》,1991年第3期;王冬芳:《剃发——清初民族征服政策失败的实例》,载《明清史国际学术讨论会论文集》编辑组:《第二届明清史国际学术讨论会论文集》(天津:天津人民出版社,1993年),第289—298页。

[65]同注[52]。

[66]《国寿录》,卷1,《兵部尚书卢象升传》,第3页。

[67]陈确:《告先府君文》(顺治三年),《陈确集·文集》,卷13,上册,第310—311页。

[68]陈确:《董甥典瑞以剪发作数日悲简慰之》,《陈确集·诗集》,卷2,下册,第635页。

[69]《皇明四朝成仁录》,卷8,《隆武朝·抚州前后起义传》,叶275上—276下。

[70]屈大均:《仲兄铁井先生墓表》,《翁山文外》,卷7,叶6下。

[71]屈大均:《屈沱记》,《翁山文钞》,卷2,叶又28下。

[72]屈大均:《将归东粤省母留别王二丈亹、祁四丈骏佳》,见氏著《翁山诗外》(上海:国学扶轮社,宣统二年[1910]),卷3,叶19下。

[73]屈大均:《北游初归奉家慈还居沙亭作》(其三),同上,卷5,叶

1 上。

[74]屈大均:《别倪生》,同上,卷6,叶2上。

[75]屈大均:《代景大夫岁暮客建陵作》,同上,卷8,叶14下。

[76]温睿临:《南疆逸史》,卷45,《列传》41,《义士·张秉纯》,第339页。

[77]《皇明四朝成仁录》,卷7,《弘光朝·苏州死事死节传》,叶244下。

[78]夏完淳著,白坚笺校:《夏完淳集笺校》(上海:上海古籍出版社,1991年),卷9,第413页。

[79]张岱:《石匮书后集》,卷57,《义人列传·许德溥》,第319—320页。按:许德溥疑即第三章第二节提及的许元博。据高宇泰《雪交亭正气录》谓:"许德溥,字元博,如皋人。"(卷2,叶18下)

[80]《明季北略》,卷21上,《殉难文臣·许直》,下册,第542页。

[81]《皇明四朝成仁录》,卷8,《隆武朝·徽州起义传》,叶278下。

[82]魏禧:《许秀才传》,《魏叔子文集》,卷17,叶130下—131上。

[83]《明季北略》,卷21上,《殉难文臣·汪伟》,下册,第532页。

[84]《甲申传信录》,卷3,《大行骖乘·文臣》,第460页。按:原文缺"志"字,现据《明季北略·殉难文臣·吴甘来》补入,但计六奇所载稍有不同,引录如下:"兄子家仪奔至,公(吴甘来)相与恸哭,曰:'我不死无以见志,汝父死无以终养,古者兄弟同难,必存其一。'"(卷21上,下册,第534页)如果吴甘来的事例不足以作为托母于侄的例子,如陈良谟《遗嘱》谓"老母年高,惟靠兄侄奉侍"(《陈忠贞公遗集》,卷3,叶4上),可为一例。此外,亦可以魏学濂(1608—1644)为例,魏学濂的绝命诗说:"忠孝千古事,于我只家风。一死轻鸿毛,临难须从容。……所痛母垂白,七十仍尸饔。未葬凡五丧,留与子侄封。"(《明季北略》,卷22,《从逆

诸臣·魏学濂),下册,第 610 页)又按:魏学濂在甲申之变后"从逆",后自缢而死。或谓魏学濂"从逆"仍欲"结连豪杰,意在报韩,隐忍图存,冀翼皇嗣";或谓本意"投款";或谓"一时堕误"。而他的死或谓"自经";或谓"自称殉难";或谓"其人近死,而孝子慈孙欲其幽厉改谥";或谓"知愧而死"。总之,诚如计六奇所谓"忠邪莫辨,贤逆难分";"誉之者多溢辞,而毁之者亦属过诬"。(同上,第 610—612 页)

[85]陈良谟:《遗嘱》,《陈忠贞公遗集》,卷 3,叶 3 下—4 上。

[86]抱阳生:《甲申朝事小纪》(北京:书目文献出版社,1987 年),《初编》,卷 1,《史可法维扬殉节纪》,上册,第 13 页。

[87]史可法:《遗书·上大夫人》,《史可法集》,卷 4,第 110 页。

[88]同注[43]。

[89]同注[42]。

[90]同注[59]。

[91]《明季北略》,卷 22,《从逆诸臣·魏学濂》,下册,第 610 页。

[92]同注[87]。

[93]《东南纪事》,卷 5,《张国维》,第 219 页。

[94]同注[3]。

[95]方文:《赠别周颖侯》,《嵞山集》,卷 3,叶 9 下。

[96]钱谦益(1582—1664):《高寓公稽古堂诗集序》,见氏著《牧斋有学集》(《四部丛刊》本),卷 16,叶 21 上下。

[97]陈确:《村居》,《陈确集·诗集》,卷 5,下册,第 703 页。

[98]陈确:《祭祝开美文》,同上,《文集》,卷 13,上册,第 304 页。

[99]陈确:《书祝开美师门问答后》,同上,卷 17,上册,第 392 页。

[100]关于陈确自我肯定生存价值及因不能殉国而感到的痛苦,参看《附录》第三、四、五节。

第五章　明清之际士大夫对须否殉国的争论

明季士大夫的殉国人数虽比前朝亡国时为多,而且不少遗民也赞同人臣必须国亡身死的说法。但是,由于绝大多数士大夫并没有殉国,因此在一片赞扬殉国的声响中,同时出现了多种不必殉国的意见。于是,谁人应当殉国与谁人不须殉国,成为明清之际士大夫之间讨论的问题。

第一节　人臣须否一律殉国的争论

在第三章中,我们已看到明清之际士大夫(包括殉国者和遗民)如何主张人臣应当殉国的理论,而且认为殉国的责任不因职位高下而有所改变。但是,在另一方面,当时有人提出相反的意见,认为不是所有臣子都需要死,殉国只是某几类人臣的责任而已。

明季殉国者中有人认为"封疆之臣,应死封疆",换言之,不是

"封疆之臣"的，便没有"死封疆"的责任了。因此，当瞿式耜决定与城共存亡时，张同敞前来与他共赴国难，他并不赞成，并命张同敞说："子非留守，可以无死，盍去诸？"后来因为张同敞坚持同死，所以二人才互相策励而已。[1]从另一个角度来看，"封疆之臣，应死封疆"的看法，间接否定了凡为人臣都应当殉国的理论。然而非"封疆之臣"只是明清之际士大夫认为不必殉国官员的其中一类。梁份（1641—1729）说：

> 国家多难，人臣效命之秋也，然任非受命，地非封疆，职非御侮者，可以无死。[2]

梁份的话，概括了当时士大夫认为某些官员毋须殉国的意见。

在明季殉国者中，不乏"任非受命，地非封疆，职非御侮"而死的官员。例如，汝可起（？—1643）在崇祯十五年（1642）受命为常州府训导，同年闰十一月（1642年12月22日—1643年1月19日）南下至河间府城县，适逢清兵"蹂躏畿辅，哨骑充斥城门，昼闭不得入"。汝可起"间行十余里入城"，后来遇到清兵，不屈而死。汝可起的殉国行为，并未得到全面的赞美，当时便有人指出，汝可起"无守土责，即司训导，未至官所，可无死"。[3]

又如大仆寺丞申佳胤在崇祯十七年"以牧事出巡近畿，闻贼薄居庸，分兵自常山入，畿南郡县望风奔溃"。"左右"劝他逃难，指出"京师危在旦夕，公幸在外，可徐图进止，弗与其难"。申佳胤却"奋袂流涕"说："我固知京师不守，我君在焉，安危共之，何所逃避？"于是他"策马至都城"。及城陷，"投井死"。[4]

又如左谕德马世奇在北京失守后决定殉国，"有朝士数人，微服相过"，其"中有削发者"对他说："皇上且南，吾辈以此故偷生。君词臣，可无死。"诸人"因涕泣相劝"，但马世奇以"吾意已定，君等休矣"作答，后来自经而死。[5]

又如行人陆培在杭州失守后自经。当他的"所亲"知道他有殉国的念头时，曾以"行人无守土责，如必不得已，盍少待以观变"等话开解他。但陆培最后还是以"主辱臣死"，不"忍复须臾苟活"为理由而死。[6]无疑，规劝申佳胤、马世奇和陆培的人，都有"任非受命，地非封疆，职非御侮者，可以无死"的思想。

此外，刘宗周虽然在浙东失陷后绝食殉国，但他之所以在甲申之变和乙酉之变继续生存下去，乃是因为"身在削籍"和"仆在悬车"的缘故。最后，虽然他拒绝了"身不在位，不当与城为存亡"的劝告，[7]但从他的例子可见，"身在削籍""仆在悬车"及"身不在位"是可以用来作为官员不须殉国的理由的。

退休的官员也应归入"可以无死"的行列。例如，贺仲轼虽已辞官归里，但当他知道国破君亡后，随即"矢志就义，妻妾同殉"。孙奇逢认为，"甲申天子死社稷"，身为大臣的"范（景文）、倪（元璐）诸公国破君亡，义不容苟生，势无可逃遁，只有一死以报君"；相反来说，贺仲轼"身在林泉，微（子）、箕（子）靖献于身前，（伯）夷、（叔）齐槁骸于事后，亦无不可"。[8]

如果用"主辱臣死"或"国亡与亡"为准则，汝可起等人的殉国固为人臣大节，值得颂扬，不过，也有遗民从其他角度，肯定上述人物的行为。例如，魏禧虽同意汝可起可以"逊避不死"，但又认为汝可起既然决定不逃难，而又不幸遇到清兵命他"速降则免死"，在这种情况下，即使"负至性"的汝可起"不为司训导"，而只是"诸生"或者"匹夫"，也必定"不偷生以自污"。魏禧指出，"屈己自辱，于义所不可，虽宰相匹夫，其不可均耳"。倘若"士君子自爱重其身"，哪有"官不官"或"有守土职与否"的分别呢？因此，魏禧称赞汝可起为"烈士"。[9]计六奇则从北京城陷后很多大臣变节的角度，评价申佳胤说：

> 吾见神京沦陷，若作宦者，肯逸出都门，便称高蹈。若先生反从外入，与城存亡，素志已定，非若临事无可如何，只得一死者比也！[10]

由此可见，"可以无死"的官员的殉国，有时被认为是更有意义的。于是，更有遗民驳斥某类人臣可以不死的说法。如钱澄之（1612—1693）强调"士君子不幸丁改革之际，君亡与亡，其大义也"。钱澄之指出，起初有人提出"君为社稷死则死之"的说法，但等到"君既死社稷矣，而死者寥寥"。于是有人改说："立于朝者死可也，在野之臣不仕而已。"然而，钱澄之仍主张所有臣子都须"尽责之死"。那些臣子"不能死而且臣于异姓者，固当别论"。至于那些"不死亦不仕，苟全性命"的臣子，不过"一庸懦人耳，无足道者"。[11]

第二节　未出仕者须否殉国的争论

尽管明季有人认为普天下的人都应当在国亡君死后殉国（详

第三章第一节），但是一般人则相信殉国只系官员的责任而已。例如，侯方域（1618—1655）因为逃避阮大铖迫害，匿居于史可法的军营。扬州即将失守，史可法对侯方域说：

> 南京固无可为者……可法任兼将相，当死；子书生也，当去。[12]

由此可见，史可法认为未出仕者没有殉国的责任。不过，虽然侯方域因而离开扬州，但有些殉国者则否定这个想法，并不因自己未曾出仕而偷生。

严格来说，所谓未出仕者，包括几类士人。第一类是已中进士而仍未受职的士人，[13]举例如下：孟章明（？—1644）是刑部右侍郎孟兆祥的儿子，孟章明在崇祯十六年考获进士，仍未授职，当他听闻国变，便前往省视父亲，孟兆祥对儿子说："我国之大臣，分在一死，尔未授职，盍去乎？"但孟章明不同意父亲的看法，回答说：

> 人生大节，惟君与父。君既死矣，父又死矣，臣子何以生为？虽生，亦无益矣，誓必同死。[14]

黄醇耀亦是崇祯十六年进士，亦未受职。当南京失陷后，他走入草庵自缢。事前，僧焦垢规劝他说："君未受职，可无死也。"他却答道：

> 忝名进士，宜为国死。今托上人，死此清净土足矣。[15]

虽然孟章明和黄醇耀相继为国捐躯，但上引孟兆祥与僧焦垢的说法，反映当时的人对未受职者应否殉国的另一种意见。

第二类是取得举人或生员衔的士人。如吏部文选司郎中兼光禄寺少卿张罗彦守河间，弟张罗善（？—1644）为"邑庠生"，"协兄登城。及陷，兄戒其勿死"，但张罗善认为"有死节之臣，不可无死节之士"，他不愿见到兄长死而自己"独生"，因此坚持"同死"。虽然张罗彦再以"我受职，当死；汝未受职，可不死"相劝，可是张罗善"勿听，投井"。[16] 又如张秉纯虽是生员，闻北京陷，"誓欲死之"。有人讥笑他说："一老书生亦何为者？"于是张秉纯"姑待之"。及"南都陷，秉纯遂绝粒不食"。有人劝他不必死，说："匹夫而死国难，市井名也。千载而下，谁复知之。且天心既如此矣，死亦何益？"但是张秉纯不为所动，感叹地说：

> 国家养士三百年，今日其死所也。如以为无益，则古之忠臣义士皆捐躯于国破家亡之后，有益者几何人哉？……己不能死而辄笑死者为市井名，此世之所以多乱臣贼子也！[17]

又如长洲补府学生许王家在顺治二年八月薙发令下后投水死。事前有人劝告他说："君一秀才耳，未食天禄，奈何遽以身殉乎？"许王家答道：

> 国家养士三百年，所养何事？吾已名列学官，亦朝廷士也。先师投身成仁、求生害仁之义，吾讲之熟矣！[18]

又如当孙可望(？—1660)攻永昌时，永昌推官王运开(？—1645)署参议守城。城将破，王运开对他的弟弟王运宏(？—1645)说："尔不仕，义可不死，其将吾妻妾俱西，勿令此辈在，徒乱人意耳。"王运宏为崇祯十五年举人，当时虽听从兄长的话，但后来因不愿被孙可望征召，"行至潞江中流，跨入江死"。[19]以上诸人最后固然以生员或举人身份殉国，但从规劝他们不须死的言论看来，一般人认为生员或举人没有殉国的责任。

第三类是普通的读书人。例如，柏乡人郝奇遇(？—1644)"绝意仕进，优游畎亩"。当他听闻京师陷落，即"欲死义"，于是"招亲旧与诀"。亲旧不赞同他，说："子草莽士也，何好名若此！"但是，他回复说："是何言！士固有志，岂以死要名乎？"然后"饮药而死"。[20]"乙酉之难，越以布衣死第一人为潘集(1618—1645)。"[21]潘集投河自尽前，有人开解他说："子布衣，无庸然。天下甚大，岂少子？"可是，潘集"厉声"答道："天下人自生，集自死。集不以愧天下，天下亦不以集愧也。"[22]又如大仆寺卿正霍子衡在广州失守后对儿子说："吾国之上卿，君亡与亡。吾今从君，汝曹亦当从父。"于是长子霍应兰(？—1647)与邻人"辞以死"，邻人阻止他说："子家尊受国厚恩，子可无死。"霍应兰虽然没有功名，但却认为："父死君，子死父，奚为不可？"于是捐弃了生命。[23]从上述三例可见，尽管郝奇遇等人没有接受劝告，却反映出当时有人主张布衣可以不死的看法。

上述批评明季士人未出仕而殉国的意见，虽然不无道理，可是张秉纯所谓"己不能死而辄笑死者为市井名，此世之所以多乱臣贼子也"的反驳,亦值得反思。事实上,当时的人对士人殉国有两种相反的见解,一种是赞扬殉国的士人,另一种则加以讥评。

先说前者。例如,生员刘长庚(?—1643)在"崇祯十六年冬李自成破潼关"时,"挺身誓众固守州城,及西安陷,贼骑薄城下,众皆奔散,知州且亡"。刘长庚十分感慨,自愿"代守死"。当时有人劝告他说:"士无死法,隐居不出,可以洁身全义。"然而,"长庚不从",乃"自缢死"。尽管有人不同意刘长庚的行为,但是王弘撰(1622—1702)却表示尊敬,他说:

> 君臣之义大矣,平居受高爵厚禄,矜谈名节,一旦遇变,丧其所守,至甘心事仇者,往往而有。乃草茅贱士,独能捐躯立义,岂非称劲松方操严霜比烈哉?此予所以悲而敬之,有不胜内愧于心者,欲一发孟子死伤勇之说而终有所不敢也。[24]

又如杨燧(?—1650)虽未曾出仕,但在顺治七年宁都城破之后,感到"吾发不可除,身不可辱","遂冠带自缢死"。邱维屏(1614—1679)虽认为杨燧可以不死,但赞许他说:

> 夫公一介书生,未尝膺高爵厚禄,即不屈其志,入山蹈海为世外逸民,未尝不可自成其高,而必舍生取义,视死如归,诚以君臣之义无所逃,素心要结之言不敢负,而岂间于已仕未仕哉?公之志为不可及矣。[25]

诚然,布衣殉国,不但被人回护,而且受到推崇。例如,石埭人汤文琼(？—1644)在京师授徒。崇祯十七年,京师陷,他便"投缳而卒"。死前,他向友人解释殉国的原因说:"吾虽布衣,犹非大明臣子耶? 安忍见贼弑君篡国。"并在衣衿写上:"位非文丞相(天祥)之位,心存文丞相之心。"后来,给事中熊汝霖上疏福王朱由崧表彰汤文琼。熊汝霖指出,"北都之变"时,群臣或"从逆献谋",或"稽首贼庭,乞怜恐后",可是"文琼以闾阎匹夫,乃能抗志捐生,争光日月,贼闻其衣带中语,以责(崇祯朝大学士)陈演,即斩演于市"。既然"文琼布衣死节,贼犹重之,不亟表章,何以慰忠魂、励臣节?"于是,弘光朝廷"赠(汤文琼)中书舍人,祀旌忠祠"。[26]

　　至于讥评士人殉国者,则有毛奇龄(1623—1716)。毛奇龄不赞同忠臣必须殉国的说法,更反对士人殉国。首先,毛奇龄指出,"自宋以后,皆谓忠臣必死"的论调,并无历史根据。如从古籍可见,"父子不殉,《礼》有明文",如果"灭性伤生,等之不孝"。其次,"君臣相殉"也不是衡量人物的准绳。例如,"三良殉秦,诗人以妇寺目之"。因此,古代"未有徒死称忠臣者";同时,"无故而死,并未尝殉难,而只是殉死,谓之徒死"罢了。可惜宋、元以来,"礼教不明,江河日下,无论在官在籍,只君死亦死,国亡亦亡,但知以一死塞责,全不计于君事国事毫厘有益与否"。更有甚的,就是"身不在官,名未通籍","目不见君王,足不履殿阶"的"韦布"及"裋褐",亦效法他人"弃父母、抛妻子以觅一死"。毛奇龄强调,"事君以忠谓事君则用之",那"有不事君而亦用此者"。因此他直斥无官位而死的人为"惑者",并说:

　　　　夫惑者在本身为狂惑,行事迷乱;而在旁人则为骇惑,以

为凡事有分,伊何人,斯可妄作至此。今无端求死,以生前限
分,必不许其得共事者,而今且捱身而入,公然身死,则其为狂
惑为骇惑,宜何如者![27]

毛奇龄的《辨忠臣不从死文》,虽为全祖望诟病[28],但全祖望
对布衣殉国的态度,却近似毛奇龄。如批评徐启睿"以环堵书生,
未受国家恩命,而必弃亲从君,斯亦不无小过也"[29],即其一例。
按:毛奇龄虽生于明代,却已出仕清廷,实为清廷臣民,而全祖望更
是生于清朝盛世。因此他们的观点并不是巧合,而是普遍存在于
当时的官僚阶层。例如,陈谟(1712 年进士)在康熙五十六年
(1717)为明遗民李天植(1591—1672)作赞,虽然同意"有官守者"
殉国的行为,却谓"明末有以诸生布衣死者,此当直斥其无谓"。[30]

第三节　有父母在堂者须否殉国的争论

明季士大夫遭逢国难,感到忠孝不能两全,因而对尽忠(殉国)
还是尽孝(不死而奉养父母)难以取舍。有关情况,详见第四章。
这里只简述当时人对于有父母在堂者应否殉国的意见。

关于明季士大夫中谁应尽忠、谁应尽孝的问题,当时出现几种
不同的意见。就官员来说,有两种相反的说法:第一,有父母在堂,
不必死。如金声与江天一在徽州城陷后被执,金声便对江天一说:

汝有老母,不必死。[31]

即其一例。第二,有父母在堂者亦应殉国,而且这样去做,不是忘孝,而是"尽忠即所以尽孝"。[32]因为这样不但能够无忝所生[33],而且可以借着自己殉国而名留青史,使父母"亦称大贤"[34]。因此,陈良谟死前写下"人臣当殉节,忠孝两无亏"的遗言。[35]

就士人来说,当时舆论已指他们没有殉国的义务,所谓"不仕,可以不死"。因此,"不仕而父母在,尤可以不死"![36]

为了解决尽忠和尽孝之间的矛盾,于是又有一种调和的说法,如孙奇逢和屈大均先后提出出仕者须先尽忠,未仕者须先尽孝的理论。[37]而齐之千又认为"孝与忠非二道",一方面"不成忠者不成孝",另一方面"死孝即所以死忠"。[38]这样,出仕者的尽忠与未仕者的尽孝,同是恪守本分,不但没有高下之分,而且不再是遗憾了。

第四节　"守经"抑或"达权"的争论

明季士大夫殉国,固然是忠节的表现,但诚如钱穆指出,如果人人皆死,无疑变成"社稷可以墟,国君可以亡,天下可以拱手而授贼"了。[39]因此,对部分士大夫来说,死是"经",生是"权";[40]死不是国亡以后唯一的道路。

尽管"权"的观念被不少殉国者摒弃,例如,倪元璐自杀前"于汉寿亭侯(关羽,? —220)像前,献像三爵,亦自浮满,尽三大白。所亲皆劝公效文丞相权忍耻,出外举兵,再圆匡复"。倪元璐"怒,指(汉)寿亭侯像曰:'使吾生存,有何面目对此君!'"[41]又如监察

御史涂伯昌(？—1650)守宁都一年,城破后自经,在墙壁上写下:

> 读圣贤书,但知守经死,不知达权生。[42]

可是,在遗民和其他上人当中,肯定"权"者却不乏其例。如计六奇认为"经"与"权"皆系"古今忠义",他说:

> 夫人臣委身事主,主忧臣辱,主辱臣死,君存与存,君亡与亡,此乾坤大义,非可以官之大小,并在朝在差、在籍南北作分别观也。但古今忠义原有二种,死者为经。亦有采薇行歌,遁迹方外,以终其身;或放浪形骸,不书年号,但书甲子;或以铁(按:应作"竹")如意恸哭招魂,君子未尝不哀之。[43]

不过,计六奇感到"殉节之难",所以在"经"与"权"之中,他比较称扬前者。[44]

明季士大夫对以死为"经"、以生为"权"的看法虽无异议,但对应否"达权"与为何"达权",则有不同的见解。例如,顾炎武一方面拜谒奉祀伯夷、叔齐的永平府清节庙,并且写下诗篇,推崇二人说:

> 甘饿首阳岑,不忍臣二姓。可为百世师,风操一何劲。[45]

另一方面,他在山东潍县看到夏代后相遭变后的遗迹,又认同《左传》所谓人臣遇变,"亡愈于死"的说法[46],并且感慨地赋诗说:

> 人臣遇变时，亡或愈于死。夏祚方中微，靡奔一人尔。二
> 斟有遗迹，当日兵所起。世人不达权，但拜孤山祀。[47]

顾炎武认为"夏后昔中微，国绝四十载。但有少康生，即是天心
在"。[48]而他既有恢复故国的心，因此不愿像伯夷、叔齐那样死去，
宁愿效法少康的臣子伯靡。所以他肯定在国破后逃亡以俟机复国
比殉国为胜；又用伯靡亡奔的故事，提供"达权"以救国的理论。

顾炎武以逃亡为"达权"之道，刁包（1603—1669）则以"成事"
为"权"。但是，刁包比顾炎武更进一步，因为他认为"权"和"经"
是可以相等的。刁包说：

> 士君子昂昂自负，志存许国，不幸祸生不测，寄命乱臣贼
> 子之手，莫不以致命遂志为义。虽然，死事易，成事难。死事，
> 经也；成事，权也。苟可与权，进乎经矣。[49]

刁包认为在古人当中，宋代的安丙（1148—1221）是能够由"权
进乎经"的人。据《宋史·安丙传》记载，安丙知大安军时，四川副
宣抚使吴曦（1162—1207）"受金诏称蜀臣"，"僭号建宫，称臣于
金"，"以丙为中大夫、丞相长史，权行都省事"。由于"丙不得脱，度
徒死无益，阳与而阴图之"，"终能诛杀吴曦"。[50]刁包认为当"曦谋
逆之日，内握重权，外结强援"，不但"西南一隅，沦没异域"，就是
"大江以南"也岌岌可危，可谓"变起仓卒，难与争锋"。当时，杨震
仲（？—1207）"捐躯殉难"而"不从贼"，陈咸"自髡其发"，李道传
（1170—1217）"自瞀其目"，邓性甫"弃官而去"，堪称"清风高节，

表表耳目，而可使失身反面之臣愧死入地"。然而，他们的行为"究无益于成败之数"，都不及安丙"阳与阴图，乘隙伺便，使乱贼授首，而全蜀版图，复睹天日之为能，大有造于社稷也"。刁包因而奉劝"后世士君子之遇变者，但使机会可乘，无妨委婉周旋，请以安丙为师可也"。[51]

与刁包相反，王夫之反对成大事不拘小节的"权"道。例如，刘琨（271，318）在西晋（265—316）末年都督并州诸军事，招抚流亡，与刘聪（？—318）、石勒（274—333）对抗。后来，刘琨与鲜卑段匹磾相结，及后为石勒所迫，便投奔段匹磾，不久被段匹磾所杀。[52] 王夫之不同意"刘琨之托于段匹磾"。他认为人臣在国亡时，"可为者为之，为之而成，天成之也；为之而败，吾之志初不避败也"。他以"行鸟道者"作为譬喻，认为人臣在这时只能"前无所畏，后无所却，傍无可迤，唯遵路以往而已"。而"刘琨之托于段匹磾"，等若"旁睨焉而欲假一径以行吾志，甚则祸及天下，不甚则丧其身，为无名之死而已"。原因是，段匹磾"非我类者，心不可得而知，迹不可得而寻，顷刻之变不可得而测，与处一日，而万端之诡诈伏于谈笑"。因此，他认为刘琨无疑是"以孤立之身，游于豺狼之窟，欲志之伸也，必不可得；即欲以颈血溅刘聪、石勒，报晋之宗社，抑必不能"。所以，他"深惜其（刘琨）愚"，并且呼吁世人，切勿效法刘琨。他说：

> 宗国沦亡，孤臣远处，而求自靖之道，岂有他哉？直致之而已矣。……以琨之忠，身死族夷，抱志长埋于荒远，且如此矣；下此者，陷于逆而为天下戮，亦终以不保其血胤。功则无

功也,死则必死也,何乐乎其为此也! 故曰直致之而已矣。[53]

生于清初的潘耒(1646—1708)较全面考虑"经"与"权"的问题。一方面,他和刁包一样,赞成"人臣不幸而遭国家之变,不欲仅以去与死完其身名,而委曲纾徐,求利社稷,则不得不济之以权";另一方面,他的想法又与王夫之接近,怕"行权而不得其道,或至遂丧其生平"。此外,他更忧虑的是:"徼幸功之一就,而嗜利贪生之辈皆得借口行权,以阴阳首鼠于邪正之间,则权反足以隳天下之臣纪。"因此,潘耒强调"行权"者必须使"权而不违于经"。[54]然而,行权者的用心如何,实在难以验证,无怪方文认为:"文相精忠泣鬼神,当年犹有见疑人。可知尽节惟应死,才说权宜便不真。"[55]

第五节　"生胜于死"抑或"死胜于生"的争论

有些士大夫认为,殉国固可,不殉国亦未尝不可。他们不但没有死为"经"、生为"权"的想法,有些人甚至提出"生胜于死"的意见。

张岱不主张人臣必须殉国,他认为明季官员"罢职归田,优游林下,苟能以义卫志,以智卫身,托方外之弃迹,上可以见故主,下不辱先人,未为不可"。[56]黄宗羲则谓"遗民者,天地之元气",[57]又认为遗民与殉国者并垂千古,无高下之分。他以宋亡为例说:

宋之亡也,文(天祥)、陆(秀夫)身殉社稷,而谢翱(?—

1295)、方凤(1241—1322)、龚开(约 1222—约 1304)、郑思肖(1241—1318)彷徨草泽之间,卒与文、陆并垂千古。……谢、方、龚、郑皆天地之元气也。[58]

方文"虽未仕金马门",但因"父祖十世承国恩",所以在明亡时"几欲捐躯励微节",最后则"以亲故遂苟存"。思前想后,他觉得殉国与否,同样可以显示臣节。他说:

> 君不见陶公(潜)集中书甲子,郑公(思肖)井底传《心史》。千秋万代睹幽贞,岂必首阳同饿死?[59]

顾炎武也指称:

> 人衰尚有遗民在,大节难随九鼎沦。[60]

魏禧虽说"人臣事君,不幸而遇变,死其义可也",又指出"变未作匡救之于其先,不可而先事以去,犹不失夫《诗》所称'明哲保身',《易》称'肥遁'之义"。他并以"卫献公(卫衎,?—前544,前576—前559、前546—前544 在位)子叔之难,蘧伯玉闻其诛也,再从近关出,后世莫不嘉伯玉之贤"为例,说明人臣不必殉国的道理。[61]此外,生于清初的邵廷采为明遗民作传,也认为他们"遭遇废兴,潜居无咎,未可以不死訾议也"。[62]

上节指出,顾炎武提出"亡或愈于死"乃就恢复故国而言,不过,更多遗民从经世及延续文化的角度,倡议死不如生。例如,陈确虽因老母在堂,不能捐躯殉国,但他之所以不死,亦与经世的思想有关。有一次他入城东门,看见城内到处疮痍和清兵欺凌百姓,感到爱莫能助,不禁发出"儒冠黯无色"的慨叹。但是,他并不因而绝望,反而自我策励说:

> 古人耻降志,靦颜为所亲。……乾坤方翻覆,慎勿轻其身。[63]

又勖勉同辈,必须"兢兢"求存,不能随意轻生:

> 慎勿自矜高,轻生非正术。避世圣所难,敬哉朝夕惕。[64]

陆世仪(1611—1672)亦反对轻生,他规劝友人说:

> 兴废存亡代不同,纵横颠倒任天公。小儒孤愤成何事,避世须开万古蒙。[65]

此外,陆世仪非常关注朋友"一身之死生,一家之安危",虽然他不是不知道"此际(按:指明亡国后)论身,似若细事,然吾辈身任绝学,责在万世,正不可轻视一死"。所以,他唤醒朋友:"箕子一爻,所宜熟读。"[66]

张履祥在明亡以后,自称"遭离患难,已极人世之无所未及者,一死而已"。那么,他为何不像有些人殉国呢?他解释自己之所以"犹用自宽偷生有待者",是因为"念天之生我未宜以是自毕也"。

因此，他一方面虽为“遭离患难”而忧伤，另一方面却勉励同辈“当以千古为怀，万不宜以忧伤弃此良日”，并认为这样便是“非徒自爱，亦以爱天下也”。[67]

徐汧自杀殉国前，儿子徐枋“誓必从死”，但徐汧命他“长为农夫以没世”。虽然徐枋“死志未遂”，却“谨守先人之言至二十八年而不变”。[68]徐枋在守丧之后，“陈簏数十，伏读遗书，虽才匪三长而有心史学，专精竭志，极讨穷搜。疾病间临，外患时至，而素业弗辍，修辑罔移。踰涉十年”，终成《廿一史文汇》和《通鉴纪事类聚》两书。他说这样去做“虽苟延视息于一时，庶几稍塞衅责于后世”。[69]尽管是这样，他却为自己“非独以杜门守死为然”而感到“无愧”，[70]又进而指摘当时的儒者随便轻生为不负责任。

首先，徐枋认为“圣人之道，载于《六经》”，而“儒者”的责任就是“明经以荷道”。因此，“吾身存，有与俱存；吾身亡，有与俱亡者矣”。倘若儒者“蹈小节而轻吾身，是使经不传而道不明也，经不传道不明，是使斯人不得与于纲常伦序之中也，是使万物之不得遂其生而尽性也，是使天地之失其位而日月之失明也”。由于“儒者之身”十分“綦重”，所以儒者“必晦吾迹以存吾身，而存之愈久则垂之愈长，积之愈厚则施之愈远”。其次，“不特儒者诚重其身，而天亦必阴随而厚相之，不特使之身名并全，而往往必跻上寿”。他举例说：“伏生（胜）不绌于嬴秦（前221—前207）之暴”，“壁藏遗经，流亡转匿”；“申公（培）发愤于胥靡之祸”，“退居家敦，终身不出门户”。后来当“不世之主，启右文之治”时，便以二人的著述“立教胎天下”，而伏生和申公“应安车蒲轮之召”时，分别是九十余岁和八十余岁了。徐枋又以“大儒刘昆、洼丹（前29—41）之徒”为例，指

《清代学者像传》徐枋像

出"他们在王莽篡汉时，抱图书匿林薮，至九死而无悔"。他们"弹琴雅歌，陈设俎豆，从容教授以俟时之清"，终于"复睹休明而著绩于建武中元之间"，当时他们"亦复俱登耄耋"了。[71]

由此可见，陈确和徐枋等人从经世或延续文化的角度着眼，所以认为忠于一姓而死不过是"蹈小节"，到底不是"正术"。换言之，惜身以传道才是"大节"，才属"正术"。在这个准则下，生无疑变为"经"了。

有些士人殉国时，自称效法伯夷、叔齐而死。如汝宁生员秦镐（1561—1642）当"流贼陷城，奋骂求死"。由于他"时年八十二，须眉皓白，伟衣冠，贼异其状，不忍杀"。可是，秦镐认为："吾以老而为贼所怜，吾之耻也。伯夷非天下之老者乎？不饿死于首阳，天下亦何贵有此老者也。"于是便"绝粒死"。[72]又如太学生王台辅（？—1644）在"崇祯十七年国变"时，"以死自誓"，为"里中人笑"。过了几个月，王台辅仍没有死，"众益笑之"。王台辅回答说："吾家有余粟，故国粟也，不忍以遗诸人，吾食既尽乃死耳。"后来粟食尽了，王台辅便"以刀断喉死"。[73]显然，王台辅亦是效法伯夷、叔齐不食周粟的故事而死的。钱澄之认为，明季"有一介之士，未膺一命之荣，惊闻国变，有慷慨赴水以死者矣，有从容绝粒以死者矣，有弃其妻子枯槁岩穴，或逃诸方外饥困流离以死者矣"，他们"皆闻伯夷之风而兴者也"。[74]

由于不少士大夫认为生胜于死，所以他们对伯夷、叔齐的死重新加以诠释，同时对仿效二人而死的人提出批评。例如，陈确虽同意二人"不食周禄，穷饿西山"，但反对二人是"饿死"（即殉国）的。陈确相信二人不食周粟是为了保存"君臣大义"，他说："纣虽暴，君也；武虽圣，臣也。何至使八百诸侯同声一辞，冠带之伦服膺新命！向无夷、齐之饿，则天下后世宁复知君臣之义哉！此抗古以来一大砥柱也。故古今谈节义者，必以夷、齐为称首。"不过，他在肯定"二子者，可谓真节义"的同时，强调"二子之义，只在穷饿，节如是止矣，不必沾沾一死之为快也"。又谓二人如果"亦若后世之不食七日而死"，便"不成夷、齐矣"。他又更进一步指出，孔子只称夷、齐"饿"，可是司马迁"好奇，猥云'饿死'"，而"学古之士"竟相信司马迁而不信孔子，实在令人惋惜。陈确重申说："以二子之义，即伏游西山之下，竟以寿终，已大节凛然，照耀千古，何必死？盖惟其不官不死，不十乱，不三监，非殷非周，非仇非后，伯叔逍遥，西山终老，夷、齐之节所以称圣也。"同时，他指出"饿"的含义跟"饿死"不同。他说："凡言饿者，只是穷困之辞。孔子称夷、齐与齐景之千驷相提而论，可知只是贫耳。故咏诗叹美，不以高而以异。孟子谓七十非肉不饱，不饱谓之馁。夷、齐之饿，不肉食之谓也。即何尝许其兄弟捐躯，同殉国难者乎？《春秋》褒善之文，举其大者遗其小。如真饿死，则死大于饿，不但当称其饿也。"此外，他稽查《论语》《孟子》二书，发现它们虽"并亟称夷、齐"，但"不一及死"。同时，孔子称二人为"逸民"，孟子称二人"清圣"，"推求义蕴，二子生平尽于此矣"。至于"叩马之谏、《采薇》之歌，或传好事，或采轶文，何可凭断？"况且，"二子自北海来归，已与太公同称大老，后西伯死，又十三年，武始伐纣，则二子者已皆皤皤期耋之年"。因此，陈确的结论是：

天下而无不死之人，夷、齐安得独不死，只不是饿死耳。[75]

这样,陈确的伯夷、叔齐新论,在不违背君臣之义的同时,又宣扬忠臣不必殉国的理论,可谓巧妙。

与陈确的"老死"说相反,张岱因为自己隐居入山,"瓶粟屡罄,不能举火"的生活经验,所以认为"首阳二老,直头饿死"。但是,张岱所谓"饿死",仅指饥饿而死,并无他义。况且,他认为所谓"二老不食周粟,还是后人妆点语也"。[76]可见,张岱这个见解,与陈确的说法亦有相合的地方。

清人也有伯夷、叔齐并非殉国之说。如毛奇龄说从《六经》或诸子之书中,都找不到"一唐、虞、三代忠臣国亡身死者"。即使伯夷、叔齐二人,他亦说"殊不相类",因为他认为,二人实已"归周"在先。他说:"夷、齐避纣,久已归周,并非以商亡作殉死计者。只因谏周不合,几被杀身,则义不可留,因逃首阳。然且采薇而食,并未求死。"毛奇龄相信,就算二人真的求死,"亦有为而死",与明季"所云国亡身死者大别"。因此,二人只当称为"义士","不是忠臣",何况二人在"当时未必死"呢? 此外,毛奇龄翻查古籍,指出"《论语》只称饿首阳,不称饿死;其曰死者,郭象曰:庄子之误也"。[77]

又如陈谟把徐枋、巢鸣盛(1611—1680)、马嘉桢和李天植比拟伯夷、叔齐,指四人"皆仅前明举人,未尝食朝廷之禄,服朝廷之官,而君臣之义,不可解于其心,至于冻饿且死而未尝稍变,抑亦可以继夷、齐而为百世师也"。[78]由于上述四人都是遗民,并非殉国而死,而陈谟比之为伯夷、叔齐,换言之,他并不以二人为殉国之士;而所谓"冻饿且死",不等于有为的"饿死"或"绝粟而死"。后来,沈日富(1808—1858)把这个观点说得更清楚。他说:

伯夷、叔齐义不仕周，贫无以自给，老而不能自食其力，故饿而死，非绝粒也。观明遗民多有隐处穷饿者可见。[79]

乾嘉时人对伯夷、叔齐的死颇有讨论。例如，弘历认为"夷、齐不食周粟，盖谓义不仕周受禄，贫饿以终其身而死"。又指"夷、齐大节，固在不仕周，而不在死与不死"。更进一步批评司马迁"采薇食之，遂饿死首阳山之言"为"大谬"，因为这"是以迁之心为夷、齐之心，而夷、齐必不若是"[80]。此外，章学诚（1738—1801）亦指伯夷、叔齐"不食周粟为不食禄"。[81] 而汪家禧（1775—1816）又"准以经义"，指摘司马迁"传伯夷，言其扣马而谏，不食周粟而死"的记载为"诬"。汪家禧认为"纣逆天暴民，武王伐之，无可非也"，假如"夷、齐非之，是比乱也"。倘若伯夷、叔齐的行为才是"道"，"微子就封，箕子陈《（洪）范》，不得为仁人"了。可是，《论语》既称微子和箕子为"仁"，可见"《论语》称伯夷、叔齐饿于首阳之下，亦谓让国而饿，非谓周兴而饿也"。无论如何，汪家禧不同意二人的死，因为他认为"大夫死众，士死制"，是指"死其所受于君及君敦令所使为之事"，因此"无众无制，不幸国亡，可无死"。那么，"夷、齐未立于纣朝而为纣死，是伤勇也"[82]。虽然弘历、章学诚、汪家禧三人生活在清代中叶，但他们的说法可视为明清之际学人意见的延续。

至于明遗民钱澄之，虽然一方面仍沿用司马迁的说法，赞美伯夷、叔齐"首阳饿死一事"[83]，且认定所有人臣在国亡后都有殉国的义务；但另一方面，他对明季"身未膺一命之荣"的"一介之士"，在"国变"后"闻伯夷之风而死"，则不表赞同，并且不视这类人为

"义士"。钱澄之认为，"伯夷既已千古矣，后之守义者"，"亦惟伯夷之心，固不必为伯夷之所为也"。况且，即使孔子称伯夷为"仁"，"亦不为伯夷之所为"而"本其心"。因此，钱澄之奉劝"后之希伯夷者"，不须"论其迹"，而应效法西汉的"薛方居家教授"，明代的"郭翱归乡里卧不出户"，东汉的"管宁终身称汉处士"，以及晋代"陶潜纪年惟书甲子"，便"庶几近之"了。所以，他批评殉国的士人说：

> 士固有士之义也。士之义闻伯夷之风而死者，吾……以为过之。[84]

总括来说，上述诸人对伯夷、叔齐之死的新解释及对仿效二人殉国者的批评，相信是从"生胜于死"的观念衍生出来的。

第六节　须否殉国争论的调和

无论是"死胜于生"抑或是"生胜于死"的说法，都不免有所偏执，于是又有人提出"生死均须合道而行"的意见，以调和须否殉国的争论。

孙奇逢认为，"忠、孝、节、义"同是"道中之一节一目"，因此，世人必须因应时势，择其所当行而行，而不应预定对象。所以，当"文山以箕子自处，便不区区求毕旦夕之命。此身一日不死，便是大宋一日不灭。生贵乎顺，不以生自嫌；死贵乎安，不以死塞责"。[85] 本着这个观念，孙奇逢批评明季殉国者多有"矜激于意气"而死，未为合道[86]；并且指出："死而非义,未免沽名,且以伤勇。"[87]冯班亦有相类的思想,故谓："苟生既不易,罔死亦何称。"[88]莫秉清亦谓："人不可幸生,尤不宜幸死。"[89]又说："伤心、慷慨原非二,僻行、捐躯岂有歧。"[90]由此可见,上述数人都认为只要合乎道,生与死的意义是相等的。

陈确在这方面提出的言论较多。如说:

> 人孰无生,贵生有所益焉耳；人孰无死,贵死无所恨焉耳。[91]

何谓生而"有所益"？陈确说:

> 古语有云"志士不忘在沟壑,勇士不忘丧其元"者,正谓此也。彼非不忘死而已也,盖不忘其所以无憾于死者也。若只是抛却一死,有何意义而夫子称之?[92]

何谓死而"无所恨"？陈确谓,"人孰无死,死生命也",必须"死忠"与"死孝",才能"死复何憾"。因此,他指摘"不可以死而竟以毁死"为"贤者之过"。[93]

同时,陈确强调"死忠"与"死孝"均须合道而行。他说:

> 忠臣死忠,孝子死孝,正是自然之理,非速死之谓。当死不死,便是怖死,所谓私意,所谓愚罔耳。若夫不怖死,亦不求速死……斯则情顺自然,圣王之教。[94]

因此,他强调"死合于义之为节,不然,则罔死耳"。又谓"死生极平常事,人谁不死,绝无足奇者,要善其死之难耳"。由于"人不可罔生,亦不可罔死",所以当"义可兼取,则生有不必舍;仁未能成,而身亦不必杀"。他以"殷之三仁,惟有一死"为例,指出"比干之死,纣杀之耳,使纣不杀,则比干者终与微(子)、箕(子)同宾周室,必不死也"。又用大自然变化比喻人的生死,认为"生有所以生,死有所以死,如四时阴阳更相禅代,不爽毫末"。换言之,人的生死不过是表现道的两种形式,无论生或死都必须合乎天道而行事。因此,"微、箕、(伯)夷、(叔)齐之节,各有攸归。微、箕志存宗祀,故受国而不辞;夷、齐志扶纲常,故辞禄而靡悔。要之,四子易地皆然"。可是,时人的"死节"却多不合道,所以他要为"死节"做出新的诠释。一般人以国亡而死便是"死节",但陈确却谓"不罔生"然后"不罔死",才是"死节"。他认为"死节"的"节","如礼节,揖让进退之不可逾咫尺也";又"如音节,高下疾徐之不可差芒忽也"。又指"节也者,不可过,亦不可不及"。因此,生死能"与天地同其节者,乃真死节者也"。"若由是推,则三代以还,死不失节者盖亦鲜矣"。对于"三代以还""不可胜数"的"罔顾是非,惟一死之为快者"的现象,陈确固然感到可叹,而最令他悲愤的,还是"甲申以来,死者尤众"的情况,可见他的"死节"论的时代意义。[95]

顾炎武提出"达权"思想,而论者批评他"不当以'达权'二字为偷生者劝,而于死节之士,议及孤山(伯夷、叔齐)"。[96]然而,这样的批评实为误解。因为顾炎武的意思,其实指死生均须合道而行,不应做无谓的牺牲。如他写信劝告李颙(1627—1705)珍惜生命,勿"置死生于度外"时就指出:"天下之事,有杀身以成仁者;有可以死,而死之不足以成仁者。"他又以孔子"吾未见蹈仁而死者也"这句话为例,说明"圣人何以能不蹈仁而死",乃因"时止则止,时行则行,而不胶于一"。正因为这个缘故,"于是有受免死之周,食嗟来之谢,而古人不以为非也"。如果"必斤斤避其小嫌,全其小节,他日事变之来,不能尽如吾料"。否则,若"执一不移",而无谓牺牲性命,"则为荀息(?—前651)之忠,尾生之信",甚至连二人的愚忠、愚信也不及。[97]尽管顾炎武明白明朝已经覆亡,"积轻之势固不能有所树立",他到底仍期望时势瞬息万变,能产生"难以意料"的情况。因此他说,如果人人都为了愚忠或愚信而殉国,一旦"变故萌生",又有"谁肯独创非常",好像房琯(697—763)在安史之乱以后建策复兴唐朝呢。况且,即使"苻坚(338—385,357—385在位)不过氐酋伪主",还有疏属苻登为他延续国祀,何况是明朝呢。顾炎武相信,如能本着上述信念,便"未必无一二才杰之士自兹而奋发"了。[98]

康熙二十年(1681),顾炎武在蓟门病倒。稍后,当病势略为好转,他便写信给蓟门当事,讨论养民之法,其中透露了对士人责任的看法。顾炎武认为,"天生豪杰,必有所任",而彼此的关系,就好像"人主于其臣,授之官而与以职"。这时,明朝已恢复无望了,而他亦把"吾辈之任"从复国改为"拯斯人于涂地,为万世开太平"。但是,他强调这种责任仍是"仁以为己任,死而后已"。因此,他虽然"一病垂危,但仍能神思不乱"。即使他这时"溘焉长逝,而胎此任已不可谓无尺寸之功"。现在他既然没有死去,便"是天以为稍能任事而不远放归者也",所以他又怎"敢怠其职"呢![99]由此可见，不论是陈确或顾炎武的生死必须合道而行说，都不是"甚便于天下之苟生者"的意见。因为他们所要求的，不但是"不可苟死"，更是不可"苟生"。[100]

清廷逮捕张煌言后，屡次劝他投降。但是，张煌言不从，反而求死。张煌言自称他的生与死，都是合乎义的。他说："自古废兴亦屡矣。废兴之际，何代无忠臣义士？何代无逋臣处士？义所当死，死贤于生；义所当生，生贤于死。盖有舍生以取义者焉，未闻求生以害仁者也。"张煌言相信自己所经历的"忧患"，已超过文天祥，而"隐逊"大抵亦与谢枋得相等。因此，他"被执以来，视死如归，非好死而恶生也"，只是跟从文、谢二人"异代同游，于事毕矣"。[101]

齐之千衡量人物，只以"成仁"为标准，而不以生或死及自杀或被杀来判断。他说："可以死，可以不死。如夷、齐则死，如渊明则不死；如文、谢其先可不死，后不得不死。夫不得不死，无论死于人，自死，皆以成其为死。故曰：有杀身成仁，君子亦仁而已矣。何必同？但计仁成不成，不必问死不死也，又何暇论自死人死之哉？"既然殉国不是成仁的标准，因此"殷有三仁，不专在死"，而龚胜"在亡汉十四年"后才死。又如刘渊（？—310）逼辛勉出仕，辛勉"不就，亦不死，以寿终"，但《晋史》仍将他列入《忠义传》中。又如"李密（224—287）不死，为祖母刘乞养，《晋史·孝友传》又密为称首"。[102]

魏际瑞（1620—1677）亦不把所有殉国行为等同"死义"。他认为"有不死而后得其正者"，"有死之为不足录，而罪不可以末减"。[103]他的弟弟魏禧虽以死为"大节"，以生为"小节"，但不认为人人必须舍身取"大节"，所以在明亡之际劝友人说：

　　　　大节则取义,小节则全身。勿动于名而轻其生,匆率于不
　　忍而弃其义。[104]

可见兄弟二人都主张生死必须合道而行。

　　此外,唐甄(1630—1704)也认为"天下岂有无故而可以死者
哉! 伯夷、叔齐饿死于首阳之下,所以成仁也。非其义也,生为重
矣"。[105]陶元淳(1646—1698)则以"孔子称杀身成仁,至微、箕之
伦,或去或奴,亦以仁许之"为例,认为"仁者不必皆死,各行其志
而已"。[106]

第七节　殉国者的心安理得与遗民的惭愧内疚

　　首先,不少殉国者死前虽受到劝阻,但他们却理直气壮地加以
反驳,甚至严厉指斥劝止他们殉国的人。例如在甲申之变时,凌义
渠从"东鲁门人李某"知道"龙驭宾天"的消息后欲自杀,"李劝无
过激",又"援古曲喻,请留身有待"。凌义渠"厉声"说:

　　　　与若道义交,当共相勖励,何儿女泣为?[107]

　　又如祁彪佳在浙东失陷后自缢,死前与亲友祁鸿孙和祝季远
讨论"古今忠臣之士"中,谁人"慷慨引决",谁人"从容就义",谁人
"艰贞蒙难,隐忍图功"。祁彪佳认为"君子爱人以德,细人以姑
息"。因此,"朋友骨肉,以道义相成为贵。若人有捐躯殉节志,反

沮止之",便是"名教罪人"了。[108]又如王士和殉国前为友人所劝。王士和不听,反而"正色"说:"君子爱人以德,君何出此言邪?"然后"从容自缢死"。[109]

其次,殉者虽然感慨国亡君死,但对他们的殉国,却感到心安理得。如陆培死前遗书老母,便说"儿从先帝意适,勿以为不幸"。[110]又如祝渊临死前赋诗,其中说:

> 莫向编年问知否,心安理得更何求?[111]

又如大学生吴可基(? —1645)的绝命词说:

> 蹇遇逃君臣,临危犹保身。甘心全节义,耻服北方人。[112]

殉国者追求心安理得的意念,明遗民多能了解。如刘理顺死甲申之难,孙奇逢指为"致命遂志""杀身成仁""舍生取义",并认为他如"非形于有素,安能从容引决若是",及"时至事起,中心安焉"。[113]又如陈确一方面反对"闰死",另一方面亦明白殉国者的心境。因此在吊祭同学祝渊时说:

> 呜呼开美!介石之守。疾在膏肓,寓世岂久。优游考终,亦云顺受。胡不能俟?蹈义恐后。曰心所安,不可以苟。莫向编年,问知与否。[114]

此外,莫秉清在吊"甲申殉难"者许潜忠(? —1644)的诗中亦说：

> 死国忠臣事，如君帅莽难。宁争千古义？止取寸
> 心安。[115]

诚然，人贵心安，世间的赞美或讥评，对殉国者来说，可能成为
次要了。

相反来说，有些遗民虽然提出各种不必殉国的说法，甚或指斥
某些殉国者为"闷死"，但他们却生活在刘宗周所谓"忧疑惊惧"之
中，因为自己不能殉国而感到内疚。[116]徐承烈《燕居琐记》载有下
引一则故事：

> 明末一巨公，与泰州邓孝威汉仪善。明亡，孝威讽其殉
> 节，不从。……后孝威游楚归，巨公索阅近作，中有《题息夫人
> 庙》一首云："楚宫慵扫黛眉新，只自无言对暮春。千古艰难惟
> 一死，伤心岂独息夫人！"巨公愀然废卷而起，入内遽患心
> 痛卒。[117]

上引故事不知是否属实，不过，明遗民因未能殉国而感到惭愧
的例子，则屡见不鲜，如第三章第五节已举出不少，现在只说屈
大均。

屈大均自称因为老母而不能追随老师陈邦彦殉国，时时感到
羞惭和痛苦。虽然，他强调"予痛先生（陈邦彦）忠烈，以师仇益恨，
坚志不仕"。又谓"愤师仇兮未复，与国耻兮孳孳，早佯狂兮不仕，

矢漆身分报之"。[118]但他始终对自己的"隐忍偷生"问心有愧，因此当他为陈邦彦撰写传记时，不禁自责说：

> 予十六从公受《周易》《毛诗》，公数赏予文，谓为可教。今不肖隐忍偷生于此，不但无以见公，且无以见马（应房，？—1647）、杨（景烨，？—1647）、霍（师连，？—1647；建芳，？—1647）四子（按：四人为陈邦彦的殉国弟子）；又四子之罪人也已。[119]

而当他悼念殉国烈士陈子龙时，亦说：

> 三间日月光相映，一剑乾坤恨未消。……惭予后死空词赋，惯向江南放《大招》。[120]

可见他因"后死"而产生的内疚和痛苦，到底无法解脱。

就算有些遗民并不认识某某殉国者，但由于彼此的身份相同，相比之下，亦不禁自惭形秽。如魏禧为诸生许王家作传，便感到非常惭愧，他说：

> 甲申国变，吴门诸生许玉重（？—1644）饿死于学宫，二许（王家、玉重）不知同宗族与否？何许氏之多奇男予也。禧亦故诸生，方偷活浮沉于时，视二许能不愧死入地哉？[121]

又有遗民虽不与殉国者比较，但以未能殉国而自愧。例如，周颖侯在"甲申之变天地裂"时，"气激欲自尽"，并已"书绝命词"。可是因为"二老垂白年，乃祖八十尤皤然。抱持号泣互相守，解缚不得从所天"。由于他感到"君亲一理那可弃"，于是"且活余生俱粗称，永栖陇亩为顽民"。然而，他对自己不能死一直耿耿于怀，因而"偶对人言还自愧"。[122]

此外，又有些士大夫因为自杀未遂而心怀苦痛。如御史何宏仁(？—1649)在顺治二年南京失守时已"以死决自誓"，明年"夏，江上师溃"。何宏仁"知事不可为"，就"欷然投崖而绝"。但为"士人相聚守护不去，久之复苏"，并且被人劝服，不再自杀。何宏仁感到自己"从亡已后余息偷生，万一身分俱辱，虽百死莫赎矣"。于是他入陶介山削发为僧，并给友人李秘霞一封"密缄"，请代为保存。当何宏仁临终时，请李秘霞开启"密缄"共读，引录如下：

> 吾有志不就，忝厥所生，于君为不忠，于亲为不孝。我死后，切不得棺殓，当野暴三日，以彰不忠之罪，然后举火焚之；不得归葬先陇，以彰不孝之罪。真知我者，知非乱命，遵而行之，是谓爱人以德。[123]

又如翰林院检讨傅鼎铨(？—1649)在崇祯十七年北京失陷后"自经未绝，长班排扉解之，拥见(李)自成，自成欲官之，诡辞得免"。当傅鼎铨"南归时，曾樱遇之途中，视其颈瘿痕犹赤然，鼎铨每自以为愧"。不过，傅鼎铨不像何宏仁以遗民终老。他后来在抚州起事，殉国而死。[124]

诚然，有些士大夫虽早有捐躯报国之心，但当他们还没有殉国时,想起师友或同僚的死节,仍不免有自愧不如的感觉。如陈潜夫之所以殉国,就是"不惟死君,而且死友"。"死友"乃因有感于陆培殉国已一年,而自己尚活在人世,所以追随陆培而死。据屈大均记载,陈潜夫"少跅弛不羁,言行无择,使气善呵骂,同里陆培者为檄攻之,潜夫愧而避去"。及"绍兴既陷,监国(鲁王朱以海)航海去,潜夫时在新城",听到上述消息,便说:"昔鲲庭(陆培)攻我,顾以我为非人也。鲲庭死节,今已一年所矣,吾今尚复濡忍,其信非人也耶?"于是对妻妾说:"余今不惟死君,而且死友,汝二人能从我乎?"之后,他们"遂连臂同沉于湖以死"。[125]又如张煌言自称"绍兴死节者多,吾慕之,清夜尝愧之"。[126]

从以上的分析可见,明清之际士大夫对应否殉国的意见是错综复杂的,特别是明遗民的说法,最值得玩味。明遗民一方面强调殉国为人臣的责任,又对死节者大力表扬,但他们自己却偏偏不死。可是,另一方面,他们又提出各种为公为私的理由和借口,或直接或间接解释自己不死的原因,而且"反云死难为矫激",[127]非议"阃死"的人。然而,讽刺的是,被批评者多能理直气壮而死,但不少批评者却感到惭愧和内疚,甚至为自己不能死而怀有"终身之忧"。[128]

补记:本章乃根据拙文《明清之际士大夫对应否殉国之论说》(《故宫学术季刊》,10卷4期[1993年夏季],第53—92页)改订而成;本书付梓后,有赵园《明清之际士人之死以及有关死的话题》(《学人》,第6辑[1994年9月],第113—143页)面世,其中详略异同,请读者参看。

注释

[1]瞿元锡:《庚寅始安事略》,第 198 页。

[2]梁份:《书郭忠烈传后》,见氏著《怀葛堂文集》(美国国会图书馆藏王源[1648—1710]序丁亥[康熙四十六年[1707],九月刊本),该文,叶 1 上。按:是书本分卷,但"卷"字下皆削去数目。

[3]魏禧:《训导汝公家传》,《魏叔子文集》,卷 17,叶 137 上。

[4]陈子龙:《申节愍公传》,《陈忠裕全集》,卷 29,叶 9 下(上册,第580 页)。

[5]计六奇:《明季北略》,卷 21 上,《殉难文臣·马世奇》,下册,第522 页。

[6]屈大均:《皇明四朝成仁录》,卷 7,《弘光朝·杭州死节传》,叶232 下—233 上。

[7]刘汋:《(刘宗周)年谱》,卷下,"顺治二年六月丙寅""顺治二年六月丁丑"条,叶 43 上及叶 45 上下。按:详情见第三章第六节。

[8]孙奇逢:《贺公景瞻传》,《夏峰先生集》,卷 8,叶 24 上。

[9]魏禧:《训导汝公家传》,《魏叔子文集》,卷 17,叶 136 下、叶137 上。

[10]《明季北略》,卷 21 上,《殉难文臣·申佳胤》,下册,第 542 页。

[11]钱澄之:《义士说》,见氏著《田间文集》(宣统二年[1910]秋钱氏振风学社校印本),卷 8,叶 1 上。

[12]徐植农、赵玉霞:《侯方域年谱》,见氏注译《侯朝宗文选》(济南:齐鲁书社,1988 年),"明弘光元年"条,第 269 页。

[13]这里是采取弘历的观念,参看第一章注 13。

[14]钱骎:《甲申传信录》,卷 3,《大行骆乘·文臣》,第 44 页。

[15]徐鼒：《小腆纪传》，卷46，《列传》39，《义师》1，《黄醇耀》，下册，第4750页。按：黄醇耀亦作"黄淳耀"，见第三章第五节。

[16]《甲申传信录》，卷7，《董狐剩荚·守汴三》，第135页。

[17]《皇明四朝成仁录》，卷12，《隆武钥·生员死义传》，叶443上。

[18]魏禧：《许秀才传》，《魏叔子文集》，卷17，叶130下。

[19]戴名世（1653—1713）：《杨刘二王合传》，见氏著《南山文集》（光绪二十六年[1900]夏月桐城张仲沅重镌本），卷8，叶14上—17上。

[20]《皇明四朝成仁录》，卷1，《崇祯朝·各省州县死事传》，叶131下。

[21]查继佐：《国寿录》，卷2，《赠礼部主事儒士潘集传》，第65页。

[22]邵廷采：《东南纪事》，卷8，《潘集》，页256第。

[23]《皇明四朝成仁录》，卷9，《隆武朝·前广州死难诸臣传》，叶342下。

[24]王弘撰：《刘义士传》，见氏著《砥斋集》（光绪甲午[二十年]冬月镂，敬斋堂藏版本），卷5，叶22上—23上。按："死伤勇"出《孟子·离娄下》，原文是："可以死，可以无死，死伤勇。"（《孟子注疏》，卷8下，第65页[下册，第2729页]）又，王弘撰评论刘长庚的意见与魏禧评论生员许王家的观点甚相似，参看第七章第二节。

[25]邱维屏：《别驾杨公传》，见氏著《易堂邦士先生文集》（光绪元年[1875]秋月重刊一房山家藏板本），卷15，叶31下—32上。

[26]张廷玉等：《明史》，卷295，《列传》183，《忠义》7，《汤文琼》，第7559—7560页。按：关于陈演，参看第二章注[29]。

[27]毛奇龄：《辨忠臣不从死文》，见氏著《毛西河全集》（书内题《西河合集》，乾隆十年[1745]书留草堂刊奉），《辨》，叶10上—11上。

[28]全祖望撰有《书毛检讨忠臣不死节辨后》一文，除提出"忠臣不

必尽死节,然不闻死节非忠臣也"的反调外,并讲述毛奇龄写《辨忠臣不从死文》的原因乃出于"避祸"(《鲒埼亭集外编》,卷33,叶20上—21下)。

[29]全祖望:《明锦衣徐公墓柱铭》,《鲒埼亭集》,卷8,叶7上。按:关于全祖望对徐启睿的意见,并详第四章第三节。

[30]见李天植《蜃园遗集》(哈佛大学哈佛燕京图书馆藏4册刊本),卷首,叶8下。

[31]《皇明四朝成仁录》,省8,《隆武朝·徽州起义传》,叶278上下。

[32]凌义渠自缢前"上尊人书"语,见《明季北略》,卷21上,《殉难文臣·凌义渠》,下册,第513页。

[33]这是许直死前对父亲解释所以殉国的原因,参看黄宗羲《弘光实录钞》,卷2,第43页。周凤翔死前上书父母,亦有这个想法,参看《甲申传信录》,卷3,《大行骖乘·文臣》,第41页。

[34]左懋第:《沁园春》,见《弘光实录钞》,卷4,第108页。

[35]《明季北略》,卷21上,《殉难文臣·陈良谟》,下册,第538—539页。

[36]韩菼:《许秀才传》,《有怀堂诗文集》,卷13,叶3下—4上。

[37]孙奇逢:《复彭了凡》,《夏峰先生集》,卷7,叶33上;屈大均:《周秋驾六十寿序》,《翁山文外》,卷2,叶62上。

[38]齐之千:《谢黎博庵老师撰先公传书》,《兼斋文集》,卷3,叶26上。

[39]《甲申传信录》,卷3,《大行骖乘》,第35页。

[40]有关儒家思想中"经"与"权"的涵义,近人颇有讨论,而J. G. A. Pocock又将这两个观念,与西方政治思想比较,撰成"Ching and Ch'uan,Virtue and Prudence:Policy and Innovation in Chinese and Western

Political Thought"一篇论文(详情参看黄俊杰《宋代经世思想与行动研究会》，《汉学研究通讯》，5卷2期[1986年6月]，第65—71页；特别是第67页)。不过，本书仅从生与死的抉择这个角度讨论"经"与"权"的问题。

[41]《明季北略》，卷21上，《殉难文臣·倪元璐》，下册，第5060页。按："汉寿亭侯"为曹操封予关羽的爵名。可是，世人误以"汉"为朝代名，而以"寿亭侯"称关羽(参看罗忼烈师《"汉寿亭侯"与"寿亭侯"》，《明报月刊》，1993年8月号。

[42]《小腆纪传》，卷50，《列传》43，《忠义》2，《涂伯昌》，下册，第530页。

[43]《明季北略》，卷21上，《西蜀吴子论》，下册，第5490页。按："采薇行歌"者乃指伯夷、叔齐。二人的事迹参看第五节；"不书年号，但书甲子"者乃指陶潜。陶潜在"义熙(晋安帝年号，405—418)以前则书晋氏年号，自永初(宋武帝年号，420—422)以来唯云甲子而已"之说，见沈约(441—513)《宋书》(北京：中华书局，1974年)，卷93，《陶潜传》，第2288—2289页。至于"以竹如意恸哭招魂"者乃指谢翱(1249—1295)(参看程敏政《宋遗民录》，卷2，《谢翱》1；卷3，《谢翱》2)。

[44]同上。

[45]顾炎武：《谒夷齐庙》，见氏著，王蘧常辑注《顾亭林诗集汇注》(上海：上海古籍出版社，1983年)，卷3，上册，第627页。

[46]《春秋左传正义》(《十三经注疏》本)，卷49，"昭公二十年"，第389页(下册，第2091页)。

[47]顾炎武：《潍县》，《顾亭林诗集汇注》，卷3，上册，第5960页。按：《左传·襄公四年》载："昔有夏之方衰也，后羿……因夏民以代夏政……而用寒浞。寒浞……树之诈慝，以取其国家。……靡奔有鬲氏，

浇……使浇用师，灭斟灌及斟寻氏。处浇于过，处豷于戈。靡自有鬲氏，收二国之烬。以灭浇而立少康。少康灭浇于过，后杼(按:少康子)灭豷于戈，有穷由是遂亡。"(《春秋左传正义》,卷29,第231页[下册,第1933页])并详不注。

[48]顾炎武:《隆武二年八月上出狩,未知所之。其先桂王即位于肇庆府,改元永历。时太子六师吏部尚书武英殿大学士臣路振飞在厦门造隆武四年大统历,用文渊阁印颁行之。九年正月,臣顾炎武从振飞子中书舍人臣路泽溥见此有作》,《顾亭林诗集汇注》,卷2,上册,第366页。按:《左传·哀公元年》载:"昔有过浇,杀斟灌以伐斟鄩,灭夏后相。后缗方娠,逃出自窦,归于有仍,生少康焉。……有田一成,有众一旅……以收夏众,抚其官职。使女艾谍浇,使季杼诱豷,遂灭过戈,复禹之绩,祖夏配天,不失旧物。"(《春秋左传正义》,卷57,第452页[下册,第2154页])

[49]刁包:《安丙论》,见氏著《用六集》(美国国会图书馆藏12卷本),卷9,叶17上。

[50]《宋史》,卷402,《列传》161,第12188—12189页。

[51]刁包:《安丙论》,《用六集》,卷9,叶17上下。

[52]房玄龄(579—648)等:《晋书》(北京:中华书局,1974年),卷62,《列传》32,第1679—1690页。

[53]王夫之:《读通鉴论》,卷13,《东晋元帝》,中册,第396页。

[54]潘耒:《重建狄梁公祠记》,见氏著《遂初堂集》(美国国会图书馆藏序康熙四十九年[1710]刊本),卷12,叶7上。

[55]方文:《六声猿·王炎午生祭文相》,《嵞山集·续集》,卷12,叶8下—9上。按:方文所用典故乃指文天祥兵败被执,囚于燕京,王炎午作《生祭文丞相文》,"以速丞相之死"一事,参看第三章注[106]。

[56]张岱:《石匮书后集》,卷23,《乡绅死义列传总论》,第153页。

按:张岱这个观点,又见《余若水先生传》,引录如下:"人臣称委质故主,回面而改向,非忠也。激愤而殉,以明节也。义卫志,智卫身,托农圃之弃迹,下可见故主,无辱先人,若余若水(余增远,1605—1669)者足矣。然其节概为人所难及者,兄(余煌,?—1646)死止水,弟不渡河,一死于十五年之前,一死于十五年之后,俱不失为赵氏忠臣。而安心农圃,扼腕终身,呜呼,若水可以为难矣!"(见氏著《琅嬛文集》[长沙:岳麓书社,1985年],卷4,第190页)文中所谓"兄死止水,弟不渡河",乃指顺治三年,"清兵渡江",余煌"渡东桥""沉死",余增远"悼邦国之云亡,痛哲兄之先萎,望水长号,誓不再渡,自是遂绝迹城市"(同上,第189页)。至"止水"一词,乃采宋相江万里典故,参看第三章注[145]。

[57]黄宗羲:《谢时符先生墓志铭》,《黄梨洲文集·碑志类》,第213页。

[58]黄宗羲:《余恭人传》,同上,《传状类》,第90页。

[59]方文:《赠别周颖侯》,《嵞山集》,卷3,叶9下—10上。按:虽然方文认为不必效法伯夷、叔齐殉国,但他不是反对殉国。相反来说,他批评"甲申之变"时说,"何为当时立朝者,强半懦忍舍其躯?"并且不满"今人仕宦爱便益,反云死难为矫激"的态度(《广平谒申节愍公祠》,《嵞山续集》,卷2,叶7上)。此外,他不同意时人所谓"君(孤竹君)乃夏后裔,二子(伯夷、叔齐)又逸民。不仕则已矣,何为殒厥身"的说法,认为"此语虽中和,恐以伪乱真。无宁守臣节,庶几完天伦"(《谒齐夷庙》[之二]),《嵞山续集·北游草》,叶6上)。按:陶潜典见注[43]。又,有关《心史》是否郑思肖所作,自清初以来即引起很大争论,至今仍难定夺(参看杨玉峰《〈心史〉作伪论略》,《大陆杂志》,1986年第5期)。

[60]顾炎武:《陈生芳绩两尊人先后即世,适皆以三月十九日,追痛之作,词旨哀恻,依韵奉和》(之二),见氏著《亭林诗集》(《顾亭林诗文

集》本,北京:中华书局,1959 年),卷 2,第 3290 页。按:诗后注谓:"原钞本两句作'人间若不生之子,五岳崩颓九鼎沦'。"(第 330 页)《顾亭林诗集汇注》同原钞本,"岳"字作"嶽"(卷 3,上册,第 521 页)。

[61]魏禧:《杂问九》,《魏叔子文集》,卷 19,叶 12 上。

[62]邵廷采:《明遗民所知传》,《思复堂文集》,卷 3,叶 71 上。

[63]陈确:《朝入城东门》,《陈确集·诗集》,卷 2,下册,第 650 页。

[64]陈确:《闻蔡上生家亦被盗简寄一首》,同上,第 636 页。

[65]陆世仪:《示虞九二绝句》(之一),见氏著《桴亭先生诗集》(《陆子遗书》本,光绪己亥[二十五年,1899]刊于京师),卷 2,叶 10 下。

[66]陆世仪:《寄如皋吴白耳书》,见氏著《论学酬答》(《陆子遗书》本),卷 3,叶 21 上下。

[67]张履祥:《与许详伯》,《杨园先生全集》,卷 9,叶 21 下—22 上。

[68]徐枋:《与冯生书》,《居易堂集》,卷 3,叶 10 上。

[69]徐枋:《书成告家庙文》,同上,卷 15,叶 20 上—21 上。

[70]徐枋:《与葛瑞五书》,同上,卷 1,叶 1 下。

[71]徐枋:《郑老师桐庵先生七十寿序》,同上,卷 7,叶 10 下—11 上。

[72]《皇明四朝成仁录》,卷 12,《永历朝·生员死义传》,叶 437 下。

[73]同上,叶 443 下—444 上。

[74]钱澄之:《义士说》,《田间文集》,卷 8,叶 1 上下。

[75]陈确:《死节论》,《陈确集·文集》,卷 5,上册,第 153 页。按:文中所引典故出处如下:《论语·季氏》说:"齐景公有马千驷,死之日,民无德而称焉。伯夷、叔齐饿于首阳之下,民到于今称之,其斯之谓与?"(《论语注疏》[《十三经注疏》本],卷 16,第 66 页[下册,第 2522 页])《微子》说:"逸民,伯夷、叔齐……子曰:'下降其志,不辱其身,伯夷、叔

齐与?'"(同上,卷18,第73页[下册,第2529页])《孟子·万章下》说:"伯夷,圣之清者也。"(《孟子注疏》,卷10上,第76页[下册,第2740页])《尽心上》说:"五十非帛不暖,七十非肉不饱,不暖不饱,谓之冻馁。"(同上,卷13下,第104页[下册,第2768页])司马迁:《史记·伯夷列传》载:"伯夷、叔齐闻西伯昌善养老,盍往归焉。及至,西伯卒,武王载木主,号为文王,东伐纣。伯夷、叔齐叩马而谏曰:'父死不葬,爰及干戈,可谓孝乎?以臣弑君,可谓仁乎?'左右欲兵之。大公曰:'此义人也。'扶而去之。武王已平殷乱,天下宗周,而伯夷、叔齐耻之,义不食周粟,隐于首阳山,采薇而食之。及饿且死,作歌。……遂饿死于首阳山。"(卷61,第2123页)又按:陈确的同学黄宗羲也不满司马迁的记载,他在《孟子师说》中指出:"……合孔孟之书观之,当是以逊国饿首阳。及闻文王养老,想叔齐已死,故独往归之,文王必以寓公待之,老而遂卒,不及见伐纣之事也。"(《黄宗羲全集》第1册本,杭州:浙江古籍出版社,1985年,第95页)

　　[76]张岱:《梦忆序》,《琅嬛文集》,卷1,第28页。

　　[77]同注[27]。按:《庄子·骈拇》说:"伯夷死名于首阳之下。"(见郭庆藩《庄子集释》,卷4上,册2,第323页)《盗跖》又说:"伯夷、叔齐辞孤竹之君而饿死于首阳之山。"(同上,卷9下,册4,第998页)

　　[78]见陈谟为李天植所作赞,载于李天植《蠡园遗书》,卷首,叶7下—8上。

　　[79]沈日富:《杂记》,见氏著《受恒受渐斋集》(光绪丁亥年[十三年,1887]冬上澣通家于景修署检本),卷6,叶14下。

　　[80]弘历:《读伯夷列传》,见氏著《御制文二集》(《清高宗御制诗文全集》本),卷35,叶1上—2上[册10,第801页])。

　　[81]章学诚:《信撝》,见氏著《章学诚遗书》(北京:文物出版社,

1985 年），《外编》，第 372 页。按：章说乃本李德裕（787—850）《夷齐论》。该文说："昔夷、齐不食周粟，饿于首阳之下，仲尼称其仁，孟轲美其德（原注略），盖以取其节而激贪也。所谓周粟者，周王所赋之禄足也。"（氏著《李文饶文集》[《四部丛刊》本]，《外集》，卷 1，叶 1 下）

[82]汪家禧：《书程氏敏政宋遗民录后》，见氏著《东里先生烬余集》（嘉庆庚辰[二十五年，1820]夏五月刊本），卷 3，叶 7 上。按：伯夷、叔齐让国事，《史记·伯夷列传》载："伯夷、叔夷，孤竹君之二子也。父欲立叔齐，及父卒，叔齐让伯夷。伯夷曰："父命也。"遂逃去。叔齐亦不肯立而逃之。国人立其中子。于是伯夷、叔夷闻西伯昌善养老，盍往归焉。"（卷 61，第 2123 页）微子等人事，本《论语·微子》，原文是："微子去之，箕子为之奴，比干谏而死。孔子曰：'殷有三仁焉。'"（《论语注疏》，卷 18，第 72 页[下册，第 2528 页]）"死伤勇"出《孟子·离娄下》，见注[24]。

[83]钱澄之：《伯夷论》，《田间文集》，卷 1，叶 1 上—2 下。

[84]钱澄之：《义士说》，同上，卷 8，叶 1 上—3 上。按：薛方为郡掾祭酒，王莽秉政时，"以安车迎方"，方辞谢说："尧舜在上，下有巢由。今明主方隆唐虞之德，小臣欲守箕山之节也。"王莽"说其言，不强致"于是薛方居家教授经学（参看《汉书》，卷 72，《王、贡、两龚、鲍传第四十二》，第 3095—3096 页）。郭诩在弘治（1488—1505）中以善画被征召。宁王朱宸濠欲召见他，他总是辞谢。后来更间道走武昌，入德安。朱宸濠反，使人赍书币追迹郭诩至武昌，但不能找到他（参看陈昌积[1538 年进士]《郭清狂诩传》，见焦竑[1540—1620]《国朝献征录》[台北：台湾学生书局，1965 年]，卷 115，叶 57 上—60 下）。管宁在汉末黄巾乱时，避居辽东，讲授诗书。乱平，还郡。朝廷屡次征召他，他都不就（参看《三国志》，卷 11，《魏书》十一《袁、张、凉、国、田、王、邴、管传第十一》，第 354、360 页）。陶渊事见注[43]。

161

［85］孙奇逢：《语录》，《夏峰先生集》，卷1，叶2上下。

［86］孙奇逢：《余谕》，同上，卷3，叶30上。

［87］孙奇逢：《殷仲泓传》，同上，卷8，叶32下—33上。

［88］冯班：《杂诗七首》（之四），《钝吟集》，卷下，叶8下。按：冯班把当时的士大夫划分为"贤臣""孝子""贼儒"三个类型。"贤臣"是指"既明且哲以保其身"的人；"孝子"指"战战兢兢，如临深渊，如履薄冰"的人；"贼儒"则指"乱臣逆子之尤者"。虽然他认为死孝与死忠乃"仁之至，义之尽"的表现，但必须是："子死孝，父必不全；臣死忠，君必有患。"而且死忠与死孝都是"忠臣孝子平居无事不忍言之"的。可是，世上竟有"平层无事，处心积虑冀君父之有难以成其名者"，冯班指他们连"乱臣贼子"都不如，所以称他们为"贼儒"。他相信君子不会接受为了"好名"而"让千乘之国"的行径，何况是"幸君父之有难，社稷苍生六亲九族一切不顾，而可曰仁义乎"（《家戒上》，见氏著《钝吟老人杂录》[《钝吟全集》本]，卷1，叶3上下）。由此可见，"囮死"与"好名"而死，都是冯班所否定的。

［89］莫秉清：《吊李存我大行为林伟生作》，见氏著《采隐帅诗集)（香港大学冯平山图书馆藏民国二十年[1931]吴家振跋本），卷上，叶17上。

［90］莫秉清：《被酒与文弱纵谈并示襄左》，同上，叶51上。

［91］陈确：《诔查母许硕人文》，《陈确集·文集》卷14，上册，第328页。

［92］陈确：《黏莄茂堂》，同上，卷16，上册，第376页。

［93］陈确：《哭吴子仲木文》，同上，卷13，上册，第321页。

［94］陈确：《答袭化疑问》，同上，卷15，上册，第373页。

［95］陈确：《死节论》，同上，卷5，上册，第152—154页。

[96]黄节(1873—1935)批评前引顾炎武《潍县)(之二)语,黄节以《论语·微子》谓"微子去之,箕子为之奴,比干谏而死"而破孔子并称"殷之三仁"为例,指出孔子不是"独称去之者而议讥死者"。黄节认为"义当去则去,义不当上,则为奴为死。事各有当,而无所轩轾也"。王蘧常不同意黄节的评论,认为顾炎武并无区分靡与伯夷、叔齐节义的高下,顾炎武不过指摘世人"只知崇死节,而不知含垢忍耻,图复旧物,尤难于一死",因而强调顾炎武并非"劝偷生",靡亦非"偷生惜死之伦所可借口"的例子(《顾亭林诗集汇注》,卷3,上册,第598—599页)。按:王说甚是,黄节无疑误解顾炎武的意思。其实顾炎武提议"时止则止,时行则行,而不胶于一"(详正文),正合孔子所谓"殷之三仁"之意。

[97]顾炎武:《与李中孚书》,见氏著《亭林文集》,卷4,第86页。按:荀息为晋献公(姬诡诸,？—前651,前676—前651在位)大夫,献公卒,辅奚齐(？—前651);里克杀奚齐,又辅立卓子(？—前651)。卓子被杀,荀息不愿为贰臣,于是自杀。参看《左传·僖公九年》(《春秋左传正义》,卷13,第98—99页[下册,第1800—1801页])。尾生是古代传说中坚守信约的人。《庄子·盗跖》说:"尾生与女子期于梁下,女子不来,水至不去,抱梁柱而死。……尾生溺死,信之患也。"(《庄子集释》,卷9下,册4,第998页)

[98]顾炎武:《与人书十三》,《亭林文集》,卷4,第99页。

[99]顾炎武:《病起与蓟门当事书》,同上,卷3,520页。按:据《蒋山佣残稿》卷1所载这封信(附载于同上),最后几句与本文所引的稍有出入。

[100]陈确:《死节论》,《陈确集·文集》,卷5,上册,第155页。

[101]张煌言:《贻赵廷臣书》,《冰槎集》,载于《张苍水集》,第1编,第41页。

[102]齐之千:《谢黎博庵老师撰先公传书》,《兼斋文集》,卷3,叶26下。

[103]魏际瑞:《再论死义传书》,见氏著《魏伯子文集》(《宁都三魏全集》本),卷2,叶11上。

[104]魏禧:《与曾止山》,《魏叔子文集》,卷7,叶7下。

[105]唐甄:《潜书》(北京:中华书局,1963年),《上篇下·食难》,第86页。

[106]陶元淳:《张仲玉传》,见氏著《陶子师先生集》(《海虞三陶先生集合刻》本,光绪七年[1881]刊于邑),卷4,叶15上。

[107]《明季北略》,卷21上,《殉难文臣·凌义渠》,下册,第513页。

[108]谢晋:《祁彪佳传》,见《祁彪佳集》,卷10,《遗事》,第252页。

[109]《小腆纪传》,卷49,《列传》42,《忠义》1,《王士和》,下册,第521页。

[110]《国寿录》,卷2,《行人陆公传》,第50页。

[111]见陈确《哭祝子开美》诗中注,《陈确集·诗集》,卷7,下册,第745页。

[112]黄宗羲:《弘光实录钞》,卷4,第92页。

[113]孙奇逢:《刘文烈遗架序》,《夏峰先生集》,卷4,叶29上。

[114]陈确:《祭祝开美文》,《陈确集·文集》,卷13,上册,第303页。

[115]莫秉清:《吊许潜忠先生》,《采隐草诗集》,卷下,叶29下。

[116]关于这方面,陈确是一个典型的例子,参看《附录》第三、四、五节。

[117]见俞樾(1821—1907)《春在堂随笔》(《春在堂全书》本,光绪

二十五年[1899]重定),卷10,叶2下—3上。

[118]屈大均:《死事先业师赠兵部尚书陈岩野先生哀辞》,《翁山文外》,卷14,叶1上及3上。按:关于陈门弟子当日的情况,屈大均又说:"先生之弟子当日从之而起者有霍师连、霍懿芳(？—1647)、马应房诸君,血战捐躯,不负先生之教诫。……有弟子(屈大均)兮后死,曾沙场兮舆户。抱遗弓号哽咽,拾齿发兮囊之。"(同上,叶1下)

[119]屈大均:《顺德给事岩野陈公传》,见徐信符[辑]《翁山佚文辑》(附录于屈大均:《翁山文钞》),卷上,叶14下。

[120]屈大均:《泖口跨塘桥吊黄门陈卧子先生》《翁山诗外》,卷10,叶17上。

[121]魏禧:《许秀才传》,《魏叔子文集》,卷17,叶30上下。

[122]方文:《赠别周颖侯》,《嵞山集》,卷3,叶9下。

[123]魏禧:《明御史何公家传》,同上,叶113上。

[124]《皇明四朝成仁录》,卷8,《隆武朝·抚州前后起义传》,叶276上下。按:傅鼎铨殉国事,参看第八章第三节。

[125]同上,《绍兴死事诸臣传》,叶303下。

[126]《东南纪事》,卷9,《张煌言》,第267页。

[127]方文:《广平谒申节愍公祠》,见注[59]。

[128]见巢鸣盛答徐枋书,附录于徐枋《致巢孝廉端明书》后,《居易堂集》,卷3,叶1下。

第六章　明清之际士大夫对生死难易的比较

　　明朝亡后,忠臣义士面临生与死的抉择。一方面,贪生畏死,本为人之常情,所以时人多以死节为难事。另一方面,人死后就万事俱毕,但生存下去的人,或为复国的事业而奔波劳瘁,或在清朝的统治下隐居守节,受尽精神上和生活上的苦痛煎熬。于是又有意见认为生难于死了。

第一节　生与死难易的比较

　　计六奇说:

　　　　每一王兴,有附而至荣者,即有拒而死烈者,生易而死实难。[1]

计六奇认为人之所以以死为难,是因为"人惟贪生念重,故临事张惶"。如果能"存一必死之志,则虽刀锯在前,鼎镬在后,处之泰然"。[2]然而,诚如魏际瑞慨叹:

> 甚矣! 死之难也,而未死者易言之,于是乎以责于人者多矣。卒之死至焉而又去之。[3]

魏禧又以"事后论人,局外论人"为"学者大病"。因为"事后论人,每将知人说得极愚;局外论人,每将难事说得极易"。[4]计六奇所谓"人惟贪生念重,故临事张惶"等说法,正坐此失。[5]归降"流寇"的翰林院庶吉士周钟(1643年进士)在《临文节》中说:

> 事后易为智,事前易为功,所难者独在临事时耳。[6]

诚然,明季士大夫在选择生或死之际,确是难于取舍的。

明遗民李世熊说:

> 人非木石能无泪,事到存亡每贰心。[7]

清初学人,多能谅解这种心境,如王源认为"人寻常一细事尚多有懦忍不决,而况生死之际乎?"[8]向璿(1682—1731)亦指出"死生之际,人所贪恋而不能释于胸"。[9]由于世人难以面对生死之际,所以陈确叹息说:

> 嗟乎! 生死之际,盖亦难矣。俗士不胜可怜之态,而贤者
> 又或矫而过之。[10]

陈确在殉国与否的问题上几经挣扎,最后为了"母老苟活"。可是
内心有愧,甚至形于梦。现引陈确的记载如下:

> 节义、文章,并儒教所重。两者或不能必兼,故志士矜乎
> 节义,俗士饰乎文章,难易轻重之辨,人皆知之。然吾尝验诸
> 梦寐,于取予生死之际,颇能自决,殊无贪恋怖畏之情。[11]

由此可见,陈确在现实生活中"于取予生死之际",不能自决。

由于常人难于应付生死之际,因此孙奇逢虽以彭之灿"甘心一
饿"为"愚",却指出彭之灿有"其所不可及者"。所谓"不可及者",
乃指"生死之关勘破已久,欲死即死,绝无沾滞"。孙奇逢认为"此
非识力过人,未足语也"。[12]谢泰宗(1598—1667)亦本着同一态
度,评论"甲申京城死事诸臣"。谢泰宗认为,"利害不熟者,临事而
多眩;生死未明者,见危而莫主"。即使"利害、生死明矣,或为旁参
反顾之虑所引",没有终止的时刻。上述"诸公亦俱有父母妻子为
累者,一生俯仰,未尽周族,而竟赍志以没",无疑因为他们"亦于生
死利害勘之明而计之熟"而已。[13]

毕竟,所谓"勘之明而计之熟",谈何容易! 如陈良谟在殉国之
时,虽知"殉难之官,不应口言家事",到底还是立下遗嘱,交代立
嗣、分产、养母等事。[14]岂是"毫不系恋,真大解脱人!"[15]又如凌义
渠死前"作书辞父",系恋的心情溢于言表。引录如下:

尽忠即所以尽孝,男视死如归,已含笑入地下矣! 但父亲衰年无靠,病妻弱子,不堪回想耳。十儿容默,放他不下,七弟犀渠可善抚之。然儿即以此情达之皇上(朱由检),庶知孤臣一腔热血也。[16]

又如瞿式耜与张同敞在桂林城破后不屈而死。当二人在狱中待死时,瞿式耜受到"家累"的困扰,赠诗张同敞说:

羡子无家累,萧然待死身。一丝都不挂,千载做完人。魔障余偏叠,孤忠恐易沦。梦回频自警,何以报君亲?[17]

以瞿式耜这样坚贞不屈的忠臣,尚有"魔障余偏叠,孤忠恐易沦"的忧虑,无怪当时的人有"千古艰难惟一死,伤心岂独息夫人"的感叹了。[18]

生死之际难于面对,所以很多士大夫选择殉国后,便会速就速决,恐不如此则顾虑更多,更不能死了。如马世奇固然自信"吾义必死",亦"自以负闻望贤者之林,万不可辱于贼,恐为所得,即不能自裁"。加之当他"令二妾觅所以求尽者,二妾悲不知所出",他恐惧二妾"以啼泣乱吾此中",于是"引缳而尽"。[19]又如王毓蓍在顺治二年"清兵至武林"时,决定"彼朝入,吾朝以死;夕入,吾夕以死"。理由是:"今不自决,他日见吾里贵官从清所来,势必愤搏其身首;即不然,欲退躬耕,已非故家物土,此时求死则有难矣。"他在死前"闻其师刘宗周方饿未绝",上书催促刘宗周早死,[20]就是怕刘宗周拖延过久,便难殉国了。又如夏允彝虽在薙发令下之后参加反清活动,但"知事不可为,行欲死"。有人劝他勿死,指"浙东尚有待"。允彝答道:

> 吾目中无将相材,安待之？今不即诀,移日或生顾虑。[21]

由上述例子可见,殉国者多须在一鼓作气的状态下,闯过"生死之际"的大关,才能完成死节。

第二节　"慷慨"与"从容"难易的比较

殉国虽为难事,但死的方式仍有难易之分。明清之际士大夫大致上把殉国行为划分为"慷慨"和"从容"两个模式,因而"慷慨""从容"二词,在当时的著述中屡见不鲜。屈大均就是常用上述两词描述明季殉国事迹的例子。如他在《书西台石》中说:

> 吾乡先达若陈文忠(子壮,1596—1647)、张文烈(家玉)及吾师岩野陈先生(邦彦),愤举义旗,后先抗节,其光明俊伟,慷慨从容,亦皆与文丞相同。[22]

《皇明四朝成仁录》又称"广之忠臣"从三人而死者共百余人,"皆大节皎然,有当于从容、慷慨之二道者"。[23]但是,谁人为慷慨？谁人为从容？以及如何慷慨？如何从容？屈大均都没有说明。不

过,他为泾阳缙绅焦源溥(?—1643)和王征(?—1643)作传,谓
"焦公慷慨,王公从容,皆不污伪命以死",则有助于了解他的观点。
据屈大均所载,当焦源溥为李自成所执时,李自成以"军需匮甚",
向三原地方官绅按等收金,"以次署名,露刃胁之,众皆战栗署名"。
但焦源溥则"盛怒,詈尽张,以笔掷自成",并痛骂李自成等为"贼
奴",结果被他们"支解"了。王征与焦源溥同守泾阳。崇祯十六年
冬,"西安陷,贼欲大用征,使且至,征引佩刀坐于门以待",并且对
儿子王永春说:"贼使至,吾必不行,当以颈血溅之。"王永春"走自
成所",请死以代父。"既行,征绝粒不食,延至五日,永春获释而
归,跪奉汤饵"。征"挥之",指永春"不忍父死,是乱父志也"。"又
饥三日乃殁。"[24]

　　尽管屈大均把"慷慨""从容"等同起来,但是两者的死实有难
易之分。如成德在"甲申三月,逆闯入都"时,即写信给同年马世
奇,"相约死难"。虽然成德肯定自己"有一死以报国"的责任,可是
不能决定怎样殉国,他说:

　　　　慷慨仗节易,从容就义难。吾辈将为其难者乎?抑为其
　　易者乎?弟幸老母舍妹俱在此,老母争欲先引决,弟止之,以
　　慷慨、从容二义为告。弟志在为其难,惧变起仓卒,我辈无以
　　自明,故复以二义相商也。[25]

马世奇认可"为其难"的途径,也打算这样去做,所以复信给成
德说:

　　　　吾辈舍一死别无法，吾不为其难，谁为其难者？国家大运，一身大数，总有天主之。天予成仁成义，故无憾也！弟幸老母在家，何以安老年伯母乎？勉之，吾辈正不必逊古人耳！[26]

　　尽管二人都希望"为其难"，马世奇更有舍我其谁的气概，但二人的死，似不从容。如成德"闻帝崩，梓宫暴露东华门下"，"往以鸡酒哭奠"，"号恸触阶几死。归寓，跪母张氏前恸哭"。"入室，自缢死。"[27]另有记载谓成德"哭奠梓宫前，大呼皇上数四，叩首触阶而死"。[28]至于马世奇，其实当他在北京城破当日接到成德"以慷慨、从容二义相质"的信之前，他已"闭一小室中自经"，只是"诸仆排户入救之"，才有机会读到成德的信。虽然马世奇在当晚复信还自称"吾不为其难，谁为其难者"，但是他在次日便自经而死了。[29]

　　"慷慨仗节"之所以易，乃因人在意气激昂或情绪悲恸之时，无暇兼及其他，所以能勇往直前，容易牺牲生命。"从容就义"之所以难，是因为人处于舒缓不迫的状态下，又或在激动的情绪平服后，思前想后，系恋日多，所以难于捐弃生命。因此，如果殉国者选择"从容就义"的方式，求死的过程愈长，所受的痛苦愈多。无怪瞿式耜待死期间，有"一从初不死，恶绪渐来多"[30]及"亡国俘臣生亦鬼"[31]的悲叹。等到刑期来了，他的心情反而好转过来，所以在绝命词中重现"从容待死与城亡，千古忠臣自主张"的自信。[32]与瞿式耜一起"惶恐待死"的张同敞，亦感叹"忘生反觉死难求"[33]，及"早晚刀山游息好，古人慷慨愧难如"[34]。他甚至将自己的处境比喻为"老大徒伤千里马，艰难胜度万重关"[35]。

　　正因"从容就义难",所以有志从此途之殉国者须具过人的耐力,否则便难以成就他们的死节。例如,兵部主事高岱(?—1645)在绍兴失守后绝食而死,绝食期间,"有故人尝与岱八拜交,向以义相然诺,感岱意",决心从岱死,"不令独难,于是就岱杨相对,饿两日,呻吟甚,辄引去"。故人离去前对高岱说:"此事唯公能为之,仆不复尔也。"[36]又如被称誉为死得"从容之至"的楚南巡按刘永锡(?—1643)在崇祯十六年楚南告急时,"誓不二国,引义为诗联题壁",自尽署中。在自杀之前,刘永锡先用"三寸小楮,细书前句",交给奴仆送回家中。诗联的题款说:"楚南巡按刘殉难永锡书此署壁,崇祯十六年九月二十五、二十六、二十七日作。"刘氏诗中有"死生迟速皆前定"之句,而且联句甚多。诚如查继佐指出,刘永锡之所以写这么多诗联,"大约自励,恐中乱也"。[37]

　　张煌言被捕后求早死一事,可谓反映"从容就义难"的最佳例子。清官拘禁张煌言后,屡劝他归降,款待甚为优厚。但张煌言却更为"自律,断不可因此而苟延旦夕,所以每思慷慨引决",无奈"为馆伴者防闲严切,不克自裁"。于是张煌言计划绝食以死,但"绝餐三日",又"迫于"清官"劝勉,稍稍复食"。虽然张煌言想到别人知道他复食的消息后,必会以为他"寡廉鲜耻,晚节可嗤",可是他相信"大丈夫冰视鼎镬,慷慨、从容,原无二义",因而又再"郁郁"而居于羁所。尽管张煌言强调"临难苟免,非我本怀,偷存视息,更何所待",但他毕竟在清廷囚禁下过"膺镴链"的生活,仿如"以日为年,生不如死",所以他请求监管他的总督赵国祚早日处决他。他说:

　　　　伏冀台下,立赐处决,俾某乘风驭气,翱翔碧落,或为明

> 神，或为厉鬼，是诚台下大有造于某也。不则某当追随首阳之
> 后尘，必不俟（王）炎午之生祭，毋以馆伴者不善调制而谴
> 及之。[38]

由此可见，即使"慷慨、从容，原无二义"，但两者的死实有难易之分，否则张煌言毋须请求"立赐处决"了。

对于"慷慨仗节"的含义，明清之际的士大夫似无异议，但对"从容就义"的意思，则有不同的诠释。以上所述诸人的意见，无疑指殉国者意态舒缓，不急于殉国。不过，黄宗羲则把"从容就义"的定义提升到较高的境界。他为张煌言撰写墓志铭时说：

> 语曰："慷慨赴死易，从容就义难。"所谓慷慨、从容者，非
> 以一身较迟速也。扶危定倾之心，吾身一日可以未死，吾力一
> 丝有所未尽，不容但已。古今成败利钝有尽，而此不容已者，
> 长留于天地之间。愚公移山，精卫填海，常人藐为说铃，圣贤
> 指为血路也。是故知其不可而不为，即非从容矣。[39]

换言之，所谓"从容"，乃指"知其不可而为之"的信念；"吾身一日可以未死，吾力一丝有所未尽，不容但已"的毅力；不计"就中险阻艰难，百挫千折，有进而无退"[40]的大无畏精神。比起前面所谓心境安详与死期延缓的说法，简直有天渊之别。

黄宗羲的说法并不孤立，如《鹿樵纪闻》的作者称史可法"从容殉节"，便有近似的意见。他说：

> 古人言:"从容殉节难,慷慨死义易。"以余观之,忠孝实根至性,必非一时所能勉也。史督师当国步艰难,鞠躬尽瘁,死而后已,拟节文山(文天祥)。[41]

由此可见,所谓"从容殉节",乃指"鞠躬尽瘁,死而后已"的殉节行为,与黄宗羲的议论并无二致。又如何腾蛟虽不以"慷慨""从容"划分死节,但基本精神也有相通之处。何腾蛟认为"人臣死忠者三",即"激烈""从容"和"劳瘁"。他解释说:

> 激烈以刚怒死,从容以坚贞死,劳瘁以忧勤死。[42]

所谓"激烈",无疑指"慷慨";至于"从容"和"劳瘁",合起来就等于黄宗羲所说的"从容"。无论如何,所谓"从容以坚贞死",已超越一般人对"从容就义"的理解。

诚然,如果以黄宗羲的定义衡量前述被誉为"从容就义"的人物,恐怕没有多少人可以当之无愧。此外,如陈函辉在顺治二年"六月举义台州",明年"五月事坏,入台之云峰山投潭而死"。他在自祭文中自诩他的"殉国"为"从容就义",他说:

> 人恨不得其死耳! 为本朝死,为故君死,为寸丹死,为见危授命死,夫子曰:"守死善道。"然则此日之从容就义,体受全归,亦孰有善死如予者乎![43]

不管陈函辉如何自信,在黄宗羲的说法之下,他的"善死"显得黯淡无光。

　　虽然明清之际不少人同意"慷慨赴死易，从容就义难"，有些人却不从事迹的难易着眼，而推原二者心意并无不同。如前引张煌言所谓"大丈夫冰视鼎镬，慷慨、从容，原无二义"，即其一例。陈良谟自缢前认为"慷慨、从容，同归一死"，[44]亦可从这个角度理解。又如何腾蛟划分"人臣死忠者"为"激烈""从容""劳瘁"三种表达方式后，又认为三者"死虽不同，死忠则一也"，主张在评价三者之时，不应单"论其迹"，还须"原其心"。[45]

第三节　"图功"与"殉节"难易的比较

　　对常人来说，死无疑是难事，但从另一角度来看，人死后就一了百了，现实中的困难和重担，再不必去解决及肩负，而生存下去的人，却仍要面对这些困难和重担。因此，在两者相对之下，死变成易事，生变成难事了。

　　就家庭而言，如当王毓蓍告诉兄长王毓芝和王毓兰自己决定自杀殉国时，两兄认为死是"好难事"，但王毓蓍认为不难。可是，当王毓蓍"以其子属两兄，令读书识礼仪有成立"时，则对两兄说："愿兄为其难者。"[46]陈确赋诗哭遗民许令瑜（？—1650）的死时说：

　　　　人命非金石，安得长不死！君死事已毕，艰大遗而子。[47]

诚然，人死后"事已毕"，"艰大"就遗给未死的人，无怪王毓蓍请两兄"为其难者"。

就国家而言，如计六奇指出：

> 燕京之难，殉者数人。然死则死耳，于国事未有济也。[48]

此说甚是。例如，当北京城陷，倪元璐"将致命"，他的门人金廷策劝告他说："公何不效文信国，出外募兵以图兴复，乃轻自掷?"倪元璐回答说："吾诚信国罪人。然事势无及只辱，天下事非一人所为，以待能者。吾姑顺受其正。"[49]无疑，当倪元璐"顺受其正"后，他的责任就完成了。"天下事"已与他无关，就留待"能者"承担好了。

计六奇的评论，其实可兼用于整个南明时期。除倪元璐外，不少殉国者亦知道他们的死"于国事未有济"，而他们依然坚持殉国，其中一个原因是他们感到殉国为易，救国为难。如张罗善协助二兄张罗彦守保定，以拱卫京师。当他听到"闯陷京师"的消息后，便预备随时殉国。终于，他在保定陷后即自杀而死。他死前赋诗，有"吾徒宜仗节，何计可匡时""拨乱匡时须俊杰，成仁就义属吾徒"等句。[50]这些诗句，暗示了张罗善舍难而取易的心态。

有些殉国者对自己取易舍难的心理，直认不讳。祁彪佳就是一个例子。他说：

> 委质为人臣，之死谊无二。光复或有时，图功审机势。图功为其难，殉节为其易。我为其易者，聊尽洁身志。难者待后贤，忠义应不异。[51]

祁彪佳虽然强调"图功"和"殉节"两者的"忠义应不异"，而且自辩谓"时事至此，论臣子大义，自应一死，凡较量于缓急轻重者，未免杂以私意耳。试观今日是谁家天下，尚可浪贪余生？况死生且暮耳，贪旦暮之生，致名节扫地，何见之不广也！"所谓"贪且暮之生，致名节扫地"是否暗示现在不死，将来为清廷所逼，难免会变节？无论如何，祁彪佳自知理亏，所以又说：

> 虽然，一死于十五年前，一死于十五年后，皆不失为赵氏忠臣，深心远识者，不在于沟渎自经。若余硁硁小儒，唯知守节而已。[52]

此外，瞿式耜以大学士留守桂林。清军逼近，瞿式耜认为"封疆之臣，应死封疆"，决心"与城为存亡"。张同敞深受感动，愿与瞿式耜"为存亡"，但瞿式耜答道：

> 不然，后事未可知，君亟去图生以任其难，勿留此同死而为其易！[53]

虽然张同敞没有遵照瞿式耜的命令离去，而瞿式耜最后也同意张同敞留下来与他殉国，但他劝导张同敞的一番话，道出了时人的共同看法。而对那些舍难而取易的殉国者来说，他们何尝不知"图事贤于捐生"。诚如刘宗周夫子自道，只是他们感到"力不能胜"，所以不敢"不知量"，以"冀异日不可知之功"而已。[54]

桂林叠彩山瞿式耜、张同敞殉国处

与祁、瞿、张、刘等人相反，兵部右侍郎兼右命都御史袁继咸（1593—1646）不甘心"为其易"。顺治二年，左梦庚和袁继咸旧部郝效忠降清，劫袁继咸北去。袁继咸在"军中自铭"说：

> 死事也易，成事也难；为（程）婴弗克，为（公孙杵）臼维艰。张（张巡，708—757）死匪先，许（许远，709—757）死匪后；臣心靡他，靖献我后。[55]

袁继咸虽知道"成事也难"，自己也未必能如程婴般成事，但他坚决不愿效法公孙杵臼先死。他明白自己被虏北上难免像许远一般被杀，从成事的角度来看那样与现在便殉国没有分别，但他仍不肯放弃生命。而他这样做并没有别的居心，只盼能以自己不屈的精神，达献于先王。袁继咸这种坚决后死以求达到尽忠于先王的精神，也曾经动摇。虽然，他不为豫亲王多铎（1614—1649）"与以大官作"的"传语"所动，而且"见豫王，长揖不拜，为设宴，不饮亦不言"。但他在赴京途中，却曾"自缢"和"绝粒"，可见"从容就义难"。幸而袁继咸没有死去，直到顺治三年六月二十四日，才在北京就刑。[56]

又如郑云锦在顺治十五年横州城陷后"被执送浔阳"，"置肇庆狱"，清军劝谕他投降，不肯，并且绝食起来。过了七日，"不死，乃复食"。"在狱三年，吏民劝其薙发"，郑云锦不从。他解释自己不薙发与不自杀的原因说：

> 吾办死久矣！所未即死者，留一日鬓发，即顶一日君恩；

> 为一日南冠之楚囚,即为一日大明之臣子耳。[57]

郑云锦与袁继咸不死的心志,可谓一致。

"死事也易,成事也难",固为不争之论。但"任其难"者在失败以后仍不免与"为其易"的先死者同一结局,似乎祁彪佳和刘宗周都能洞悉先机。然而,不能成事然后死与"为其易"而先死,即使真如祁彪佳所谓"忠义应不异",它们的意义是否相等还是值得思考的。

第四节 "殉节"与"守节"难易的比较

士大夫为了保持气节而甘愿轻生,固为难事;然而不少人虽然没有捐躯,但同样为了保持气节而退隐不仕,这也不是常人所能办到的。况且宗国已沦亡,他们因守节而受到的煎熬困苦,不到死亡,没有底止。如徐枋在南都覆亡时才二十四岁,当他四十三岁时,回首"自分以必死而不死,及必不欲生而复幸生"的二十年生活,不胜感慨地说:

> 苏子卿(苏武,前140—前60)陷身绝域十九年而归汉,所谓丁年奉使,皓首而归,千古而下,读之犹为陨涕。今已二十年,而日月尚悠。嗟乎!人生几何?何以堪此![58]

尽管"千古艰难惟一死",但死的艰难在一时,而且是现实忧患的解脱。而对"杜门守死"的人来说,无论他们如何忠心于先朝,仍不免有"靦颜偷生于丧乱忧患之中"的感觉。同时,为了确保气节不堕,他们"于平居时,若履春冰之必陷","若蹈虎尾之必咥"。"及至世路构稽天之波,弋人布弥空之网",他们又须做到"坦然未尝动吾心而撄吾宁"。即使他们能够"于贵贱贫富之界则已划然于中,无所淆夺",但仍恐怕"于生死之际","尚未能持之确然而处之悠然"。这不是说他们"非不知义死之不足贵,非不知幸生之可羞",而是"恐明知其贵而不能贵之,恐明知其羞而不能羞之"。此外,又"恐知其贵而或促之,促之而反溃之;知其羞而或激之,激之而反馁也"。[59]

诚然,在崇尚死节的年代中,忍死守节者在心理上先天性蒙上一层阴影,认为自己的偷生是可耻的行径。如张岱在明亡以后"每欲引决"[60],可惜还是"既不能觅死,又不能聊生"[61]。终于在决定不死之余,贬斥徒死为无益。然而,他仍不能不自解说:

> 然余之不死,非不能死也,以死而为无益之死,故不死也,以死为无益而不死,则是不能死,而窃欲自附于能死之中。能不死,而更欲出于不能死之上。千磨万难,备受熟尝。十五年后之程婴,更难于十五年前之公孙杵臼;至正二十六年之谢枋得,更难于至正十九年(1282)之文天祥也。[62]

张岱无疑认为,在新朝安定以后,遗民保持气节,乃至死不渝的考验,比在国亡时殉节的考验,更为严峻。所谓"能不死,而更欲出于不能死之上",就是要在余生之中,做出贡献。从消极的角度来看,明遗民这样做是为了"虽苟延视息于一时,庶几稍塞衅责于后世"；[63]从积极的角度来看，是因为"吾辈身任绝学，责在万世，正不可轻视一死"[64]，因而"遁世须开万古蒙"[65]。

由此可见，不少守节者其实生活在忍辱偷生的心理压力下："以彼之才，非不见知于世者，令少委蛇从时，当亦有所建树"，却"甘自放废而夷然不之屑"，"未之死而自视为已死"。[66]加上他们忧虑华夏文化快将沦亡而思以延续与弘扬，[67]使得他们"爱重一身，不唯为己，戒心栗栗，无时不然"。况且上述种种不是短暂的忧苦，而是"终身之忧"。[68]无怪时人认为"死易耳，守节难也"。[69]

徐枋不同意"殉节为易，守节为难；为烈妇易，为节妇难"之说，好像在唱反调，其实不然。徐枋认为一般人说"死节为易"，乃因"人有幸而致死者矣，未有幸而终节者也"。此无他，因为"终节"须有无比的毅力才能完成。至于所谓"守节难"，乃因"人有不幸而改节者矣，未有不幸而再生者也"。亦即是说，如果殉死就能保存气节，人死后便已功德圆满，因为死者不会复生来接受考验；但是不死者则须经历众多考验，才能确保气节不改变。徐枋虽然认同上述观点，却对"死节"赋予不同含义，指出"死节"亦有难易之分。他认为如果是"不幸而致死"（指一般殉国行为，即世人所谓的"死节"），死节无疑是容易的事；如果"不幸死，则死节难矣"。所谓"不幸死"的"死节"，不是常人所指的"死节"，而是"以守致其死"的节义。他解释说：

> 夫守节者，守其所以死也，因时致宜，从容中道。不后时而忍濡，不先时而伤勇；不得死所而不随，得死所而不去。正如饥之于食，渴之于饮，日出而起，日晦而息也。……非吾之

> 能死也,乃死之为吾所也,此其所以为难也。……不然,仆隶
> 贱人尚能引决,况天下之士乎? 吾之所谓难者……此也。[70]

显然,徐枋是赞同死节易、守节难的。不过他希望提高死节的质素,所以才提出"以守节致其死"的"死节",故作反调而已。徐枋这样去做,不但勉人,而且自勉,所以自谦谓"死节"是他"未能持之确然而处之悠然者"。[71]

徐枋分死节为难易,陈确则分其为真假。陈确认为"死合于义之为节,不然,则罔死耳,非节也"。"死不失其节者",才是"真死节"。什么是"节"? 陈确解释说:"节如礼节,揖让进退之不可踰咫尺也。节如音节,高下疾徐之不可差芒忽也。"因此他说:

> 生有所以生,死有所以死,如四时阴阳更相禅代,不爽毫末,正所谓与天地同其节者,乃真死节也。[72]

由此可见,陈确所谓"真死节"与徐枋所谓"以守节致其死"的"死节",着眼点虽有不同,精神却是相通的。

陈确并没有正面讨论士大夫殉节难还是守节难的问题,但对妇女"忍死"和"速死"的难易做出评议。然而,晚明时已有人指出"臣事君与妇事夫,论者尝相提其义皆取于致命遂志"。[73] 而明清之际的学者,亦有继续从这个方向,借妇女殉节与守节的难易来比拟士大夫殉节与守节的问题。如徐枋举出时人"殉节为易,守节为难;为烈妇易,为节妇难"的说法,即其一例。颜元亦有"明末死节之臣,闺中义妇耳"之说。[74] 陈确批评潘烈妇"速死"而不"忍死",

尤值得注意。陈确认为"烈妇之死,非正也";并归咎烈妇的选择是"三代以后,学不切实,好为节烈之行,寖失古风"所造成的。他解释如下:

> 使烈妇忍死立孤,穷饿无以自存,人岂有周之者?白首而死,亦岂有醵葬之而碑之,传记之,诗歌之者?夫速死之与忍死,其是非难易皆什伯,而士往往舍此而予彼。甚矣,人心之好异!此烈妇之所以之死而不悔者也。……烈妇亦从一而终足矣,何必殉死?然不殉死,天下何繇知烈妇?语云:"三代而下,士惟恐不好名。"悲夫![75]

所谓"士往往舍此而予彼",所谓"士惟恐不好名",无疑在借题发挥,兼指士人的"速死"与"忍死",与《死节论》中指摘三代以下"好名之士"的"趋死如鹜,曾之不悔";"罔顾是非,惟一死之为快"的行为,[76]互相唱和,不仅单就烈妇而言。

在晚明之时,由于宗国尚存,所以论者虽相信"节之事苦于烈",却认为"烈之心固可以与节,殆难轩轾论焉";甚至认为陆秀夫"身执羁鞅,流离绝岛,计穷道尽,含笑引谊,与数龄帝子(赵昺,1272—1279,1278—1279 在位)相抱并殁于冯夷之幽宫"为幸事,而嗟叹文天祥"不得早毕其事以死"为不幸。[77]可是到了明朝亡后,士大夫的论调改变了。文天祥成为忠义的代表,例如钱馞便认为"近代之烈,则莫不以文信国为称首"。[78]计六奇比较古代节义之士,亦谓"三代之后","求其取义成仁,磊磊轩天地,旗今古,则必以文信国为正焉"。[79]而"死易耳,守节难也"的说法也一面倒般占了优势。

强调守节比殉节难实有深刻的意义,就是不从表面的死与不死去衡量人物,而是要求人们能做到"不可苟死,况可苟生! 不苟贫贱死,况苟富贵生! 君子之于生,无所苟而已"。[80]

附带指出,上文提到的学者在讨论殉节与守节问题上,都泛指士大夫,魏禧则划分"布衣"和"缙绅"两类。他认为在"变革之际,舍生取义者,布衣难于缙绅;隐居不出者,缙绅难于布衣"。布衣"舍生所以难",是因为"人止一死,无分贵贱,贪生则同",而"布衣无恩荣,无官守",故难殉节。相反来说,缙绅"隐居所以难",是因为"布衣毁节趋时,未必富贵;闭户自守,亦无祸患"。而"缙绅则出处一殊,贵贱贫富立判,安危顿易,事在反掌",故难守节。[81]魏禧的说法,从个人的利禄着眼,与上文讨论难易者的观点不同。

注释

[1]计六奇:《明季南略》,卷 4,《总论江南诸臣》,第 277 页。

[2]计六奇:《明季北略》,卷 21 下,《烈女·马烈妇自刭》,下册,第574 页。

[3]魏际瑞:《义死传序》,《魏伯子文集》,卷 1,叶 37 上。

[4]魏禧:《魏叔子日录》(《宁都三魏全集》本),卷 1,《里言》,叶1 上。

[5]计六奇虽在《明季北略》和《明季南略》中表彰死节及贬斥叛臣,但他并没有殉节。而且他虽然"特富民族思想",却曾于顺治六年(1649)和十一年(1654)两次在江阴参加科举考试(参看张崟《计六奇与〈明季南、北略〉》,《清史论丛》,1980 年第 2 辑;另参任道斌《〈明季南、北

略〉作者计六奇传略》,《文献》,1980 年第 3 辑)。

[6]《明季北略》,卷 22,《从逆诸臣·周钟》,下册,第 606 页。

[7]李世熊:《悲秋》(其二),见氏著《寒支初集》,卷 1,叶 53 下。

[8]王源:《周节女传》,见氏著《居业堂文集》(道光辛卯[十一年,1831]读雪山房藏板本),卷 5,叶 21 下。

[9]向璇:《哭先师散枥张夫子文》,见氏著《向惕斋先生文集》(《留余帅堂丛书》本,吴兴刘氏留余草堂校刊),卷 7,叶 8 下。

[10]陈确:《哭吴子仲木文》,《陈确集·文集》,卷 13,上册,第 321 页。

[11]陈确:《述梦记》,《陈确集·文集》,卷 9,上册,第 217 页。按:陈确多次以母老为理由,解释自己为何不能殉国,参看第四章第五节及《附录》第二、三节。

[12]孙奇逢:《彭饿夫墓石记》,《夏峰先生集》,卷 10,叶 33 上。

[13]谢泰宗:《甲申京城死事诸臣合赞》,见氏著《天愚山人文集》(《天愚山人诗文集》本,光绪六年[1880]秋灵蕤馆校刊),卷 13,叶 2 上下。

[14]陈良谟:《遗嘱》,《陈忠贞公遗集》,卷 3,叶 3 下—4 上。

[15]计六奇谓“(陈良谟)之死,较他人更难,上有老亲,下无血胤,而又宠爱在旁,毫不系恋,真大解脱人”(《明季北略》,卷 21 上,《殉难文臣·陈良谟》,下册,第 539 页)。

[16]同上,《凌义渠·附记公壻茅曦蔚所述公之纪略》,第 514 页。

[17]瞿式耜:《赠别山》,《浩气吟》,载于《瞿式耜集》,卷 2,第 244 页。

[18]邓孝威:《题息夫人庙》,参看第五章第七节。

[19]查继佐:《国寿录》,卷 1,《左春坊马世奇传》,第 90 页。按:查

继佐谓世奇"投缳而尽，二妾见世奇死状，寻相继自绞死"。（同上）但据计六奇记载，马世奇"同二妾闭一小室中自经，诸仆排户入救之"。马世奇"及李妾皆复苏，而朱绝矣"。次日，李妾与马世奇先后自经而死。（《明季北略》，卷21上，《殉难文臣·马世奇》，下册，第522页）

[20]《国寿录》，卷2，《赠翰林院简讨诸生王毓蓍传》，第62—630页。按：此事参看第三章第四节。

[21]《国寿录》，卷2，《行取知县夏公传》，第53页。

[22]屈大均：《翁山文外》，卷10，叶10上下。

[23]屈大均：《皇明四朝成仁录》，卷10，《永历朝·顺德起义臣传》，叶361下。

[24]同上，卷4，《崇祯朝·三原泾阳死节二臣传》，叶132上—134上。按：此传又收入徐信符（辑）《翁山佚文辑》（附录《翁山文钞》），卷上，叶5下—9上。两传文字间有出入，如前者谓"又饿三日乃殁"，后者作"又饿二日乃殁"。

[25]《明季北略》，卷21上，《殉难文臣·成德》，下册，第545页。

[26]同上，《殉难文臣·马世奇》，第522页。

[27]同注[25]。

[28]据计六奇引《野乘》说，同上。按：《国寿录·兵部主事成德传》亦谓成德"携一鸡独诣东华门梓宫前哭奠，随触阶而死"（卷1，第13页）。

[29]《明季北略》，卷21上，《殉难文臣·马世奇》，下册，第521—522页。

[30]瞿式耜：《和别山韵》（其二），《浩气吟》，载于《瞿式耜集》，卷2，第242页。

[31]瞿式耜：《囚中（原注：为亡妻）设位，以饭一瓯、菜一碟、酒半杯（原注：以）哭之》，同上，第244页。

[32] 瞿式耜：《十七日临难赋绝命词》，同上，第 245 页。

[33] 张同敞诗，见《兵部侍郎兼翰林学士门生张同敞和》（其八），同上，第 235 页附。按："惶恐待死"一词，见下注。

[34] 张同敞：《留守师有初六纪事诗云："张子已成千古事，知余结局定何如。"同敞惶恐待死之余，漫赋一章》，见《别山和》，同上，第 237 页附。

[35] 张同敞：《自警》，见《别山遗稿附》，同上，第 246 页附。

[36] 《国寿录》，卷 3，《兵部主事高公传》，第 103—104 页。

[37] 同上，卷 1，《巡按刘永锡传》，第 13 页。

[38] 张煌言：《贻赵廷臣书》，《冰槎集》，载于《张苍水集》，第 1 编，第 40—41 页。按：王炎午事，见第三章注 [106]。

[39] 黄宗羲：《兵部左侍郎苍水张公墓志铭》，《黄梨洲文集·碑志类》，第 202 页。

[40] 同上。

[41] （题）吴伟业：《鹿樵纪闻》，卷上，《使臣碧血》，第 102 页。按：关于此书的作者问题，参看第三章注 [64]。

[42] 蒙正发，《三湘从事录》，第 257 页。

[43] 徐芳烈，《浙东纪略》，第 189 页。

[44] 陈良谟：《题绝命词后》，《陈忠贞公遗集》，卷 3，叶 4 上。

[45] 同注 [42]。

[46] 《国寿录》，卷 2，《赠翰林院简讨诸生王毓蓍传》，第 629—630 页。按：对"死"与"养"的难易问题，明季殉国者的意见有与王毓蓍同，亦有不同。同者如金毓峒（？—1644）"奉命督禁旅，扼畿南要害"，"贼围急"，从子金肖孙"私誓"说："一旦有变，必从季父游地下。"但金毓峒不许，对金肖孙说："死易，存孤难，我以弱子为托。"于是"肖孙受命"。

(《明季北略》,卷 21 下,《殉难臣民·金毓峒传》,下册,第 561—562 页)
不同者则有高朗(?—1645),高朗为高岱次子,在高岱绝食期间,以父亲
平日"教儿忠孝,国不可无臣,家亦不可无子"为理由,欲先死殉父,于是
走向偶江自杀。长兄高澄追赶来阻止他说:"余长子,当随父死;汝次,当
奉母。"但是高朗"厉声"说:"死与养孰难乎?弟为其难者!"于是跳入水
中而死。(《东南纪事》,卷 8,《高岱》,第 258 页)

　　[47]陈确:《哭许元忠给谏》,《陈确集·诗集》,卷 2,下册,第
642 页。

　　[48]《明季北略》,卷 21 上,《殉难文臣·吴麟征》,下册,第 529 页。

　　[49]邵廷采:《明户部尚书死义倪文正公传》,《思复堂文集》,卷 2,
叶 11 下。

　　[50]钱𫄷:《甲申传信录》,卷 7,《董狐剩英·守汴三·张罗彦》,第
135 页。

　　[51]祁彪佳:《遗言》,《祁彪佳集》,卷 9,第 222 页。

　　[52]同上,第 221—222 页。按:文中所用典故,参看第三章注[145]
及本章注[55]。

　　[53]《鹿樵纪闻》,卷下,《粤西二臣》,第 194 页。

　　[54]刘汋:《(刘宗周)年谱》(《刘子全书》,卷 40,《附录》2),卷下,
"顺治二年六月丙寅"条,叶 43 上—44 上。按:关于刘宗周舍难取易的
心态,参看第三章第六节。

　　[55]徐鼒:《小腆纪传》,卷 15,《列传》8,《袁继咸》,上册,第 175 页。
按:袁铭引用典故甚多,现简述如下:

　　一、晋景公三年(前 597)晋大夫屠岸贾(?—前 583)灭赵朔(前
637—前 595)家族。程婴与公孙杵白为救赵朔遗腹子赵武(前 591—前
541),谋取他人婴儿以易赵孤,并商定由程婴告密,以转移屠岸贾的视

线。结果公孙忤白与婴儿都被杀害，而程婴抱了赵氏孤儿逃到深山，抚养孤儿成人，十五年后，终于"攻屠岸贾，灭其族"，而程婴才自杀。司马迁记载程、公孙二人相识易孤的对话如下："公孙杵白曰：'立孤与死孰难？'程婴曰：'死易，立孤难耳。'公孙杵白曰：'赵氏先君遇子厚，子强为其难者，吾为其易者，请先死。'"又记载程婴事后向赵武解释自己非死不可的理由如下："彼（公孙杵白）以我为能成事，故先我死；今我不报，是以我事为不成。"（《史记》，卷43，《赵世家第十三》，第1783—1784页）袁铭首四句，乃脱胎于此。不过袁继咸不肯绝望，所以说就算做不到程婴，也不愿效法公孙杵白"为其易"。

二、至德二年，安禄山（703—757）部将尹子奇围攻睢阳，睢阳太守许远与真源令张巡协力守城，坚持数月，兵粮俱绝，城陷。张巡骂贼遭杀害，许远被执送洛阳，在安庆绪（？—759）兵败时破杀（详见刘昫[887—947]等《旧唐书》[北京：中华书局，1975年，卷187下，《列传》137下，《忠义》下，《张巡》，第4899—4902页；《许远》，第4902—4903页。按：据欧阳修、宋祁[996—1061]《新唐书》所载，安军陷城后，"乃送远洛阳，至偃师，亦以不屈死"[《新唐书》，北京：中华书局，1975年，卷192，《列传》117，《忠义》中，《张巡》，第5540页]）。大历（766—779）中，朝臣就张、许二人的死做了讨论，一致认为："远后巡死不足惑，若曰后死者与贼，其先巡死者谓巡当叛可乎？"（同上，《许远》，第5542页）而《新唐书·忠义传》中的"论"亦谓"巡先死不为遽，远后世不为屈"（同上，第5542页）。袁继咸指"张死匪先，许死匪后"，本此。

三、"靖献"一词，出《尚书·微子》"自靖，人自献于先王"。《孔传》解释说："各自谋行其志，人人自献达于先王。"（《尚书正义》[《十三经注疏》本]，卷10，第66页[上册，第178页]）

又按：孙奇逢认为："文山以箕子自处，便不亟亟求毕旦夕之命。此

191

身一日不死,便是大宋一日不灭。生贵乎顺,不以生自嫌;死贵乎安,不以死塞责。"(孙奇逢:《语录》,《夏峰先生集》,卷1,叶1上下)这番话,可作为袁铭的注脚。事实上,袁继咸亦自比于文天祥,如当他听到清廷"与以大官作"的消息后,"又自铭曰:'大官好作,大节难移。成仁取义,前训是依。文山、袁山,仰止庶几。'袁山,继咸自号也"(《小腆纪传·袁继咸传》,同上)。

[56]《小腆纪传·袁继咸传》,同上注。按:《明史·袁继咸传》谓其死期在同年三月(卷277,《列传》165,第7089页)。

[57]《小腆纪传》,卷50,《列传》43,《忠义》2,《郑云锦》,下册,第534页。

[58]徐枋:《与葛瑞五书》,《居易堂集》,卷2,叶1上下。按:据徐枋记载,南都覆亡后,他本想从父亲徐汧一起殉国,但父亲却命他"长为农夫以没世",所以他从父命不死。参看第四章第二节。

[59]徐枋:《与葛瑞五书》,同上,叶2下—3下。

[60]张岱自称"国破家亡"后,"每欲引决,因《石匮书》未成,尚视息人世"。(《梦忆序》,《琅嬛文集》,卷1,第28页)

[61]张岱:《自为墓志铭》,同上,卷5,第201页。

[62]张岱:《石匮书·义人列传》,原书未见,据夏咸淳《明末奇才——张岱论》(上海:上海社会科学院出版社,1989年),第20页引。按:据夏咸淳说,《石匮书》于上海图书馆、南京图画馆、浙江图书馆各藏一部钞本,均有残缺(同上,第26页)。又按:程婴、公孙杵臼事,详注[55]。谢枋得事,详第三章注[145]。文天祥在至正十九年被刑,详脱脱等《宋史》,卷418,《列传》177,《文天祥》,第12539—12540页。又按:张岱在《余若水先生传》谓:"一死于十五年之前,一死于十五年之后,俱不失为赵氏忠臣。"(《琅嬛文集》,卷4,第190页)其观点与《义人列传》

中所提出的稍有不同。

[63]徐枋:《书成告家庙文》,《居易堂集》,卷15,叶21上。

[64]陆世仪:《寄如皋吴白耳书》,《论学酬答》,卷3,叶21上下。

[65]陆世仪:《示虞九二绝句》(之一),《桴亭先生诗集》,卷2,叶10下。

[66]卢绽(1649年进士):《鲁逸民韩忠张公预立墓志铭》,见吴翌凤(选辑)《国朝文征》(吴江沈懋德翠岭校刊本),卷3,叶54上下。

[67]对不少明遗民来说,清廷入主带来了华夏文化灭亡的危机,参看拙文《论明遗民之出处》,《明末清初学术思想研究》,第67—95页。

[68]巢鸣盛答徐枋书,附录于徐枋《致巢孝廉端明书》后,《居易堂集》,卷3,叶1下。

[69]王源:《周节女传》,《居业堂文集》,卷5,叶21下。

[70]徐枋:《与葛瑞五书》,《居易堂集》,卷2,叶5上下。

[71]同上,叶5下。

[72]陈确:《死节论》,《陈确集·文集》,卷5,第152、154页。

[73]袁崇友(1595年进士):《黎烈妇传》,载于屈大均(辑)《广东文选》(康熙二十六年[1687]三间书院刻本影印本,《北京图书馆古籍珍本丛刊》册117,北京:书目文献出版社,1989年),卷15,叶38下(第507页)。

[74]见李塨(1659—1733)纂,王源订《颜习斋先生年谱》(附载于颜元《颜元集》),卷上,"辛亥(康熙十年,1671)三十七岁"条,下册,第735页。按:当时亦有人从相反方向提出"节妇如忠臣"的说法。如孙枝蔚(1620—1687)《朱禹三母费大孺人贞节诗》(之一)说:"节妇如忠臣,所难非一死。立孤能有成,庶可光前史。……"(见氏著《溉堂后集》[《溉堂集》本,上海:上海古籍出版社,1979年],卷3,叶6下)又如吴嘉纪(1618—1684)《程寡妇歌》亦说:"心志不改,伊维寡妇忠臣。忠臣识大

义,临难往往致其身。妇人脂口泽肤,十人九人肠肺愚。节操曷繇自励?门户胡能独扶?君不见程寡妇……夫死妇不死,只缘黄口儿女须提携。……"(见氏著,杨积庆笺校《吴嘉纪诗笺校》[上海:上海古籍出版社,1980 年],卷 12,第 349 页)

[75]陈确:《书潘烈妇碑文后》,《陈确集·文集》,卷 17,上册,第 395—396 页。

[76]同上,卷 5,上册,第 153—154 页。

[77]袁崇友:《黎烈妇传》,载于《广东文选》,卷 15,叶 38 下—39 上(第 507—508 页)。

[78]《甲申传信略》,卷 3,《大行骖乘》,第 53 页。

[79]《明季南略》,卷 8,《黄道周志传》,第 314 页。按:明季忠臣义士多有以文天祥自况,余英时以方以智(1611—1671)为例,指出文天祥是当时忠臣义士"于历史上求人格之'认同'(原注:identity)"的"首选"(见氏著《方以智晚节考》[增订版][台北:允晨文化实业股份有限公司,1986 年],第 106—107 页),又有关文天祥在明季的历史形象,另参 Kang-i Sun Chang, *The Late-Ming Poet Ch'en Tzu-Lung: Crises of Love and Loyalism*, pp.5—6(中译本:第 50—52 页)。至近日又有文天祥研究的资料汇编面世(刘永源[编]:《文天祥研究资料集》[北京:中国社会科学出版社,1991 年]),惜书中所辑明清之际人物讨论文天祥的材料甚为匮乏,对探讨文天祥在当时的历史地位,帮助不大。

[80]陈确:《死节论》,《陈确集·文集》,卷 5,上册,第 155 页。

[81]魏禧:《杂说》,《魏叔子日录》,卷 2,叶 15 上下。

第七章　明清之际士大夫对明季殉国者的评价

明清之际士大夫对当时殉国者持有不同的意见。有些人认为殉国是臣道的极致，因而对殉国者不分贤愚，一律加以表扬。有些人则对死节有所保留，认为殉国者必须合义而死，才值得赞美；否则便是"罔死"，不值得表彰。有些人以复国为重，本不同意殉死，但鉴于变节降敌的官员甚多，所以对死者亦予称颂。由于时人不完全肯定殉国的行为，因而有些人把死节分类，甚或判划高下。

第一节　殉国者得到广泛推崇及多方回护

南都陷落以后，"各郡义兵起，同志之士纷纷建鼓"，但是夏允彝"断其不可恃"，又相继得到同僚友辈徐石麟、徐汧和侯峒曾自杀殉国的消息，便对友人陈子龙说："事不可为，惟有守正不屈以从诸君子而已。"夏允彝投水自杀之前，写信给陈子龙，"勉以弃家全身，庶几得一当"。可是，陈子龙因有祖母在堂，不能听从亡友的意见，而且"荏苒数月"后，仍"窜处菰芦之下，栖伏枋榆之间，往来缁羽，混迹屠沽，若全无肺腑者"，因而感到十分内疚。所以，他写信给亡友，诉说内心的痛苦。据陈子龙指出，他当时有"上""次""下"，三条路可行，但却不能行。现引录如下：

> 上之不能——伏欧刀，赴清流，速自引决，留皎皎之身以上先人丘垅。
>
> 次之不能——重胝跋涉，南走闽越，西奔滇蜀，痛哭于□□之庭以几幸宗庙之复血食。
>
> 不之不能——客游下邳，结纳沧海，持长挟短，以怀纵横之计。[1]

由此可见，无论是在夏允彝还是在陈子龙心目中，殉国是人臣忠节中的极致，它比不死而致力报国更有过之而无不及。不但夏、陈二人有这种想法，就是评论二人的人，亦用这种想法来衡量他们。例如，陈子龙最后虽因抗清被捕而自杀殉国，但曹千里仍认为陈子龙不及夏允彝。他说：

> 鼎革之际，惟绳如（吴嘉胤，？—1645）、瑗公（夏允彝）从容就义，言之齿颊俱香。即卧子（陈子龙）一死，直是迫于计穷，未得与吴、夏比烈也。[2]

可见当时有人不但以能死为贤，而且以先死为尤烈。

诚然,殉国者在明清之际普遍受到推崇。例如,孙奇逢认为
"君死社稷,臣死城守,是君是臣,始两无愧色耳"[3]。又称赞殉国
者左懋第、吕维祺(1587—1641)、黄道周三人虽然"生不同地,事不
同操,死不同致",但是"坚贞不易之心则一",可谓"中流之砥柱",
"可称鼎足三石"。[4]陈确则赞美殉难闽中的老师林垄(1606—
1647)"节义同天壤"[5],又谓"殉国孤臣骨尚香"[6]。黄宗羲歌颂
"赣州之守与死者,皆三百年以来国家之元气"[7]。方文认为"天地
间,所重惟节义",只有"伟男子",才能"毕所事"。[8]王夫之认为
"守孤城,绝外救,粮尽而馁,君子于此,唯一死而志事毕矣"。又就
此而引申谓:"臣之于君,子之于父,所自致者,至于死而蔑以加
矣。"[9]谷应泰(1647年进士)谓"闻之君臣大义,有死无贰;忠孝大
节,有死无陨"。并指"《易》称'致命遂志',盖亦未有过也"。[10]

屈大均撰《皇明四朝成仁录》,表彰死节更不遗余力。如说:

> 嗟乎!官无卑,能死,则莫尊焉;人无贱,能死,则莫贵焉。
> 死之为重也,盖若是夫。[11]

而他对卑官殉国,尤其赞赏。如就钦天监五官挈壶陈于阶的死说:

> 呜呼!五官挈壶之官,微矣。古人有言,不知人事,焉知
> 天道。于阶知天道,乃知人事乎?[12]

又如在"甲申之变,北都殉难者二十七人"及"乙酉之变,南都殉难
者十有二人"中,有十人不外是曹郎、中秘、挈壶、陵卫微军、国学

生、武举,等等,"皆非柄国谋军,荷鼎铉栋柱之任者",屈大均对他们"奋其义烈"而"慷慨以死",极为赞许;且以为他们的"大节皎然",非"公卿大臣"所能及。[13] 又如在应城殉国诸人当中,"教官之以死勤王事颇多"。屈大均认为这些教官的死都是"合于道义,光明正大"的,说他们堪称"师儒之杰,所谓不辱夫子之门墙者也"。在众教官中,屈大均认为张国勋(?—1644)的事迹"最烈"。张国勋在"流贼"将要举火烧学宫时,"厉声骂贼,抱先师(孔子)木主大哭。忽风返,火灭,空中有声如雷。贼惧",便停止烧学宫。屈大均对张国勋"以俎豆为戈矛,以诸生为军旅,死护学宫,精回风火"的事迹,推崇备至,不但认为"有功于圣门",而且相信以张国勋"从祀",更"贤于马融(79—166)、许衡(1209—1281)之徒"。[14]

　　对于匹夫匹妇抗敌殉国,屈大均更为赞叹。他认为当"蛮夷猾夏"时,"匹夫匹妇有能挺戈而起,其功皆可拟于汤、武"。他们虽然不是"士大夫",但自有明"三百年以来,践土食毛,谁非臣工"。因此,"一人抗敌,则尧、舜、禹、汤、文、武、周公、孔子得此一人;一乡一国抗敌,则尧、舜、禹、汤、文、武、周公得此一乡一国"。尽管他们的"事不必成,功不必就",然而他们的行为"已可传不朽矣"。[15]

　　除夸大殉国的功绩外,屈大均甚至将殉国一事神化起来,认为有志殉国者必须精诚动天,才能成就死节。如他记载弘光朝万安知县梁于涘尝试了几次自杀殉国都失败:第一次是南京城陷后"自经,家人救之";第二次是"被发投于江,巡卒又救之";第三次是"绝粒三日未死"。直到被清兵"执至营,敌帅酌酒劝降,不从,乃下南昌县狱。未几命摄湖西道,乘夜北拜自经",才能完成死节。梁于涘自杀三次不遂,到第四次才成功,屈大均认为这是忠诚感天的结果。他说：

> 死之于人也，有天焉，求死而得死，天之所成也；求死而不
> 得死，至于委蛇变节，盖天实有以败之。何者？以其诚与不诚
> 也。若梁君者，始终不二其心，天其如彼何哉？[16]

此外，前述张国勋"死护学宫"的事迹，也属于神化殉国行为的
记载。

有些明清之际的士大夫因为重视死节，所以对殉国者抱着宽
宥的态度。如陈遇夫说：

> 死生，大事也；忠孝，大节也。殉节而死，虽有他过，固将
> 宥之。[17]

事实上，不愿计较殉国者的成败及他们的死对国事有无裨益
的态度，不论在现实生活或历史著述中都有出现。关于前者，如京
营副总兵申甫（？—1645）原是布衣，为金声荐举出任，后来战败而
死。当金声"得甫尸"时，不但没有失望，反而高兴地说：

> 甫能死事，虽败，举不失人矣。[18]

又如张秉纯在"南都陷"后"绝粒不食"，有人劝他不必死，谓
"天心既如此矣，死亦何益？"张秉纯答道：

如以为无益,则古之忠臣义士皆捐躯于国破家亡之后,有
益者几何人哉?[19]

至于后者,如清军南下时,在"吴、浙诸郡县"中,嘉兴"举义最
先"。屈大均虽指嘉兴守城者"顾大义所激,不惜以一城之性命殉
之,为纲常则有余,为生灵则不足",却不肯评论殉城是否正确,而
只是说:"难以兼善,有不遑再计矣。"[20]屈大均又就"广东州县起
义"诸人指出,"粤忠义之士,一盛于宋,再盛于明",他们的义举"虽
不成,亦足以折强敌之气而伸华夏之威"。如果史家"以为无益于
成败之数"而不加以记载,便"是不知《春秋》之义者"。[21]谷应泰亦
反对"论者""多以(甲申殉国诸臣)生多误国,死未酬君"的说法,
他反驳说:

> 夫文山开阃,宋室何功;张巡嚼齿,睢阳不守。而诸人乃
> 以刀笔之深文,诋箕尾之毅魄,含血喷人,适以自污其口矣。[22]

正因为必须推崇殉国者,傅山(1607—1684)便进一步提议为
他们立传的原则说:

> 夫人臣主事君,莫大于死矣,余事不著,著其死事。[23]

除不愿指摘殉国者外,颂扬死节的学者还为殉国者辩护。例
如,当时许多士大夫不但不能死,而且"反云死难为矫激"。[24]然
而,孙奇逢则认为"仗节殉义之臣,须具一知中之愚,仁中之过,方

得淋漓足色"。相反来说,"仁柔者悠忽不断,知巧者规避多端",以致"一瞬失之,终身莫赎"。[25]屈大均更认为"国家不幸当危急存亡之秋,所望者二三臣之愚耳",并谓孔子"愚之不可及也"一句话,就是指此。[26]又如孟轲谓"可以死,可以无死,死伤勇"。屈大均却不以"伤勇"为死者的缺点。如他为临安知县唐自彩(?—1645)作传,详载唐自彩被捕后,被诘而不屈,取地上石掷击清知县而遭支解的事迹后,感慨说:

> 语曰:"知死则必勇。"信哉!唐公以石击敌官,误中几案,有必死之心斯有必死之事,诚不患其伤于勇也哉![27]

此外,梁份虽同意"国家多难,人臣效命之秋也",但不认为所有人臣都必须殉国。例如,那些"任非受命,地非封疆,职非御侮"的人,便"可以无死"。然而,由于他重视死节,所以又为"可无死而死者"辩护,说他们"知有君而不知有身,知国家而不知畛域,知进死而不知退生";亦即"庄子所谓不择地、不择事而安之若命也"。兼且称"可无死而死者"为"志士仁人",说:"志士仁人非不爱其生,恶人之可以无生而生也。"[28]

另一方面,明季士大夫为践行死节而抛弃了渴望长寿的传统观念。[29]如礼部左侍郎丘瑜(?—1644)在甲申之变后欲自缢殉国,其子丘之敦为此"悲泣"起来,丘瑜加以劝止说:

> 勿泣,人生百年亦死,若得其正,死犹生也。语云:"寒疾不汗,五日而死。"设去年染疫,不死乎?[30]

又如祁彪佳在接到清廷聘书后决定自杀,他说:

> 死生旦暮耳,贪旦暮之生,致名节扫地,何见之不广也?[31]

王毓蓍在自杀前亦自我安慰,指言"寿止百年,保无疾痛水火之杀人"[32]。张煌言被清兵所执后经过故里,赋诗自励,亦说:

> 人生七尺驱,百岁宁复延?[33]

贪生畏死,固为人之常情,殉国者既然自甘于拂违常情,唯有以人生倏忽为言,自我策勉而已。

在清初评说殉国的言论中,多以死节的价值在寿考之上。如孙奇逢认为,假使没有殉国者,"则天维地柱撑挂无人,国非其国矣"。殉国者"之生之死,系斯世斯民之重,其生也非虚生,死也亦非徒死矣"。孙奇逢以金声的"就义从容"为例,称美殉国者"魂魄何其清,英灵何其肃";而他们的殉国事迹,"永有辞于天下后世,其得正也,莫有正于此者"。相反来说,"不得其死者,即禄位寿考",都"不可同日语"。[34]本来,孙奇逢认为"人生天地,藐焉中处,即百年亦旦暮耳",但另一方面又相信人的"形虽微而有可以参天地者存焉,时虽无几而有可以与天地相终始者存焉"。而这种令人能"参天地"和"与天地相终始"的东西就是"忠孝大节"。因此,"君子当平居无事之时,凡关于忠孝大节,必慎守深惜,罔敢殒越"。及至"当大故,临大难"的时候,就以"忠孝大节"立"其所以参天地者",及行"所以与天地相为终始者"。[35]"忠孝大节"既然可以"参天地"及"与天地相为终始",无怪孙奇逢认定"禄位寿考"不能与死节相提并论了。

谢泰宗为"甲申京城死事诸臣"写赞文,"以为死事非诸公之奇,死而得与君同日之为奇,死而幸免于贼闯戮辱之为奇"。"自料偷生"的人最后亦要死,那么"一日之生,何如千秋之生!"因此,谢泰宗"不以悲而以壮"的态度歌颂上述死事诸臣。谢泰宗相信死事诸臣必"有父母妻子为累",亦有"一生俯仰未尽周旋"的地方,而他们能够舍生取义,是因为他们对"生死利害勘之明而计之熟",所以明白"一国乱而家不安,一家乱而身不存",及"图存旦夕者未必即活,矢志百世者未必即朽"。他们在衡量之后,"以为死胜生,害胜利,浩然常在两间",于是选择殉节而死。[36]由此可见,谢泰宗认为殉节者的寿命表面上比偷生者为短,但由于他们的浩气长存于天地之间,所以比偷生者实为更长。

在众多不同类型的殉国者中,屈大均对吕宣忠(1625—1647)和夏完淳以"成童之年而能慷慨建义,誓死相从",尤为赞赏。且认为"江南因之有气,何必老成? 一殇子胜于彭铿多矣"。屈大均引《庄子》"寿则多辱"一语,批评彭铿为"商贤大夫",却于"商之亡,入周为柱下史,且于"牧野之变,不能抗节而死"。因此,屈大均认为,如果将彭铿与"三仁"比较,彭铿虽"享年八百,亦与蜉蚁何异哉!"《礼记》本谓"七十曰死,而传",但屈大均认为,"使人仅以老传,则必首彭铿矣"。可是,彭铿虽在商末已"踰七百",却"不闻史臣载其一言一行",且"周师之入,以三姓之耆老,而让孤竹二子(伯夷、叔齐)采薇之一日"。凡此,都不是没有原因的。[37]

屈大均借彭铿"寿则多辱"的典故间接批评明季偷生者不如殉国者，计六奇则直接以时人为例，寄寓他对偷生者的鄙视。例如，"先朝旧辅"黄士俊（1570—1661）在顺治七年广州失陷时"投诚恐后"，颇为时人所讥。计六奇指出，黄士俊在万历三十五年（1607）中状元，"时年二十五耳。至是，年已八十二"，竟然不守晚节，因此，计六奇感慨地说：

> 状元、宰相复遭此几代升沉，所生不辰矣！他人以不寿为不幸，而士俊则又以多寿为不幸者也。噫，天下全福之难如此！[38]

计六奇既以"多寿为不幸"，即不以殉国者的"不寿者为不幸"。换言之，殉国者的"不寿"，更胜偷生者的"多寿"了。

第二节　赞扬殉国者的原则

明清之际的士大夫虽然大多推崇死节，但不是所有人都无条件地接受殉国的行为。诚如第五章第六节指出，当时不少人便认为，死必须合乎道义才值得赞扬。否则只是"罔死"，并无价值可言。换言之，他们赞扬殉国者是有原则的。

魏际瑞强调合乎忠孝标准的殉国，才属可贵。他从死为难事的角度出发，申述他的说法。魏际瑞指出，殉国者为常人所不及，乃因为"人之所以致死者，以其无所长也"。如果他们心存"恐惧"，便不能牺牲性命了。他进一步认为，"畏者，吾私"，而在国难时"死之者，公也"。因此，能够"不以私害公"，委实困难。那么，我们应该怎样衡量"匹夫匹妇尝自经于沟渎，而忿之所至者，剺支体，焚妻子，义无毫发之轻，而祸有灭亡之重，悍然为之而不顾"的行为呢？魏际瑞强调须以"忠孝"为标准，因为"天下之死胜不死者，莫若忠孝，然则死之人而皆忠孝，则事盈于天地不可得而记也"。可是，由于许多人不能为"忠孝"而死，又或死而非"忠孝"，所以能为"忠孝"而死的人便显得珍贵了。基于此故，魏际瑞叹息说："死非难，所以死之为难；有所为而形以无，是有所为者犹之难。"并且主张只有合乎忠孝标准的殉国者，才可以记入《义死传》中。[39]

毛奇龄比魏际瑞更进一步。他虽然认可人臣因职责所需而殉国的忠义行为，但反对忠臣应当殉国的说法；且对布衣殉国，指摘尤苛，甚至斥责他们为"惑者"。他不但挖苦"惑者"，而且批评时人不识分辨"忠臣"和"惑者"，以致"作《表忠记》者，多载此等（惑者），且更以用兵所在不幸冒刃者皆称忠臣"。在毛奇龄看来，这无疑是把"长平之卒"的死当作是"国殇"了。[40]

另一方面，有些明清之际的士大夫虽不认为殉国是人臣的义务，也不认为死节重于其他德行，但鉴于当时偷生及变节的官员委实太多，所以他们对殉国者仍加以颂扬。例如，莫秉清相信"伤心慷慨原非二，僻行捐躯岂有歧"[41]。可是，当他看到明亡后有许多人背负君臣之义，便觉得死节是有价值的。莫秉清指出，"春秋之士，轻生死，重然诺，每有死不必死者"，孟轲所谓"伤勇"的行为，不值得推崇。但是，后世"节义日微，三纲不振"，就算"求一伤勇而绝不可得"，何况是"杀身以成仁者"呢？所以他感慨地说：

值大难而幸免曰偷生。偷生者，学士大夫每耻言之，而行事之累者，抑何多也？[42]

钱氄"稽古之失天下者有矣，不称同死社稷之为贤"。例如，飞廉和恶来父子为纣的谀臣，因此"飞廉死商之难，恶来哭纣之尸，皆不可为忠。长恶速亡，罪之大者"。在"春秋二百四十二年之间，杀君三十有六，而称死君之难者三臣（按：即孔父、仇牧与荀息）"，但他们"皆死于乱臣残杀，而非引颈自裁者也"。由此观之"人臣谋国之忠，岂徒贤于一死者哉？如皆死而已耳，是社稷可以墟，国君可以亡，天下可以拱手而授贼，所谓谋人之社稷，谓何而徒以一死自厉也？"然而，当他看到朱由检死时，"一时从死者三十余臣，而拷掠箠挞，拜舞劝进者以千计"，连同一向号称"謇谔臣者"，亦多在其间，他便感到"诸臣能从先帝于地下者，其视佻首贼庭，相去远矣"。可是，他对从死诸臣的表彰，仍然有所保留。如他虽同意《礼记》所谓"谋人之军师，败则死之；谋人之邦邑，危则亡之"的观点，却不肯称甲申诸臣为社稷而死，因为诸臣表面上好像"与社稷同亡"，当时实已"邪臣日众，虽有善者莫之能谋"，因此不能用《礼记》的观点看待他们，而只能说他们是"大行骖乘"。"大行骖乘"的意思是：

言皇帝已大行，而诸臣能随其后，而执辔珥策以从耳。虽无建德立功，樊卫社稷，而軓线之仆，奔走之劳，使大驾不孤行于地下，其犹贤乎居守而毁押，污面而俘系，灭耻而臣贼者矣！[43]

显然,钱肃对甲申殉难诸臣的赞美是有条件限制的。

至于高宇泰和魏禧对殉国者的态度远较莫秉清与钱肃为肯定,但他们在颂扬殉国者时,亦从相同的角度,将殉国者与变节者加以比较,从而凸显殉国者值得赞赏的地方。例如,高宇泰为明季殉国者撰传,不欲把他们划分等第,其理由如下:

> 欧阳公(修)之于死事死节也,斤斤焉别之,且有死而不之予也,今之死者,宁独无间乎? 虽然,死则有间矣,其为明而死则一也。曷不观夫背明而生者为何如,而乌得不亟予之哉?[44]

至于魏禧的意见,可从他反驳世人批评许王家"以诸生死国难及争毛发丧其元为已甚"的言论中得见。魏禧指斥上述言论过苛,他说:"此不可以责望天下士,士苟奋然出此,虽圣人不以为过。"魏禧以伯夷、叔齐为例,认为二人"让国而隐于首阳,亦商家两匹夫耳。以武王(姬发)之圣,伐纣之暴,然卒且饿,而孔子以为贤,舆氏(孟轲)以为圣,万世之下,未有非之者也"。相反来说:

> 当夫逆闯破京师,主上殉社稷,公卿崩角,稽颡恐后期。及夫毁章甫,裂缝掖,昔之鸣玉垂绅者,莫不攘臂争先,效仿之惟恐其万一之不肖。于此有贫贱士,不食朝廷升斗之禄,无一级之爵,顾毅然舍其躯命,以争名义于毫末,震天地而泣鬼神,虽夷、齐何以加焉![45]

可见魏禧对殉国者的表扬,仍是有原则的。

除有条件、有原则地表扬殉国外,不少明清之际的学人和史家更进一步评论殉国者生前的是非功过,不以他们能死就可以掩盖一切。例如,陈确反对单以"死节"论人,因为"死节"不一定合义,而"非义之义,大人勿为"。所以他主张把"贤"与"不肖"分辨出来。否则,若仅以能死为节义,而忽略他们生平的善恶,"遂使奸盗优倡同登节义,浊乱无纪"了。[46]

魏际瑞对分辨死节者的"贤"与"不肖",有更明确的主张。魏际瑞呼吁时人记载明末"死义"者的传记时,必须审核传主的生平节义,不能过情失实,否则"顾以贤为圣,贤既非圣,人将疑其贤;以不肖为贤人,将愈暴其不肖之罪"。此无他,因为"过情而售伪,人心之所不服也"。魏际瑞认为"死义传之作,所以表忠臣,著志士也",倘若"误失其实",甚至"使不肖等于贤",便造成"美恶无异词,真伪无差等",曹操可与周文王相比,孔子与阳虎没有分别了。魏际瑞跟弟弟魏禧讨论"死义传"的问题时,提出下面的写传法则:

> 善恶不欺者,修身之至诚;功过不掩者,立言之善道。善善虽长,好恶不可拂众;激劝虽恕,是非不可无平。要使各得其实,则鬼神安,庶民服,风俗励,而人心正矣。夫上者志也,次者事也;事与志而相得,又其上也。无其志而号其言,以至于寇攘奸宄等而盗乎一节以胜之者,有王者作,是不待教而诛之矣。而犹得与忠臣志士并称而莫异,此天地鬼神之所不赦也。[47]

后来,魏际瑞再与魏禧讨论"死义传"的撰写问题,把古人分为"有不死而后得其正者"及"有死之为不足录而罪不可以末减"两类,提出死或不死不是品评人物的标准。魏际瑞肯定历史的功用"所以助赏罚",如果现实的"赏罚不及,而史赏罚之,则人畏其义,而知所向"。他以"今有人生为穿窬杀掠之行,而死获取义成仁之誉,其为人心之不平者,宜何如"为问,从而指出杨廷麟、万元吉(1603—1646)"诸君子,杀身屠家,以谋国事,死亡痛苦,惨彻天地,后之人感激其谊,以为爱莫助之,于是乎著之于讴铭,传之于记载,尊为日星河岳不可几及,盖所以自慰其心,而使后之人闻之者,则必有奋然而兴起"。可是,倘使作传者不分贤恶,使"彼穿窬之盗,忽跻而上下其间",自然会令"鬼神抱恫,志士扼腕"了。魏际瑞举例说,"国变之初,不肖宗室及无赖之乡绅士庶,恒假义兵以劫夺于民,寻私怨屠及赤子,徙倚村聚民不得安其生,至骂之曰'朱贼'"。他认为这类人的行为"使人骂朱为贼",可谓罪不胜诛,怎可列入"死义传"中。因此,他得出结论,谓撰写"死义传"必须名实兼顾,"不可不慎也"。[48]

为了要使"死义"者名实相副,魏际瑞为魏禧所撰诸传"论列其传,并其目更之曰'义死'",以示他们所说的"死义"与一般人所说的"死义"不同。[49]今见《魏叔子文集》中有《义死传序》一文[50],可见魏禧采纳了兄长的意见。

周容(1619—1692)则从人臣的责任着眼,讨论哪一类殉国者才值得赞美。周容认为,撇开"人臣之负君丧国者"不论,那些"循分尽职者",不外是"太平之臣"而已。"及祸变将至",他们"不过奉身而退，以明哲自幸，优游随俗，以洁身自高"。即使其中有些人"当事不避，乃草草一死，曰：'可谢责矣。'"其实他们乃系置国家存亡不顾，他们的死并无价值可言。周容认为："小臣一死可也，若尊位隆名亦止以一死谢，吾不知其未死时何所为乎？而世俗犹叹颂之不置，不知人臣大义，有不足以死尽者。"他以古人为例，指出"史鱼仕卫，死犹尸谏；张巡城陷，死犹欲为厉杀贼；周罗睺攻绛州，中流矢死，丧归犹梦其子曰：'明日我当战，其灵座弓刀，无故自动，是日破绛州。'"因此，他肯定"人臣之于君国，虽死而心未释"，才算可贵。至于"世之尊位隆名而生无裨益，未犹以一死窃名者"，以及等而下之的"以明喆洁身为名者"，都应受人鄙夷。[51]

史家评论殉国者时，亦已注意到他们生前的功过，如张岱为"甲申死难"大臣作传，便主张分辨"若人也，于死而无愧色；若人也，于死而有愧色"。张岱指出，在甲申"殉难诸君子"中，"其真无愧色者"甚少。表面上，他们"虽不为爵禄利名门户而死，然其所以不得不死者，亦仍为爵禄利名门户也。推此一念，虽名为君父死，而此中真有不可以对君父者矣"。因此，张岱批评他们说：

> 吾观死事诸君子之材略，皆有大智慧、大经济、大学问，使其当闯贼未入都之前，同心戮力，如拯溺救焚，则吾高皇帝二百八十二年金瓯无缺之天下，岂遂败坏至此。而无奈居官者，一当职守，便如燕人之视越，遍地烽烟，皆谓不干己事，及至火燎其室，玉石俱焚，扑灯之蛾，与处堂之燕，皆成灰烬。则烈皇帝殉难诸臣，以区区一死，遂可以塞责乎哉？[52]

又就其中一人批评倪元璐说：

> 盖君死社稷，而臣死君，千古得死之正，无过此两人（朱由
> 检、倪元璐），应无遗议。但论死于不能死之人，则死为泰山；
> 论死于能死之人，则死又为鸿毛矣。呜呼！若吾太史（倪元
> 璐）者，岂可以一死卸其责哉？[53]

由于张岱认为"将相大臣，事权在握，安危倚之，乃临事一无所
恃，而徒以鼠首为殉者，君子弗取也"，所以他不如一些人以"能死"
而宽恕殉国者不能救国之罪。尽管是这样，张岱仍觉得"能死"胜
过"不死"或"不死而降"，因而又说：

> 若更以死难诸君子，而复议其一筹莫展，不能免先帝（朱
> 由检）于轮台之难，谓区区一死，不足以塞责，则何以处夫不死
> 者与不死而降者哉？[54]

至于那些死于职守或"能效死疆场"者，张岱对他们的态度则较为
宽大，他说：

> 余自遭乱后，见一死真匪易事。乃以成败论人，犹訾其死
> 为无益者，则《春秋》责备之过也。[55]

无独有偶，钱瞕亦反对以死塞责的殉国行为，同时亦主张必须
评论殉国者的功过。但他对因保卫国家而死的人，仍是不忍苛论

的。如他一方面认为"甲申之变"时，"疆臣军士"颇有"从死社稷者"，若"以一日之死，塞平时尸素之愆，未为得当"；但另一方面指出他们在当时"秉戍捍圉，提师在野，其势倍难"，"虽无功而自杀，其志气有足多者"，所以仍值得记载与表彰。[56]

黄宗羲也是要计较殉节者生平行事的史家。黄宗羲不认为忠君是人臣最重要的责任，因为为人臣的目的，"不在一姓之兴亡，而在万民之忧乐"。因此，如果"为臣者视斯民之水火，即能辅君而兴，从君而亡，其于臣道固未尝不背也"。[57]所以，黄宗羲在评议明季官员时，不以殉国作为最高标准，而要实际考察殉国者的生平功过。如他指斥王之仁误国，便属一例。王之仁在鲁王监国时封宁国公，顺治三年兵溃而一死。据黄宗羲所说，"当义旗初建，士民喟然有吞吴、楚之气"，而王之仁与荆国公方国安都"肯受约束，趋死不顾利害，竟渡钱塘江。此时，北师之席未暖，三吴豪杰，寻声而响臻，未必不可与天下争衡也"。可是，王之仁后来"意盖在自守"，不肯进攻，"日与两督师(孙嘉绩[1604—1646]、熊汝霖)争长短"，终为清军所败。因此，黄宗羲指责王之仁"一死不足赎也"。[58]又如评论"赣州失事"时，黄宗羲一方面称美"赣州之守与死者，皆三百年以来国家之元气"；另一方面又议论主政赣州的万元吉、杨廷麟和郭维经(？—1646)三人的得失。黄宗羲认为万元吉"清苦绝伦，而自用颇专"；杨廷麟虽为"志节之士，而见事迟，听言不广"；至郭维经虽能"称下士，而遴才太滥"。因此，三人"皆承平贤者，扶危定倾，殆非其所长"。[59]

屈大均虽然倾向于无条件表扬死节者，不愿计较其人生前功过，但他也不是完全没有议论其功过的时候。如他在《皇明四朝成

仁录》中,不以史可法姓名立传,而只称为《扬州死事传》,便是一例。他解释说:

> 扬州死事曰史可法。可法自奉命督师,未尝一日离扬州,其身也与扬州为存亡,故不曰督师死事,而曰扬州死事;伤督师之失职不能率诸将奉行天讨,扫清京阙,仅以拒守孤城为事也。其事也与守土之臣同。[60]

可见屈大均虽表扬史可法的"死事",但对史可法的"失职"仍是有微词的。

从上文可见,有些明清之际的士大夫以殉国为臣道的极致,因而不理会殉国者生平的功过、殉国的目的与意义,而一律加以表扬。另有些人虽然亦推崇死节,但他们所表彰的是真的死节,所以提出必须考究殉国者的死是否合乎道义,以及殉国者的生平有无缺失,试图将"贤"与"不肖"区分出来。可是,这些评议殉国者的人又鉴于当时不能死或变节仕敌者远较殉国者为多,因而感到能死总比不能死或变节者优胜,所以又不忍苛论殉国者的功过。表面看来,评议者的心情是矛盾的,但他们对殉国问题的态度还是清晰可见的。

第三节　划分殉国者的类别与等第

查继佐在《国寿录》中记载了"江阴四生"被清兵杀害的事迹。

四人都是生员，姓名不详，当江阴城将陷落时，"共坐临池，设大瓮注酒满，俟清兵入，便共投水死"。他们把持酒杯，一边饮酒，一边"互称殉义诸公"。其中一人说："某公最善，当赏，赏一杯。"饮后另一人说："某公即死，未尽善，半赏。"饮完半杯后，又有一人说："某公宜死不死，宜重罚，罚一杯。"他们"如是循环不休"，到"日既移而瓮且竭"时，他们都喝醉了，但仍"持杯赏罚"。结果，城虽已失陷，他们却"颓然竟忘投水之约"。及"清兵至，俱见杀"。[61] 由此可见，明清之际的人在言谈之间，已公开讨论同时代的人应否殉国、应如何殉国，以及殉国行为的等第了。

划分殉国行为的等第，前人已有明确的主张。如欧阳修撰《新五代史》，立《死节传》与《死事传》，就是要区分殉国者的等第。所谓"死节"者，乃指"全节之士"；[62]"死事"者则指"其初无卓然之节，而终以死人之事者"，"而战没者不得与也"。[63]欧阳修对"死节"者推崇备至，认为"自古忠臣义士之难得也"。[64]至于对"死事"者的态度，他显然有所保留。他之所以"于死事之臣，有所取焉"，乃因为五代时的"习俗"，臣子在朝代覆亡时，"以苟生不去为当然"。就是"以仁义忠信为学"的"儒者"，当他们"享人之禄，任人之国"时，亦"皆恬然以苟生为得，非徒不知愧，而反以其得为荣"。由于欧阳修认为"君子之于人也，乐成其美而不求其备，况死者人之所难乎"，因此他还是称许"死事"者。[65]

脱脱等修《宋史》，虽然只立《忠义传》，但仍强调"死节、死事，宜有别矣"，并且把官员的殉国，分为三等。第一等是："敌王所忾，勇往无前，或衔命出疆，或授职守土，或寓官闲居，感激赴义，虽所处不同，论其捐躯徇节之死靡二。"第二等是："胜负不常，陷身俘获,或慷慨就死,或审义自裁。"第三等是:"苍黄遇难,贾命乱兵,虽疑伤勇,终异苟免,国破家亡,主辱臣死,功虽无成,志有足尚者。"如果用"死节"与"死事"加以划分,第一等便是"死节",第二、三等便是"死事"。此外,脱脱等进一步注意到"布衣"和"乡曲之英、方外之杰"等"志在卫国"与"贾勇蹈义"的殉国行为,认为平民的殉国与官员的殉国,"厥死惟钧"。[66]

上述对殉国者等第的划分,对明清之际的学人与史家颇有影响,尤其是"死节""死事"两个名目,更被广泛采用。不过,明清之际的评论者关注的层面较多,所以提出的意见更为丰赡。大致上说,当时划分殉节者类别的表达方式有两种:第一种是直接提出划分准则,第二种是间接透过史传编目寄意。前者的意见清晰可见,后者的意见比较难以捉摸。本节先述第一种表达方式,第二种表达方式留待下节论述。

明清之际的士大夫从不同的角度划分殉国者的类别与等第。归纳来说,有下述五者。

(一)殉国者临死前的心志或心理状态

孙奇逢把殉国者划分为两类:第一类是平日"形于有素",临难"致命遂志"的人,所谓"时至事起中心安焉者也",亦即孔子所谓"杀身成仁"、孟子所谓"舍生取义"的人;第二类是"矜激于意气,慨慕乎声闻,此中顾恋迟回,涕涟儿女"的人。孙奇逢认为后者不但"非中庸之行",而且"不能与蹈白刃者同科"。[67]

何蛟腾将"人臣死忠者"分为"激烈""从容""劳瘁"三类,所谓

"激烈以刚怒死,从容以坚贞死,劳瘁以忧勤死"。但是何蛟腾不从死的难易着眼,因而漠视三者的差别;他所重视的,是三者"死忠"的心志相同,所以他说:

> 死虽不同,死忠则一也。孔子曰:"殷有三仁焉。"去者、奴者、剖心者,迹似悬殊,孔子俱以仁为断,众人论其迹,圣人原其心耳![68]

换言之,"激烈""从容""劳瘁"并没有等第之别。

可是,"原其心"而不"论其迹",并不是明清之际的共同标准。[69]如魏禧虽也把殉国者分为三类,但他却要判划三者的等第。魏禧认为"古今死难忠臣当作三等观"。所谓"三等",即"从容就义,视死如归者,上也;意气愤激,一往蹈之者,次也;平居无鞠躬尽瘁之心,及临事顾名思义,若不得已而以一死塞责者,则未免有所希冀,有所安排矣,又其次也"。[70]魏禧所说的第一等,即何蛟腾所谓"从容";第二等即何氏所谓"激烈";至于第三等则与何氏的"劳瘁"不合。

魏禧的兄长魏际瑞不认为上述"三等观"是一个完满的划分,因为第三等的人尚有可取之处。他说:"彼有所希冀、安排,而顾名思义者,则本心未忘,而其中有所不安也。"换言之,"三等"的划分并不能包括一些更低劣的殉国者。这些更低劣的殉国者"冒然以行,昧然以死,彼亦不自知其心之谓何,而其事或涉于君国者,君子则谓之何至于全无为君之心,徒多殃民之事,其名甚正,其言甚顺。适遭其幸,则次且以偷生;偶值其变,则矫亢以就死,是将谓之曰贼"。由于这些"贼"于"人情有所不安,而假之以忠,则天理有所不顺",所以必须把他们独立出来,另为一等,放在三等之下。[71]

"易堂九子"之一的彭士望(1610—1683)分别对魏禧和魏际瑞的观点提出意见。彭士望一方面引申魏禧的三等说,指当时的殉难者以"第三等人"居多,又称这一等的人为"智忠"。另一方面又称赞魏际瑞另立第四等的论见"尤精晰",认为"此辈苟可以生,则图一生享受,或必不得已而死,则以一死塞责,盖成则以君国为富贵,败则以忠义为名利"。彭士望称这类人为"伪忠",并赞同把他们与"智忠"分别开来。[72]

(二)殉国事迹的性质

首先,陈确把殉国者分为"死合于义"与"罔死"两大类,提出:"死合于义之为节,不然,则罔死耳,非节也。人不可罔生,亦不可罔死。"所谓"死合于义",就是死合于时宜,以仁义为尚,随遇而安,应死即死,不应死便不死。所以他说:"义可兼取,则生有不必舍;仁未能成,而身亦不必杀。"又说:"果成仁矣,虽不杀身,吾必以节许之;未成仁,虽杀身,吾不敢以节许之。"[73]其次,陈确认为"古来之忠臣烈士",都是"死于不可复为,而义不能复生"的时候。[74]可是世人不明白这个道理,误以死为"节",以致"好名之士益复纷然,致有赴水投缳,仰药引剑,趋死如鹜,曾之不悔。凡子殉父,妻殉夫,士殉友,罔顾是非,惟一死之为快者,不可胜数也"。因此,陈确对"甲申以来,死者尤众"的情况,不但不加赞赏,反而批评为"非义之义,大人勿为";且进一步指出,"人之贤不肖、生平俱在","今士动称末后一着,遂使奸盗优倡同节义,浊乱无纪,未有若死节一案者,真可痛也"。[75]

关于陈确的观点,有三点必须注意。第一,陈确不是反对殉国的人,如浙江举人周宗彝(?—1645)在"国变"后"起兵碛石",兵败,"宗彝单骑走,旋遇害。妻卜氏束其子明倷于怀,跃池水中。二姜张氏、王氏从焉。弟启琦(?—1645)格斗于里巷,刃中腹,肠出,纳肠而战,截其颈而仆"。[76]陈确赋诗记载其事。诗中一方面赞扬周启琦为"真义士",表彰他"提刀直前斫不止,左冲右突敌欲退,四顾无援力战死"的事迹,又称周宗彝的"妻女赴河弟没阵,全家烈节世无比";另一方面则鞭挞周宗彝"拘怩尺义,独自扁舟浙东泛",不能为国捐躯。[77]第二,陈确不是说"甲申以来""之所谓死节者皆非",而是主张把他们区分起来。除把"所谓死节者"分为"死合于义"与"罔死"两大类外,他又把他们细分为"死事""死义""死名""死愤""不得不死""不必死而死"六类,认为当中"无愧于古人,则百人之中亦未易一二见"。第三,陈确的"不可罔死"说没有"便于天下之苟生者"的意思。[78]他不过认为有些情况是"惟其不死而不婉者,是以有虽死而犹婉者"。这样,"死之去不死,什伯矣"。[79]况且他相信:"偷生与死义,孰为无忝,孰为辱亲,儒者必有能辨之矣。"[80]

陈确对明清之际"死节一案"的评论,甚得黄宗羲赞赏,认为它"未有不补名教者"。[81]黄宗羲本人亦曾按殉国事迹,将死者分类。他虽然同意"人生不幸而当流极之运,死固其分内事也",但也感到"处此甚难"。因为"同一死也,差之毫厘,相去若天渊矣"。他以"长平四十万人之死"和"田横(?—前202)海岛五百人之死"为例,认为两者"不可同年而语"。理由是:"长平之死,人死之也;海岛之死,己死之也"。黄宗羲又征引朱熹《资治通鉴纲目》的"书死之例",解释所谓"死之""战死""败没"三者的不同。他说:"死之者,节之也;战死者,功罪半也;败没,则直败之耳。"黄宗羲认为上述"书死之例""虽为军事言",亦可以用来"概天下之死"。于是他建议说:

> 其死操之己者,是忘在于死者也,方可曰死之;其死操之人者,原无欲死之心,亦曰遇难而已。[82]

可是,黄宗羲虽把死者分为"死之"和"遇难"两类,却没有进一步说明每类之中应否再做分析。

王夫之把殉国者分为三类:一类是"蹈死之道而死者",另一类是"蹈死之机而死者",还有一类是"无死之机"而"绝粒赴渊以与国俱逝"的人。所谓"死之道",乃指国家危亡时救世匡民的事业,而从事者极可能需要牺牲性命;至于"死之机",则指无补于救亡而反招致杀身之祸的行径。对于第一类人的死,王夫之指为"正道";对于第二类人,王夫之则斥之为"下愚",并呼吁"人臣当危亡之日,介生死之交"时,"可生、可死、可抗群凶而终不蹈死之机";至于第三类人的死,王夫之觉得尤其不伦不类,所以直截了当说:"无死之机,是以不死。"又谓"可以无死"的人,"湮没郁抑以终身"便可。因为"纣亡而箕子且存,是亦一道也"。[83]王夫之以北宋亡国的情况为例解释说:

王夫之自题墓石*

*墓石全文为："有明遗臣行人王夫之，字而农，葬于此，其左则继配襄阳郑氏之所祔也。自为铭曰：抱刘越石之孤愤，而命无从致；希张横渠之正学，而力不能企。幸全归于兹丘，固衔恤以永世。"

士不幸而生于危亡之世,君已俘,宗庙已墟,六宫尽辱,宗子无余,举国臣民寄死生于异类之手,而听其嚼啮,奸宄施施且拥叛逆而为主,不死而何以自堪。乃自梅执礼(1079—1127)、吴革(？—1127)、刘韐、李若水、张叔夜(1065—1127)之外,非有可死之几,死且无裨于名义。故张浚(1097—1164)、赵鼎(1085—1147)、胡寅(1098—1156)唯匿形免污以自全,无死地也。[84]

王夫之对殉国者的分类,反映出他反对明季士大夫轻生的态度,无怪他强调当"君尚在,国尚未亡,无死之地"了。[85]王夫之赞美唐代君臣不提倡"死社稷"的邪说来破坏"卷土重来之计",[86]用意亦当在此。

莫秉清将云间抗清殉节的人物分为"死事""死义""反正"三等,认为这三等人虽然"生未尝能驱虏,死不足以存国,地既悬殊,行与事又有先后",但"终其身为国家所有,而俱能以一死称无愧者也"。至于三等的划分,乃按殉节者的行事,莫秉清说:

三等维何? 偕沈公(犹龙,？—1645)守城,及城陷而死者,曰死事;以顾公咸正(？—1647)通海事被难者,曰死义;因吴帅(志葵,？—1645)罹祸者,曰反正。[87]

按:沈犹龙在弘光朝"晋南少司马"。弘光元年,南都陷。七月,沈犹龙在华亭起兵抗清。八月,清军至华亭,"城不战而破"。沈犹龙"出东门,中流矢而卒"。[88]因此,莫秉清称"偕沈公守城,及城陷而死者，曰死事"，可算是实录。顾咸正是昆山人，崇祯六年（1633）举人，任延安府推官。北京陷后，顾咸正间关归返吴中，日夜谋报国，后以云间反清事受株连，与同事数十余人并死。[89]由于顾咸正不是华亭人，所以莫秉清没有为他作传，只在夏完淳的传中提到"昆山顾公咸正以《下江南三十策》送海中，且悉某某第为内应，存古（夏完淳）其首也。至南汇，为逻者所得，按名搜捕，无一遗者"，"一时死者三十余人"。[90]由此可见，莫秉清称他们为"死义"，大概因为他们是为图谋起义而死的。吴志葵在弘光时任"左军都督金事，总兵吴淞"。鲁王监国，拜为"大帅"。当时，"众议出兵，欲趋京口，遏上流，然后以一旅克南都，以一旅取苏州"。吴志葵"乃檄海上诸卫所官军协水陆之师以进"。当时南京和苏州等地已为清人所有，吴志葵等欲取回二地，因此发檄号召该等地已从清诸卫所官军响应，而响应者杀了"府县伪官七人"，并且"以兵来会"。所以，莫秉清称这批后来"因吴帅罹祸者曰反正"。[91]"反正"乃指本已降清而后改变立场抗拒清朝的人。[92]总括来说，莫秉清不过按照诸人殉国事迹的性质，把他们划分为三等，并没有抑扬褒贬之意寄寓其中。他之所以合称诸传为《云间一行传》，乃"效欧阳公（修）《五代史》作《一行传》"的做法。[93]换言之，"死事""死义""反正"三者都是"一行"而已，没有高下之分。

毛奇龄将因国亡而死的人分为"殉难"与"殉死"两类。"殉难"主要是指"必厚系于君事与国事而不得已而后死之"，所以他说："死君死国至不得已而后死之，谓之殉难。"不过，有些人的死虽然"止一身名行，不关系国事"，但毛奇龄认为他们"大节所在，不是徒死，正是殉难"。所谓"殉死"，乃指"无故而死"，亦称为"徒死"，这是毛奇龄针对"自宋以后,皆谓忠臣必死"的论调而提出的。"殉死"包括"父子殉死"和"君臣殉死"。毛奇龄指责两者皆不合经义。可是,自宋以后的士大夫,"无论在官在籍,只君死亦死,国亡亦亡,但知以一死塞责,全不计与君事国事毫厘有益与否",所以他要把"殉难"与"殉死"辨析为二。[94]

(三)殉国者的身份

徐枋分殉国者为两类:第一类是"人臣",第二类是致仕的官员及士人。他对于两类殉国者,有不同的评价。虽然,他说"人臣以身许国","不幸而毕节致命,以死继之,尚矣",但又指出其中"秉国之钧"和"膺民社之寄"的人,不过"国亡与亡,义无可逭",而那些"处禁近之地,任谏诤之职"的人,亦只是"事机迫人,言与祸会"。因此,他们的殉国,即"所谓死于其官者也,所谓不失其职者也"。如果用"进退绰绰,成仁取义"的标准加以衡量,"则有间焉善矣"。徐枋相信这就是欧阳修"作《五代史》而分立《死事》《死节》二传"的原因。至于第二类殉国者,徐枋则极为推崇。他认为致仕官员"退休林下,不绾军国之柄,而骤更世变,死系纲常",及士人"身未离乎士林,非有拾遗补阙之责,而抗直不挠,卒触邪指佞以死","其死也重于泰山,千古为烈",堪称"成仁取义"。[95]

魏禧曾从不同的角度判别殉国者,其中一个角度就是死者的身份,并按此而把死者分为"死难"与"于田野以死"两类。所谓"死难",乃指在职官员遇国难而死。至于第二类,魏禧的例子是原任郯城知县秦四器(1582—1644)。秦四器在明亡前已"返维扬侨居"，而且"终身不复仕"。崇祯十五年冬，他"听闻闯贼陷关中"，忧愤得病，起来向上天祷告说："逆贼猖披，身不死，誓必灭贼报国。"及至崇祯十七年三月，"间烈皇帝变，哭痛不食，病遂卒"。可见第二类死者指退职官员。对于上述两类人所得的关注与称誉，魏禧认为"死难者显名天下，其忧愤侘傺于田野以死，而死正寝，或无闻焉"。可是，魏禧不赞同世人对这两类人的不同待遇，他认为像秦四器这类人是与"死难"者不相伯仲的。[96]

（四）殉国时间的先后

魏禧认为在明亡前殉国比明亡后殉国更应受到推崇，因为"甲申、乙酉以来"的"忠臣义士"及"傲然执夷之节"的"浮屠、老子之徒"能够殉国，乃"烈皇之死有以激发之也"。但是，"甲申以前"，虽然"内外交讧，降叛相继"，谁也不知道局势的结果，"于此有无官守之人，当仓卒之交，毅然杀身以成仁"，实为"加于人一等"。[97]

张岱推崇勋戚刘文炳、巩永固、张庆臻（？—1644）、卫时春（？—1644）四人，就是因为他们能洞悉先机，在北京城陷后随即自杀殉国。张岱"闻闯贼入城，公仆将相，及戚畹勋卫，无不投诚归顺，而后以勒饷追赃，极刑拷掠，如猩猩喀血，至血尽而命亦与之俱尽"。于是，他认为这些人的死，"与四君子（按：指刘文炳等四人）所死则一，而所以处死则相去天壤"。理由是："四君子者，义不反顾，蚤自见机，得攀附龙髯，而名且与河岳日星相为终始，视诸人之死于桎梏桁杨，与死于斧凿刀锯，真蝇蚋蚁蛇等耳。"张岱因而慨叹说："只争一刻，而坐失千古。夜台有灵，诸人其亦知自痛也哉!"[98]

计六奇也以相同的观点,赞扬在甲申之变中先死的大臣。如在当时"死节二十余人"中,范景文的殉国"为最先",而且"绝不知上凶问"。计六奇指出,当北京城陷时,既有谣传朱由检有"蜀道之行"。当时,范景文"倘以扈驾为名,尚可以无死",而他竟"决然一死,不复狐疑",可见他"素志定也"。计六奇赞美范景文先死,是从后死之弊着眼。他说:

> 彼隐忍偷生者无论,亦有本欲死,而一时稍迁延,后遂不及死,卒不免辱身败名,然后知决然一死之无憾也。[99]

本着同一理由,计六奇虽指甲申之变时,周凤翔的"死视倪(元璐)、马(世奇)诸公盖独后"。但周凤翔未因朱由检"南幸金陵"的传闻而不死,所以被计六奇推崇为"慷慨蹈义"。计六奇相信周凤翔"亦幸以是刻死耳,否则刀锯在前,桁杨在后,无论辱身屈膝者昧心蒙面,即刑戮以死,不得从诸君子后矣"。[100]此外,曹千里评定陈子龙、吴嘉胤和夏允彝之间的高下,亦从死的先后着眼,详见第一节,兹不赘说。

(五)殉国行为的难易

虽然殉国对一般人来说是一桩难事,但他们仍会感到死的方式有难易之分。例如,明清之际的士大夫大致上把殉国行为分为"慷慨"和"从容"两个模式,同时认为"慷慨赴死易,从容就义难"。

前者之所以易,乃因为人在意气激昂或情绪悲恸时,无暇兼顾其他,所以能够勇往直前,容易牺牲生命。后者之所以难,是因为人处于舒缓不迫的状态下,又或在激动的情绪平服以后,思前想后,系恋日多,所以难于捐弃生命。对于"慷慨赴死"的含义,明清之际的士大夫似无异议,但对"从容就义"的意思,则有不同的诠释。除解作意态舒缓,不急于即死外,如黄宗羲指"从容"为"知其不可而为之"的信念,"吾身一日可以未死,吾力一丝有所未尽,不容但已"的毅力,及不计"就中险阻艰难,百挫千折,有进而无退"的大无畏精神。[101]

"慷慨""从容"之外,尚有其他的尺度。如孙奇逢虽同意"人臣死君难,天地之大义",但认为积极地抗敌而死,比消极地自杀殉命,不但行事较难,而且意义较大。他以光禄寺少卿张罗彦兄弟为例,加以阐释。张罗彦家居与兄观政进士张罗俊率领官绅士民死守保定,六日后,城陷,张罗彦殉国,兄弟子侄与妇女"一时殉难者二十有三人"。孙奇逢对张罗彦的节义,极为推许,指他"以林居不假一兵一饷,能以危城抗凶锋,于国势既去之后","尚能以六日系九鼎之重,阖门慷慨,臣死忠,子死孝,妇死节,纯忠大义",那些"毕命一朝者"是不能跟他"同日语"的。[102]

不过,也有人为"毕命一朝者"的死分难易。如计六奇觉得在甲申"殉难文臣"中,陈良谟之死,较他人更难,因为陈良谟"上有老亲、不无血胤,而又宠爱在旁",乃竟能"毫不系恋",所以计六奇称赞陈良谟为"大解脱人"。[103]又如锦衣卫千户高文采(?—1644)在北京城陷后,"父子一家十七人,俱自杀",计六奇亦用难易的观点做出衡量。他指出"京师之变,文臣、大臣缢者有矣,自杀者颇少",

因而感到高文采之死"有四难焉:自杀,一难也;武臣自杀,二难也;小臣自杀,三难也;一家自杀,四难也"。所以他称赞高文采为"烈丈夫"。[104]

此外,潘耒虽以"食人之禄,有死无二者,谓之忠臣",但亦认为应从死的难易,分辨他们的高下,他指出那些"未尝知其主之必危",而"与同安乐中更变故,不渝其守"的"忠臣",已不易为;至于那些"见其已危已殆而捐躯,事之履险任艰,鞠躬尽瘁"的"忠臣",实在"尤难而尤贤"。[105]

第四节　史籍中的殉国者分类

明清之际的史籍如何把殉国者分门别类,并没有一致的标准。按年代前后加以区别及按殉国事迹的性质或意义加以划分,似乎是较常用的方法。但就后者来说,史家不一定说明分类的含义,有时只采用间接的表达手法。借传目寄意,使人难明究竟。由于明清之际的史籍汗牛充栋,所以现以张岱的《石匮书后集》、温睿临的《南疆逸史》与屈大均的《皇明四朝成仁录》为例,稍为说明当时的情况。

张岱虽谓"生死之于人亦大矣",但指出"于死之外,更有甚于死者"。因此,"同一死也,而人复于死之中,生分别焉,列等第焉",看看谁人"于死而无愧色",谁人"于死而有愧色"。[106] 根据《石匮书后集》,张岱把明季殉国人物分为"死事""死战""殉难""死义"四类。"死事"指剿伐"流寇"的朝臣或守土官员,在兵败或城陷后,被执遇害或自杀捐躯。"死战"指武臣与"流寇"攻战期间牺牲生命。"殉难"指大臣在国变时(包括崇祯朝和南明各朝)殉死。"死义"指明亡后起义抗清而死,或因忠君而死,或为护发而死。[107]

张岱对上述四类人,似乎无分轩轾。他不过按照他们殉国事迹的性质,加以划分而已。《石匮书后集》中有"死事""死战""殉难""死义"名目的传记,不是书中所载明季殉国者传记的全部,因为书中尚有其他殉国者的独传。张岱曾就甲申殉国者的分传标准说:

> 甲申死难,而不独以死难著者,则别之于独传。而死难之外,更无别事可记者,则不得不尽之于死难矣,盖以其死难,故亦足以传也。[108]

以此类推,甲申以后载入独传的死难者,亦可归入"殉难"一类。

温睿临在《南疆逸史》中,分别把殉国者载入"专传""合传"与两者的"附传"中。这样的分传不过按照前人撰史的体例,不含褒贬之意。他解释说:

> 古人作史,有专传,有合传,有附传,非以人有优劣也,事有烦简耳。专传必其行迹之众多者也。合传则或其学同,其行同,其官同,其时同,其名同,其一事偶同。……至附传者,以其人事迹少,不能成传,故附记之,非薄其人也。是编诸传,窃仿此意,以事以时为类,或其人人品相悬,亦不及计耳。[109]

由此可见,除列入"专传"的殉国者外,其余殉国者乃按"事"分类为"合传",按"时"排列同类人物的次序。换言之,书中所分殉国者的类别不含抑扬褒贬之意。温睿临在每一类中,只重"纲常大义",不"先尚名位",因为他认为"名位有贵贱,忠义无贵贱也。能忠义则匹夫贵矣,不能忠义则卿相贱矣"。[110]

据《南疆逸史》的"合传"篇目,温睿临把殉国者划分为"守土""死事""义士""武臣"四类。[111]"守土"和"武臣"乃按殉国者的职任而言,不必解说。至于"死事",乃指起义抗清而死的人,如在南都"死事"传记的序文中,温睿临指出"其人行事不仅以起兵见者,既别为传,而列其以兵事始终者焉"。[112]在江右"死事"传序中,他又谓"今自守土者别见,列其义兵于左"。[113]而西北"死事"传的目的在"录一二绅将之矢志报国,以见西北之有人焉"。[114]凡此皆说明"死事"诸传的性质。至于以"义士"作为传目,乃温睿临所创,目的在"存其实焉"。[115]由于温睿临感到"南都之亡,仗节死义者,缙绅中不多见,而闾巷之士,捐躯而不顾",所以他"作义士传"。"义士"指"身为儒生,无官守之贵,君臣之分未定","而慷慨以殉"的人。[116]

屈大均的《皇明四朝成仁录》有不同的版本,各本之间,微有不同。就《广东丛书》第二集本而言,全书共有一百三十七篇传记,根据目录,其中有九十八篇以"死事"为题,十五篇以"死节"为题,三篇以"死难"为题,一篇以"死难死事"为题,十三篇以"起义"为题,五篇以"死义"为题,两篇以"死事死节"为题。所谓"死难死事"或"死事死节",不过是篇中人物,分属"死难"与"死事",或"死事"与"死节"而已。因此,从传目来看,屈大均是将殉国者分为"死事"

"死节""死难""起义""死义"五类。

屈大均没有交代上述五类殉国者的划分标准,而根据书中的内容,只有"死事"一词的涵义可以窥见。"死事"乃指为国事而死,如《绍兴死事诸臣传)序说:

> 以事起绍兴,诸臣从之,始终不贰,故皆书之曰"绍兴死事"。[117]

不过,所谓为国事而死的含义很广泛,除了因为抗拒"流寇"和清军而死,死于内乱亦属"死事"的范畴。例如,监察御史王汉(？—1643)在崇祯十六年督师孙传庭(1593—1643)军,"会逆将刘超据永城以叛,汉往击之。城既下,汉欲抚绥其众,单步入城,为乱兵所害"。屈大均为王汉立传,列入"死事传"中,解释如下:

> 公不死于寇而死于乱兵,死乱兵亦皆为国而死,故吾以列于死事传。[118]

又如广德州教谕赵景和(？—1645)在南都陷后骂马士英"不绝口以死",屈大均也把赵景和归入"死事"类,他说:

> 论者谓赵公景和之死,死于士英,非死于敌也。夫士英,国之贼也。……外有强敌则死之,内有贼臣则死之。有杀身之实而无死节之名,夫亦何所憾哉?[119]

又如大学士熊汝霖与建国公郑彩（？—1659）"相贰"，郑彩"恐汝霖图之，遂杀汝霖，而沉其家口于江中"。郑彩又恐驻守福清东瀚的郑遵谦（？—1648）为熊汝霖"报怨"，亦诱杀郑遵谦。当屈大均为熊汝霖和郑遵谦作传时，指二人"虽不死于敌而死于彩，亦皆为国而死者也，故均谓之死事"。[120]此外，屈大均甚至把濒于"为国而死"的边缘而终于没有死去的人，归入"死事"传中。如陈瑾（？—1657）在永历五年（即顺治八年）"奉命以兵部尚书督师，与赵印选、胡一清二帅守昆仑关"，"敌锋锐甚，二帅请暂移宾州为后图，瑾不许，二帅退守五十里以待"，瑾便"抽刀自刭"，阻止他们后退。及肇庆陷落后，陈瑾"逊迹"隐居，"全发山中病死"。屈大均把陈瑾记入《隆武朝·督师死事传》中，认为陈瑾虽然"病死，非殉义也，然曾自刭以激二帅，其不死者一发耳，故亦成仁之一也"。[121]

至于"起义"，顾名思义，即指明亡以后举兵抗敌而死；"死难"则指遇国难而以身殉死。书中有关传记，亦符合上述内容。可是，"死节"与"死义"，颇难界定，与"死事"之间的分野也模糊不清。

屈大均使用"死节"与"死事"两词分传，使人联想到欧阳修在《新五代史》中立《死节》《死事》两传。虽然欧阳修的分传标准在明清之际受到批评，[122]但"死节"与"死事"二词则一直被采用。在欧阳修的观念中，"死节"者比"死事"者优胜的意思是十分明显的。但是《皇明四朝成仁录》中的"死节传"与"死事传"中的人物孰为优胜，实在难以判别。首先是因为目录与正文传目并不划一，如目录作《定兴死事传》《无锡死事传》，[123]正文作《定兴死节传》《无锡死节传》。[124]其次是因为各种版本的传目又有歧异，如《广东丛书》第二集本作《在外死节传》[125]，静嘉堂藏本作《在外死事传》[126]，又如《广东丛书》第二集本作《苏州死事死节传》[127]，陈凤藻订本作《苏州死节诸臣传》[128]。最后是"死事"者又有"死节之名"，详见前述赵景和事，兹不赘说。

此外，尚有几种混淆的现象。第一，有时"死事"和"起义"可以没有分别，而称为"死事"，尤有表彰之意。如屈大均在《广东州县起义传》序中说：

> 广东州县以起义死者数百人，其从陈子壮者为"南海起义诸臣"，从张家玉者为"东莞起义诸臣"，从陈邦彦者为"顺德起义诸臣"，各为之传矣。其非从三子者，今合为《诸臣州县起义传》。……其王兴（？—1660）、陈奇策（？—1660）、萧国龙（？—1660）已别为《三将军死事传》。[129]

所谓《三将军死事传》，在《皇明四朝成仁录》中作《广东死事三将军传》。屈大均在传赞中称三人为"君子之师"，并解释他之所以"下列之于广东诸起义传中，犹表而出之者"，是希望"三将军之名易举，易举则其事易传也"。[130]

第二，"死事"者亦为"义"而死。如在《和州死事传》中，屈大均谓"当城之陷，州守、学师而下，死者十余万人，其不辱而死谓之义"[131]。又如在《通许死事传》中，他赞美县令费曾谋（？—1641）的死为"仁人之义"。[132]

第三，"死义"与"起义"交替使用。如在目录中题为"死义"的五篇传记中，其中《嘉定死义传》和《昆山死义传》，正文传目虽同，但序文则作"嘉定起义"与"昆山起义"。[133]

第四，《广东丛书》第二集本的"死节"传目，有些版本另作"殉难"。如前者的《南都死节诸臣传》[134]，静嘉堂藏本作《南都殉难诸臣传》[135]；《皇明四朝成仁录余编》的目录与静嘉堂藏本同，但正文则与《广东丛书》第二集本同。[136]换言之，在前述"死事""死节""死难""起义""死义"五类外，又多"殉难"一类了。

上述的混乱情况，一方面固然如屈大均所说"所恨成仁书，未曾终撰述"[137]，所以未能整齐划一"死事""死节"等名词的运用。另一方面则可能是屈大均在分类上没有一个明确的准则，而类别之间也没有高下的等第。屈大均既把他的书命名为"成仁录"，则不论"死事""死节""死难""死义""起义（而死）""殉难"都能"成仁"。屈大均认为"天下之至贵者，仁；至贱者，不仁"[138]。换言之，无论是那一类型，都是"天下之至贵者"。

附论　殉国者与不殉者合共等第的划分

明清之际的士大夫除分辨殉国者的类别与等第外，也把殉国者和不殉国者合起来加以划分。他们不但关注死者的优劣，而且判别生者的等第，如陈确就甲申之变的臣子，划出下列等第：

> 1.惟其有不死而不愧者，是以有虽死而犹愧者。……死之去不死，什伯矣。
>
> 2.不死而逃归，去不死而从贼，什伯矣。
>
> 3.不死而从贼，贼败而归，归而就司败以死，与从贼而归，

归而畏死复逃,不走虏则走寇者,又什伯矣。

4.从贼而归,而畏死复逃,与从贼而归,靦颜士君子之林,更有营复故官,晏然高爵厚禄无惭者,又什伯矣。

5.不幸而遇难不能死,而从贼而归,复为大官,与幸而不在生死之列,身名俱全,遭会际遇,赫然为中兴之臣,复不鉴前人之为,而所为之不肖又有过于前人者,又什伯矣。[139]

诚如前文指出,陈确把殉国者分为"死合于义"与"罔死"两类。上列第一项所谓"虽死而犹愧",大概可入"罔死"一类罢。换言之,"不死而不愧",便胜过"罔死"的人了。陈确主张生死都要合乎道义,以"成仁"作为目标,故谓"果成仁矣,虽不杀身,吾必以节许之;未成仁,虽杀身,吾不敢以节许之"。大致上说,"不死而不愧者"亦属于生而合乎道义,"不杀身"而"成仁"的人。即是说,"死合于义"与"不死而不愧"同系顺应道义而行,没有伯仲之分。至于第二至第五项,乃就生者划分等第。陈确认为"君子且不可苟死,况可苟生!不苟贫贱死,况苟富贵生!君子之于生,无所苟而已"[140]。相信这便是他在分辨死者等第的同时,亦要分析生者等第的原因。

莫秉清"观世至(甲)申、(乙)酉之际,未尝不搤腕流涕",因而想到"天地之变,至此已极,薄海内外,谁非臣子,则生其时者,必何如而后得无愧耶"这个问题,而最后为当时的臣子划为四等。第一是"终其身为国家所有,而俱能以一死称无愧者"。第二是"饕餮富贵,靦颜穷庐,甚且奔走四方以窜遗反噬为己任"的人;莫秉清斥骂他们为"无良"的人。第三是"从王子外,悔而归来者,归而且欲复臣于虏,甚有欲臣不得而至于踯躅涕泣"的"国之遗臣";莫秉清指责他们"自守不卒,身名俱毁"。第四是那些本非"学士大夫",而"以负且乘之匪材,而涉乱世变更之会",背主向敌的人。[141]

此外,第一节引述陈子龙所说的上、次、下三等"不能",加上他自称当时"窜处菰芦之下,栖伏枋榆之间,往来缁羽,混迹屠沽,若全无肺腑者"的情况,也可视作他对殉国者和不殉国者合加起来而划分的四级等第。

注释

[1]陈子龙:《报夏考功书》,《陈忠裕全集》,卷27,叶17上下(上册,第485—486页)。

[2]曹千里:《说梦·纪侯怀玉殉难事》,据陈寅恪(1890—1969):《柳如是别传》(上海:上海古籍出版社,1980年),上册,第232页引。按:朱东润不同意曹千里的意见,他说:"曹千里说错了,陈寅恪也引错了。在国家垂亡的时候,倘使人人引绳投水,从容就义,那时全国成为一片废墟,齿颊俱尽,要香也从何香起?子龙在未死之前,千方百计,争取国家的存在,及至计穷途绝,夺身自杀,这才是真正的志士,真正的爱国者。嘉胤姑不论,允彝垂死的时候推重陈子龙,认为子龙必能继续斗争,远胜自己。我们对于允彝的期许,是不能忽视的。'迫于计穷',一点也不值得惊诧。真正的战士,必然要坚持斗争直到胜利或死亡。"(见氏著《陈子龙及其时代》[上海:上海古籍出版社,1984年],第301页)至于文中提到的吴嘉胤,"由乡举历官户部主事"。弘光元年,"奉使出都,闻变,还谒方孝孺(1357—1402)祠,投缳死"。(张廷玉等:《明史》,卷275,《列传》163,《高倬》附,第7048页)

[3]孙奇逢:《题真先帝臣册》,《夏峰先生集》,卷5,叶28上。

[4]孙奇逢:《余论》,同上,卷3,叶30下。

[5]陈确:《次昺公怀林思明诗韵》,《陈确集·诗集》,卷9,下册,第793页。

[6]陈确:《辛卯长至后一日集南湖宝纶阁》,同上,第806页。

[7]黄宗羲:《行朝录》(《黄宗羲全集》第2册本),卷6,《赣州失事》,第173页。

[8]方文:《四女寺》,《嵞山集》,卷2,叶24下。

[9]王夫之:《读通鉴论》,卷27,《(唐)肃宗》,下册,第798页。

[10]谷应泰:《明史纪事本末》(北京:中华书局,1977年),卷80,《甲申殉难》,册4,第1394—1395页。按:张岱《石匮书后集·乡绅死义列传总论》谓:"闻之君臣大节,惟在致身:忠孝大纲,难于死义。"(卷23,第153页)《明史纪事本末》似脱胎自此。但张岱不同意殉节为国亡后至高行径,参看第六章第四节。

[11]屈大均:《皇明四朝成仁录》,卷5,《崇祯朝·郸县死事传》,叶179上。

[12]同上,《弘光朝·南都死事诸臣传》,叶216上。

[13]同上,叶217上。

[14]同上,卷2,《崇祯朝·应城死事传》,叶43下—44上。

[15]同上,卷8,《隆武朝·广东州县起义传》,叶294下—295上。

[16]同上,卷7,《弘光朝·万安死事传》,叶263下。

[17]陈遇夫:《前汉书论》,见氏著《涉需堂集》(《陈遇夫全集》本,美国国会图书馆藏道光二十二年[1842]仲冬之月番禺林伯桐序本),《史见》,叶10下。按:这种不忍苛论殉国者的态度,到清中叶仍有人主张。如嘉庆举人黄桐孙撰《旌忠庙祀录》说:"沧桑之际,一时遗老或被逮而死,或绝粒以殉,或不避艰险,破家输饷,而核其平生,颇遭指摘,虽或于谤议之诬,要姑置之,以俟后人之论定,此宜辨而去之者也。"(据谢

国桢《增订晚明史籍考》,卷18,《传记》下,第815页引)

[18]邵廷采:《东南纪事》,卷4,《金声》,第207页。

[19]《皇明四朝成仁录》,卷12,《隆武朝·生员死义传》,叶443上。

[20]同上,卷7,《弘光朝·嘉兴起义诸臣传》,叶223上下。

[21]同注[15]。按:屈大均在《读韩孝廉如琰讨闯贼檄》中说:"无论成与败,得死是英雄。"(《翁山诗外》,卷6,叶33下)可谓概括了他的意见。

[22]《明史纪事本末》,卷80,《甲申殉难》,册4,第1396页。按:张巡事见第六章注[56]。

[23]傅山:《明李御史传》,见氏著《霜红龛集》(宣统三年[1911]山阳丁氏刊本),卷15,叶9上。

[24]方文:《广平谒申节愍公祠》,《嵞山集·续集》,卷2,叶7上。

[25]孙奇逢:《贺公景瞻传》,《夏峰先生集》,卷8,叶24上。

[26]《皇明四朝成仁录》,卷6,《弘光朝·归德死节臣传》,叶192上下。

[27]同上,卷7,《弘光朝·临安死事传》,叶234上。按:孟子说见第五章注[24]。

[28]梁份:《书郭忠烈传后》,《怀葛堂文集》,该文,叶1上。

[29]传说唐尧游于华,华封人祝他"寿""富""多男子"。虽然尧以"多男子则多惧,富则多事,寿则多辱,是三者非所以养德也"而推辞,但可见长寿的祝愿有悠久的传统,详见《庄子·天地》(郭庆藩:《庄子集释》,卷5上,册2,第420页)。

[30]计六奇:《明季北略》,卷22,《诛戮诸臣·丘瑜》,下册,第578页。

[31]祁彪佳:《遗言》,《祁彪佳集》,卷9,第221页。

[32]查继佐：《国寿录》，卷2，《赠翰林院简讨诸生王毓蓍传》，第63页。

[33]张煌言：《被执过故里》，见氏著《采薇吟》，载于《张苍水集》，第3编，第176页。

[34]孙奇逢：《题金忠节一门殉义记略》，《夏峰先生集》，卷5，叶27下—28上。

[35]孙奇逢：《刘文烈遗集序》，同上，卷4，叶28下。

[36]谢泰宗：《甲申京城死事诸臣合赞》，《天愚山人文集》，卷13，叶1下—2下。

[37]《皇明四朝成仁录》，卷6，《弘光朝·吴江起义传》，叶227上下。按："寿则多辱"一语，详注[29]。"七十曰老，而传"，出自《礼记·曲礼》（见《礼记正义》，卷1，第4页[上册，第1232页]），屈大均原引漏去。

[38]计六奇：《明季南略》，卷13，《黄士俊薙发》，第437—438页。

[39]魏际瑞：《义死传序》，《魏伯子文集》，卷1，叶37上下。

[40]毛奇龄：《辨忠臣不从死文》，《毛西河全集·辨》，叶10上—11上。按：赵孝成王七年（前259），"秦人围赵括（？—前260）（于长平），赵括以军降，卒四十余万皆坑之"。（《史记》，卷43，《赵世家第十三》，第1826页）又关于毛奇龄对殉国者的评论，参看第五章第二节，

[41]莫秉清：《被酒与文弱纵谈并示襄左》，《采隐草诗集》，卷上，叶51上。

[42]莫秉清：《侯通政传》，见氏著《傍秋庵文集》（《华亭莫葭士先生遗稿》本，哈佛大学哈佛燕京图书馆藏民国二十年吴家振跋本），卷2，叶27下。

[43]钱䧹：《甲申传信录》，卷3，《大行骖乘》，第35—36页。按：钱

馘所引《礼记》一节出于《檀弓上》(《礼记正义》,卷8,第60页[上册,第1288页])。

[44]高宇泰:《〈雪交亭正气录〉自序》,《雪交亭正气录》,该文,叶1上下。按:欧阳修划分"死事"与"死节"的标准,见第三节。

[45]魏禧:《许秀才传》,《魏叔子文集》,卷17,叶130下—131上。

[46]陈确:《死节论》,《陈确集·文集》,卷5,上册,第154页。按:此处所谓"死节",乃通行的意义,陈确对"死节"一词有不同的诠释,详第三节之二。

[47]魏际瑞:《与疑(凝)叔论死义传书》,《魏伯子文集》,卷2,叶9上—10上。

[48]魏际瑞:《再论死义传书》,同上,叶11上—12上。

[49]魏际瑞:《与疑(凝)叔论死义传书》,同上,叶10下。

[50]见《魏叔子文集》,卷1,叶37上下。

[51]周容:《石将军庙碑》,见氏著《春酒堂文集》(上海:国学扶轮社,1916年),叶14下—15上。按:文中所引周罗睺语,见魏征(580—643)等《隋书》(北京:中华书局,1973年),卷65,《列传》30,《周罗睺》,第1525页。

[52]《石匮书后集》,卷20,《甲申死难列传》,第134页。

[53]同上,卷22,《倪元璐列传》,第152页。

[54]同上,卷20,《甲申死难列传》,第135、146页。

[55]同上,卷14,《流寇死事诸臣列传》,第114页。

[56]《甲申传信录》,卷2,《疆场裹革》,第21页。

[57]黄宗羲:《明夷待访录》(《黄宗羲全集》第1册本),第5页。

[58]《行朝录》,卷3,《鲁王监国·纪年》上,第130—131页。

[59]同上,卷6,《赣州失事》,第173页。

[60]《皇明四朝成仁录》,卷6,《弘光朝·扬州死事传》,叶193上。

[61]《国寿录·便记》,第165页。

[62]欧阳修:《新五代史》(北京:中华书局,1974年),卷20,《死节传》,第347页。

[63]同上,卷21,《死事传》,第355页。

[64]同上,卷20,《死节传》,第353页。

[65]同注[53]。

[66]脱脱等:《宋史》,卷446,《列传》205,《忠义》1,第13150页。

[67]孙奇逢:《刘文烈遗集序》,《夏峰先生集》,卷4,叶29上。

[68]蒙正发:《三湘从事录》,第257页。

[69]明清之际的上大夫多认为"从容就义"比"慷慨赴死"为困难,参看第六章第二节及本节之五。

[70]魏禧:《史论》,《魏叔子日录》,卷3,叶1下。

[71]魏际瑞的观点,附见于魏禧《史论》后,同上。

[72]彭士望的意见亦附见于魏禧《史论》后,同上,叶1下—2上。

[73]陈确:《死节论》,《陈确集·文集》,卷5,上册,第152—154页。

[74]陈确:《众议建吴苏磊先土祠疏》,同上,卷15,上册,第370页。

[75]同注[73]。

[76]《州志忠心烈传》,据陈确诗《硖山》注引,同上,《诗集》,卷4,下册,第684页。

[77]陈确:《硖山》,同上。

[78]陈确:《死节论》,同上,《文集》,卷5,上册,第154—155页。

[79]陈确:《众议建吴磊庵先生祠疏》,同上,卷15,上册,第369页。

[80]陈确:《学者以治生为本论》,同上,卷5,上册,第158页。

[81]黄宗羲:《陈乾初先生墓志铭》(重撰本),《黄梨洲文集·碑志

类》,第 169 页。

[82]黄宗羲:《赠刑部侍郎振华郑公神道碑》,同上,第 111 页。按:田横为齐国贵族,秦末,从兄田儋起兵复国。楚汉相争之际,横自立为齐王,不久为汉军听败,亡归彭越。汉朝建立,率领徒属五百余人逃亡海岛。刘邦(汉高祖,前 256 或前 247—前 195,前 202—前 195 在位)命田横到洛阳,被迫前往,但因不愿称臣于汉,所以在途中自杀。海岛中的五百余人知道田横的死讯后,也全部自杀(参看《史记》,卷 94,《田儋列传第三十四》,第 2643—2649 页)。至"长平之死",见注[40]。

[83]《读通鉴论》,卷 27,《(唐)昭宗》,下册,第 998—999 页。

[84]王夫之:《宋论》(北京:中华书局,1963 年),卷 9,《钦宗》,第 165 页。

[85]《读通鉴论》,卷 27,《(唐)昭宗》,下册,第 998 页。

[86]同上,卷 24,《(唐)德宗》,下册,第 842 页。

[87]英秉清:《云间一行传》,《傍秋庵文集》,卷 2,叶 19 上。按:正文所引来自该传序文,序文接续谓三等"其知名者共二十余人,窃效欧阳公(修)《五代史》作一行传,以俟观风者览考焉"(同上),但传中只记载沈犹龙、李待问(1603—1645)、夏允彝、徐念祖(?—1645)、吴志葵、夏完淳、陈子龙、殷之辂八人的传略(同上,叶 19 上—22 上),又按:白坚在《夏完淳集笺校)附录《云间一行传》中夏允彝、夏完淳父子的传记中,加按语谓《云间一行传》记述七人(第 524 页),乃因漏计徐念祖而致误。

[88]莫秉清:《云间一行传》,同上,叶 19 上下。

[89]参看陈济生《天启崇祯两朝遗诗》(北京:中华书局,1958 年),《小传·顾推官》,下册,第 1989—1990 页。

[90]莫秉清:《云间一行传》,《傍秋庵文集》,卷 2,叶 21 下。

[91]同上,叶 20 上下。

[92]如《国寿录·知府钟鼎铉推官陈达情合传》载:"钟鼎铉(?—1645)……嘉兴知府,清兵下,降清。陈梧激众起,鼎铉复反正,仍守嘉兴,城陷自尽。"(卷3,第105页)便是一例,又如屈大均在《皇明四朝成仁录》载有《反正诸效死事传》(卷11,《永历朝》,叶394上—3981下),可供参考。

[93]同注[88]。

[94]毛奇龄:《辨忠臣不从死文》,《毛西河全集·辨》,叶7下—10下。

[95]徐枋:《故赠大理安甫陆公遗像赞》,《居易堂集》,卷19,叶24下—25上。

[96]魏禧:《明知郯城县秦公家传》,《魏叔子文集》,卷17,叶96上下。

[97]魏禧:《训导汝公家传》,同上,叶126上下。

[98]《石匮书后集》,卷21,《勋戚殉难列传》,第148页。

[99]《明季北略》,卷21上,《殉难文臣·范景文》,下册,第504—505页。

[100]同上,《周凤翔》,第530—531页。

[101]黄宗羲:《兵部左侍郎苍水张公墓志铭》,《黄梨洲文集·碑志类》,第202页。按:有关明清之际士大夫对"慷慨赴死易,从容就义难"的意见,参看第六章第二节。

[102]孙奇逢:《光禄寺少卿二西张公暨元配赵宜人合葬墓志》,《夏峰先生集》,卷9,叶53上。

[103]《明季北略》,卷21上,《殉难文臣·陈良谟》,下册,第539页。按:陈良谟似不如计六街所谓"毫不系恋,真大解脱人",参看第六章第一节。

[104]《明季北略》,卷 21 下,《殉难臣民·高文采》,下册,第 557 页。

[105]潘耒:《沈节妇墓志铭》,《遂初堂集》,卷 19,叶 37 上。

[106]《石匮书后集》,卷 20,《甲申死难列传》,第 134 页。

[107]四类名称乃据《石匮书后集》传目而得。"死事"见《流寇死事诸臣列传》(卷 14);"死战"见《流寇死战诸臣列传》(卷 16);"殉难"见《甲申死难列传》(卷 20)、《乙酉殉难列传》(卷 32)、《丙戌殉难列传)(卷 39)、《辛卯殉难列传》(卷 50);"死义"见《乡绅死义列传》(卷 23)、《死义诸臣列传》(卷 28)、《江南死义列传》(卷 34),《江右死义列传》(卷 46)、《两广死义列传》(卷 49)。按:上述传目引自《目录》,但根据正文,卷 20 作《甲申死难文臣传》(第 134 页)。传中则"殉难""死难"两词并用,如"总论"用前者(第 134—135 页),"赞"用后者(第 146 页),可见"殉难"与"死难"的涵义相同。为方便叙述起见,下另标举"死难"一目。

[108]《石匮书后集》,卷 20,《甲申死难文臣传》,第 134 页。按:"死难"即"殉难",详上注。

[109]温睿临:《南疆逸史·凡例》,第 4—5 页。

[110]同上,第 5—6 页。

[111]《南疆逸史》卷 29 至 31 为《守土》,卷 32 至 35 为《死事》,卷 41 至 43 为《义士》,卷 44 至 49 为《武臣》。

[112]《南疆逸史》,卷 36,《列传》32,《死事》,第 254 页。

[113]同上,卷 37,《列传》33,《死事》,第 275 页。

[114]同上,卷 38,《列传》34,《死事》,第 283 页。

[115]同上,《凡例),第 5 页。

[116]同上,卷 45,《列传》41,《义士》,第 337 页。

[117]《皇明四朝成仁录》,卷 8,《隆武朝》,叶 298 上,

[118]同上,卷 3,《崇祯朝·永城死事传》,叶 113 下—114 上。

[119]同上,卷 6,《弘光朝·广德死事传》,叶 218 下。

[120]同上,卷 8,《隆武朝·绍兴死事诸臣列传》,叶 305 下—306 上。

[121]同上,卷 9,叶 354 上下。

[122]见傅山《读经史·五代史》,《霜红龛集》,卷 31,叶 11 下。

[123]《皇明四朝成仁录·目录》,叶 1 下、8 下。

[124]同上,卷 2,《崇祯朝》,叶 39 上;卷 10,《永历朝》,叶 391 上。

[125]同上,《目录》,叶 1 上;又卷 1,《崇祯朝》,叶 23 上。

[126]原书未见,本文所述者乃根据《增订晚明史籍考》,卷 9,《总记·南明史乘》,第 413 页。

[127]《皇明四朝成仁录·目录》,叶 6 上;又卷 7,《弘光朝》,叶 244 上。

[128]屈大均撰,陈凤藻参订:《明季南都殉难记》(即《皇明四朝成仁录》中的《弘光朝》,广州中山图书馆藏清抄本),《目录》从正文(按:抄本无叶数)。按:关于《皇明四朝成仁录》版本之间的异同,参看第二章注[33]所引汪宗衍及阮廷焯二文。

[129]《皇叫四朝成仁录》,卷 8,《隆武州》,叶 284 上。

[130]同上,卷 12,《永历朝》,叶 425 下。

[131]同上,卷 2,《崇祯朝》,叶 38 上。

[132]同上,卷 3,《崇祯朝》,叶 81 下。

[133]同上,《目录》,叶 6 上;又卷 7,《弘光朝·嘉定死义传》,叶 249 上;《昆山死义传》,叶 255 上。

[134]同上,《目录》,叶 5 上;又卷 6,《弘光朝》,叶 212 上。

[135]同注[115],

[136]屈大均:《皇明四朝成仁录余编》(广州孙中山文献馆藏抄本),《目录》,叶 1 下;卷 2,叶 1 上。

[137]屈大均:《临危诗》,《翁山诗外》,卷 2,叶 43 下。

[138]《皇明四朝成仁录》,卷 6,《弘光朝·江阴起义诸臣传》,叶 223 上。

[139]同注[79]。

[140]陈确:《死节论》,《陈确集·文集》,卷 5,上册,第 154—155 页。

[141]莫秉清:《云间一行传》,《傍秋庵文集》,卷 2,叶 18 下—19 上。

第八章　结论

在上面数章中，我们看到了明季士大夫的殉国，不是用"忠君爱国"四字就可以解释妥当的。明清之际的士大夫在评论当时的殉国者时，已不单从忠义的角度着眼。然而，明清之际的评论者，多难持有公平而客观的态度。例如，明遗民由于本身不能殉国，所以一方面既有自惭不如殉国者的感觉，另一方面又强调自己的生存也有其价值和意义，甚至贬低殉国这种行为；而对一些清朝的子民来说，明季士大夫不知顺应天命，简直是愚不可及。明清之际的学人对上述现象，每有慨叹，但对如何评价明季殉国者的问题，始终未能达成一致的意见。

第一节　评论明季殉国者的困难

从前数章可见，明清之际士大夫对当时殉国者的评论，大都没

有一个贯彻始终的立场,有时甚至自相矛盾。对于评论殉国者言行不一的情况,当时的人已能见及。如魏际瑞慨叹说:

> 甚矣,死之难也,而未死者易言之,于是乎以责于人者多矣,卒之死至焉而又去之。……故曰:盖棺而后论定,未死以前难言之焉。[1]

正因为责人容易,而责人者其身亦未必正,所以有人索性不谈论忠节问题。如周西(1621—1688)在顺治三年六月绍兴陷后"弃举业,训蒙养母",不敢"侈谈义士",因为他认为"今日所断不可当者,妄欲以义士自欺也。夫何地非我朝之土?何人非我朝之民?又何仓庾非我朝之粟?不必为首阳顽民等语以自表异也"。他认为"义士者,当为蹈海之鲁连争帝暴秦,奋臂之陈涉(?—前208)突起发难,张良(?—前186)之报仇,翟义之讨贼,骆宾王(约626—约687)之草檄,谢枋得之却聘而死;否则如陈咸之闭户不出,梅福之逃吴门为市卒,陶潜之终身为晋处士"。由于周西自愧不如上述诸人,所以不敢谈论忠义。[2]

不过,周西这种谦厚自责的态度,不是绝大多数明清之际的士大夫所能持有。他们充其量抱着较客观的态度,评论当时的殉国问题而已。如莫秉清提议说:

> 夫死者,人之所难,自不得以已甚之言,责其过与不及,第就其死以核于至精至密之义。[3]

可是,什么是"至精至密之义"本身就是一个见仁见智的问题。又如魏禧指出,"事后论人,局外论人,是学者大病",原因是:"事后论人,每将知人说得极愚;局外论人,每将难事说得极易。"[4]邱维屏(1614—1679)引申魏禧说,指出"论人事后则其人之首尾尽露,局外则其人之四面俱见也,但须替他设身从事里局中想耳"。[5]可是,"从事里局中想",谈何容易?例如,稍后的全祖望虽汲汲表彰明清之际的忠义人物,[6]但在评论的时候,每犯"事后论人"与"局外论人"的"学者大病"。例如,处士张梿(?—1646)因不肯薙发而自杀,全祖望为他写传,竟乘机指摘护发而死的人说:

> 改易章服,兴朝之制也,违制而自甘于逆天,至杀其身以从之,于义则过,然其志可原矣,彼其中或尚有好名而死者。[7]

又如陆宇燝(1608—1663)"当南都覆没"后欲谋起兵,鲁王监国时"进按察副使",后为清兵"捕至钱唐"。当时陆宇燝"已病,用奇计出狱门,抵馆而卒"。全祖望竟又批评陆宇燝说:

> 先生虽世臣子,然自甲申以前,未尝一日有位于朝,而必自外于维新之化,濡首没顶以从之,亦可怪也。[8]

凡此皆显示全祖望本着自己作为清朝子民的立场,不能从明季士大夫的"事里局中想",所以把"知人说得极愚","难事说得极易"。况且,这些评论,跟全祖望指斥毛奇龄《辨忠臣不从死文》时所说"忠臣不必尽死节,然不闻死节非忠臣"[9]般肯定"死节"的态度,自相矛盾。虽然全祖望不是明清之际的人,但他的例子反映出论人的态度甚难公正。所以,应如何评论明季的殉国者,实在是一个不容忽视的问题。

第二节 殉国者的两类型——积极进取与消极退缩

明翰林院庶吉士吴尔埙(？—1645)撰有《死臣传》一书,记有明一代死节之臣。书中指出"诸死者,或假手于人,或愤激自裁,或骂贼毕命"[10]。换言之,书中的"死者"不外是自杀和被杀两类。如再严格划分则是消极地自杀与积极地反抗以后而死(包括自杀或被杀)两类。单就明清之际来说,这两类可套用前引孙奇逢的分类加以解释,即前者是"毕命一朝",后者是"抗凶锋于国势既去之后"而死(详第七章第三节之五)。可是,明清之际的士大夫大都没有区分这两类殉国行为,而是把它们笼统地称为"死节"或"殉节"。后来,弘历敕编的《胜朝殉节诸臣录》,虽然是记录明季殉国者最完备的著作,但仍没有将两类型的殉国者分辨出来。如乾隆四十年(1775)十一月初十日论说:

> 刘宗周、黄道周等之立朝謇谔,抵触金壬,及遭际时艰,临危授命,均足称一代完人,为褒扬所当及。[11]

虽然弘历称刘宗周与黄道周为"一代完人",但他们其实属于上述两类不同的殉国者——刘宗周是消极退缩的殉国者,而黄道周是积极进取的殉国者。消极退缩的殉国者在朝廷覆亡后随即自杀，又或者是稍作观望或抵抗之后，感到形势不妙而自杀。积极进取的殉国者则不顾环境如何恶劣，抗争到最后一刻，在走投无路的绝境下才自杀，或被敌人捕捉后不屈而自杀或被杀。

刘宗周之所以殉国，在第三章第六节中已有详细讨论，这里要指出的是他在甲申之变后，于门人王谷等数十人责以大义后，仍感到"身虽老，敢为众先驱"去"檄召四方，一举灭贼，复君父之仇，定社稷之难"，不敢以死塞责。[12] 可是，在乙酉之变后，当他知道"杭城失守，诸大帅尽散，潞王具款降"的消息后，便决定"正命"，并在答复后辈对他说"死而有益于天下，死之可也；死而无益于天下，奈何以有用之身轻弃之"的责问时回答道：

> 吾固知图事贤于捐生，顾予老矣，力不能胜，徒欲以垂尽之躯，扶天崩地坼之业，多见其不知量耳。子之所言，异日不可知之功也；予之所守者，人臣之正也。身为大臣，敢舍今日之正而冀异日不可知之功乎？吾死矣！夫匡复之事，付之后人已矣！[13]

由此可见，刘宗周的绝食殉国，虽谓"守人臣之正"，实系不敢面对现实和将来，所以舍难而取易。

黄道周在甲申之变时家居，南都起为吏部右侍郎，黄道周乃趋朝。当时他写信给同僚说：

> 吾辈顽石，捣骨合药，无补于天，犹冀后人嗅此药气耳。[14]

及南都陷,黄道周与巡抚张肯堂、总兵郑芝龙(1604—1661)、郑鸿逵奉唐王朱聿键建号于福州。朱聿键晋升黄道周为少保兼太子太师、吏部尚书及武英殿大学士。黄道周"每进见,辄自请行边"。"又见芝龙日为不轨,复请行边",乃以七月起行。[15] 十月,黄道周至广信。过了一个月,"诸路溃衄,突骑四逼,不特士气不堪再鼓,而信州亦无固志"。黄道周虽"悼其功之不成",但"犹欲以蛭颐螳臂,伸大义于天下"。[16]

据黄道周在上朱聿键的疏中所言,他当年已是六十二岁,"才能智勇,不踰中人,而所以黾勉自请行边,拮据关外,冒霜露与士卒为伍者",并非"慕葛侯(诸葛亮,181—234)之智,袭田单之业",而是希望能尽他的责任而已。黄道周把自己比喻为一只鸡。他说:

> 譬之鸡然,风雨如晦,而鸣声不已,即有不瘳之人,起而刀俎之,亦无可奈何而已。……臣何所营而坐困于此哉!……所以苒苒噍哓,瘁毛镞羽,以为朝廷守一日藩篱,固一日之众志,非曰能之,亦各尽其义而已。[17]

由于上疏不获答复,"而馈饷不继,仅有三百人十日之粮",黄道周在计穷之下,唯有出战。结果战败被执,被清军舆拥至婺源。清军设宴供奉他,但是他"骂不食"。"留羁婺源,七日不食","迨发婺源,复进水浆"。[18]

顺治三年正月十二日,黄道周被押至新安。"翌日,遂绝粒"。当时,他的门人中书赖继谨(？—1646)与他同被牢。赖继谨"附书

(清)曾鲸绘黄道周像

回家,请以兄子为嗣"。黄道周"不复为书,第题其后曰:蹈仁不死,履险若夷,有陨自天,舍命不渝。"廿四日,黄道周被解至南京,继续绝食。"至廿九日,不死,更进水浆"。最后"以三月五日完节于金陵之曹街"。[19] 据记载,黄道周在南京时,"统兵大帅日夜遗客劝降,故独宽其桎梏,加殊礼"。"三月五日,骑拥(黄道周)过西华门,坐不起,曰:'此与高皇帝陵寝近,可死矣。'方刑时,从者跪曰:'公方万年契阔,请以数语遗家。'乃裂衿啮指血大书曰:'纲常万古,节义千秋。天地知我,家人何忧。'"[20]

由此可见,黄道周不但在困难面前毫不退缩,而且知其不可为而为之。这种精神是刘宗周所缺乏的。二人显然属于不同类型的殉国者。因此,弘历把他们相提并论是不适当的。

第三节　两类型殉国者的异同

表面上,不论积极进取或消极退缩的殉国者都是为尽"臣节"而死,而且事后回顾,抗清活动最后亦告失败,无补于明代灭亡的厄运。然而,上述两类型的殉国所象征的意义并不相同。简单来说,消极退缩的殉国者多是性格怯弱的人,他们感到"眼前世界不胜悲"[21],自知无法面对,所以殉国了事。积极进取的殉国者则是性格刚毅的人,虽然他们也感到"天地宽大难可量,此时伸展不盈尺"[22],却不怕千挫百折,坚持抗争到底。

消极退缩的殉国者感觉生死之际难以面对,所以速就速决地自杀,恐不如此便顾虑更多(参看第六章第一节)。如吴麟征在投

缳前与祝渊泣别,对祝渊说:

> 往予问道山阴刘念台先生(刘宗周),先生曰:"人之初念,未尝不善,往往以转念失之。"授命,我初意也。……今山河破碎,不死何为?我陈整饬江南,枢臣不许;我请身任危疆,冢臣不许。天下事尚可为,只索待之后人耳![23]

由上述例子可见,消极退缩的殉国者多是畏难及没有能耐的人。当他们遇到"时不我与,势不我为"的时候,便"惘焉丧其生平之向往","前此之发愤与雄鼠思泣血之意,即与流水俱逝"。在这种心境下,他们"自顾头颅,不雅不俗,纵视息虽存,而志气澌灭尽,即欲不授命安乎?鸿毛泰山安计也!"[24]

与之相反,积极进取的殉国者都是不畏艰难险阻,而且有高度忍耐能力的人。严格来说,这类人的殉国,不在他们死亡的一刻,当他们决定投身于抗清行列时,已视死如归,踏上殉国的第一步。他们不是不知道形势险峻,但他们仍要"知其不可而为之",希望能以精诚戚天。例如,吴江举人孙兆奎(1607—1645)与职方主事吴易(?—1646)在扬州失守后起义,孙兆奎在失败后为清人所捕,因为骂洪承畴而被斩死。当孙兆奎初"佐吴易募力卒"时,便有人阻止他说:"清起辽左,自神宗(朱翊钧,1563—1602,1572—1620在位)以来,竭中华全力,仅足支撑,江南所恃惟水战,而大众深入,险要悉为凭守,舟楫无所用其长。大势若此,而妄有图乎?"孙兆奎答道:

　　我岂不知,但恨三百年养士,而义声寂寂,我故欲以一身殉之,其成败则听之天耳。[25]

　　又如陈子龙在起事之前,写信给亡友夏允彝,请求夏允彝的亡魂"营一室于夜台之侧以俟我",可见他已有死亡的准备。虽知前路维艰,但他认为明朝"崩城陨霜,不绝于天,义徒逸民,不乏于世",希望"精诚之至,事有会合"。所以他"虽驽弱",也不敢"宁处";直到"天下滔滔,民望已绝",他才会"凿坯待期,归死丘墓"。[26]

　　另一些抗清者虽已绝望,但感到"人臣惟知义之所在而已,事之成败非所逆计"[27],所以坚持不懈。如史可法守扬州时,早已感到"坐乏军需,点金无术",而"彷徨中夜,泣下沾衣"。[28]虽明白自己"独木支大厦"的危殆,但他不肯辞去责任。因为这样做,"正所以无愧于先帝(朱由检)也",于是决定"以身矢之,苟有一息,敢弗勉图"。[29]又如张煌言抗清十九年,何尝不知道形势险峻,但他所忧虑的,不是个人的名节问题,而是"只愁绵力弱,何以挽皇舆"[30],及"兵气只今犹未洗,自惭无计慰云霓"[31]。虽然他早已心力交瘁,但仍"力竭惟余报主肝"[32]。就是在他失败后隐居,为清军招降,仍答谓"揶揄一息尚图存",纵然不"敢望臣靡兴夏祀",仍盼借此"也留正气在乾坤"。[33]

　　然而,我们亦须指出,上述两类殉国者的心志也有共通之处。第一,不论是哪一类型的殉国者,他们都有虽死而不忘为国报仇的心愿。先说积极进取的殉国者。例如,蕲州指挥岳璧(？—1643)在崇祯十六年"蕲州破"时,"自屋堕地,不死。贼执至城上,欲降之"。岳璧"厉声骂贼"。"贼刃之，仆地，气将绝，瞠目曰：'我死为鬼，当灭汝。'"然后"血流丈余，目眦不合"而死。[34]又如史可法在扬州失守前感到"败军之将，不可言勇；负国之臣，不可言忠"，但他仍谓"身死封疆，实有余恨"。[35]所谓"余恨"，乃指未能为国报仇。他说：

> 扬城日夕不守，劳苦数月，落此结果，一死以报朝廷，亦复何恨；独先帝之仇未复，是为恨事耳。[36]

又如瞿式耜在桂林失陷后被执，幽囚狱中，等待处决，赋诗说："边臣死节亦寻常，恨死犹衔负国殇。"[37]当他与门人张同敞赴刑场时，张同敞对他说：

> 快哉行也！厉鬼投贼，门生讵敢忘之！[38]

可见师徒二人在狱中之约，就是化为"厉鬼杀贼"。

这种化为厉鬼以杀敌的心愿，在消极退缩的殉国者中也不乏其例。例如，陈良谟在绝笔词中立誓："生既不能手刃李贼（李自成），死当为厉鬼以杀之。"[39]又如诸生许琰（1594—1644）因"国破君亡"而感到"平生磨砺竟成空"，乃绝食而食。遗诗中有"一个书生难杀贼，愿为厉鬼效微忠"等句。[40]又如王毓蓍自杀前著有《愤时致命篇》，不但誓为厉鬼复国，而且呼吁同志，共同达成愿望。他说：

鬼如不厉，为访三闾之踪；魂果有灵，当逐伍胥之怒。真
能雪耻自任，愿激发于光天。倘或同志不孤，敬相招于
冥土。[41]

上述六人由于"生不得志"，所以"誓死杀贼"，实在可哀，无怪
当时有人说"见者伤心，言之酸鼻"了。[42]

第二，无论是积极进取还是消极退缩的殉国者，其实都有舍我
忘家的精神。前者以崇祯朝翰林院检讨傅鼎铨的例子加以说明。
傅鼎铨在顺治五年响应南昌反清。顺治八年（1651）被执，"至室
中，仰首而立，众劝之降，不屈，囚之"。"敌巡抚以保全其家为言，
傅鼎铨曰：'死，孤臣之分也。家之存亡在执事，非所愿闻。'怡然而
出，整巾衫，北面拜谢，踞坐受刃。"[43]又如临安知县唐自彩在杭州
失守后逃匿山中，有人告发他"受鲁王敕，阴部署为变者，遂被捕
获"。"北帅"劝他投降，说："我知汝贤吏，故不加兵，行且荐于朝
矣。"唐自彩答道："士各有志，安用相强。""北帅"于是问："犹不念
少妾幼子乎？"唐自彩答谓："大丈夫岂以子女易大节！"最后他与侄
儿同被杀害。[44]由此可见，他们不但捐弃自己的生命，而且不顾家
小，以完成气节。

后者可以凌义渠为例。凌义渠死前"作书辞父"，谓"父亲衰年
无靠，病妻弱子，不堪回想耳。十儿容默，放他不下"，"然儿即以此
情达之皇上，庶知孤臣一腔热血也"。[45]又如马世奇自经前写信给
儿子，信中谓"京都失守，一筹莫展，真所谓死有余责。不能忽然
者，汝祖母、汝母及汝兄弟耳"[46]。虽然凌、马二人不像傅鼎铨与唐
自彩受到要挟或诱惑，但他们自杀前也经过几番自我挣扎，才能决

定尽忠。所以,凌义渠的女婿说岳丈是"为国不顾家",又说他"为国忘家,舍生取义"。[47]

　　第三,虽然有些殉国者是为名而死,[48]但是亦有不少人只求"尽心",不计较能否得到世人赏识或留名青史。就积极进取的殉国者来说,如南宫知县彭士弘在"闯贼长驱畿南,所至款附"的形势下,仍"励士民,饬守具"。众人劝他谓"贼势已大,邑小不支",彭士弘答谓:"吾奉命守此土,生死以之。奋勇击贼,纵不胜,死亦瞑目。"众人指出彭士弘这样做固是"臣谊也",但恐怕会危害"生灵",彭士弘答道:"人心如此,大事已去,吾尽吾心耳!"后来"士绅卒迎贼入",彭士弘不屈被斩。[49]又如张煌言被清人拘押,途经故里,感而赋诗,流露出他为求"尽心"而抗清的心意,引录如下:

　　　　　　生比鸿毛犹负国,死留碧血欲支天。忠贞自是孤臣事,敢望千秋信史传![50]

　　至于消极退缩的殉国者,如锦衣卫指挥同知李若珪(? —1644)守北京崇文门,城陷,自缢而死,留下绝命词说:"死矣即为今日事,悲哉何必后人知!"[51]又如儒生周卜年(? —1645)投海前"寄叔父与弟书"说:"吾尽吾心,人虽目我为迂,固甘心也。"[52]上述这些话显示两人但求心之所安而殉国的态度。

　　除此之外,两类型殉国者都有或忠君或爱国或两者兼而有之的心及不肯屈身异代的志气。这两共通点散见第三章,这里不加叙述了。

第四节 两类型殉国者的评价

尽管过去不少人把积极进取的殉国者与消极退缩的殉国者不分轩轾,一视同仁,近世也有人美化后者的殉国意义,[53]但是这两类殉国者的历史地位,还是必须辨别的。事实上,明季消极退缩的殉国者已意识到他们的历史地位问题,并希望为自己在青史上争取与积极进取的殉国者同等的席位。例如,祁彪佳死前赋诗剖白心迹,就有这个意图。他虽然一方面同意"图功为其难,殉节为其易",亦承认自己是"我为其易者,聊尽洁身志";但是另一方面,他却强调无论从难或者从易,"忠义应不易",又谓"一死于十五年前,一死于十五年后,皆不失赵氏忠臣"。这样,他这个"唯知守节"的"硁硁小儒",便能够"含笑入九泉,浩气留天地"了。[54]

可是在这类殉国者中,并不是人人都像祁彪佳那般自信。刘宗周就是其中一个例子。尽管刘宗周在绝食期间,亦曾经充满自信,在答复门人王毓芝问他"心境如何"时,说出"他人生不可以对父母妻子,吾死可以对天地祖宗;他人求生不得生,吾求死得死;他人终日忧疑惊惧,而吾心中泰然"的豪语。其实在内心深处,他始终不能"泰然",因而希望别人认同他的行为。所以在两天后当王毓芝再来问候他时,他便反问王毓芝说:"吾今日自处合义否?"虽然王毓芝称赞他的行为"甚正,虽圣贤处此,不过如是"。但是,他已不如两天以前般自信了。他仅是说:

> 吾岂敢望圣贤哉？求不为乱臣贼子而已矣！[55]

诚然，上述刘宗周口中的"他人"，恐怕只是那些贪生畏死，甚至改节易行的人而已。如果将他和黄道周这类百折不挠的"顽石""蛭颐"，或"瘁毛镟羽"而仍"鸣声不已"的"鸡"比较，恐怕他便不能这般自豪了。

平情而论，消极退缩的殉国者充其量仅能做到"聊尽洁身志"而已。这类士大夫的忠节，虽然亦有值得赞美的地方，且他们敢于牺牲性命，也非常人所能办到；但是，他们在国破家亡之际，只知保存个人名节，舍难而取易，把复兴国家的责任抛诸脑后，实在令人慨叹。无怪这类处其地"无一可死"的殉国者，已为当时的"明眼人"所非议了。[56]

哪一类型殉国者的死比较有意义和价值，明清之际的士大夫其实已有定论。诚如钱骥指出，"人臣谋国之忠，岂徒贤于一死哉？如皆死而已耳，是社稷可以墟，国君可以亡，天下可以拱手而授贼"。他以在"近代之烈"中"称首"的文天祥为例，指出文天祥"非以主亡而遽自戮也"，而是在入燕三年后才死。当元丞相孛罗责问文天祥"尔立二王，竟何成功？知其不可，何必强为"时，文天祥答谓："父母有疾，虽不可为，人子无不下药之理。"钱骥因而归结说：

> 岂徒拱手以天下与人，而第以身殉为烈哉？[57]

而魏禧认为文天祥的"忠烈，全在舍不得死处，若从他舍得死处说，便看得易了"[58]，亦是本着同一道理。

更有甚者,连文天祥也不满意。例如,朱之瑜(1600—1682)便对文天祥的晚节表示遗憾。虽然朱之瑜同意文天祥"鞠躬尽瘁,死而后已,不肖亦亟称其忠",却指出文天祥的"小疵"亦有不少,所以他说"若称之为圣,则过矣"。朱之瑜认为张世杰(？—1279)才是亡国者的典范,文天祥实有所"未若"。朱之瑜认为张世杰可敬之处,从整体来看,为"一主死,复立一主,匪躬不懈,抱鼓不衰"。对外而言,"其弟张弘范(1238—1280)为虏大将,战必胜,攻必取,号令迅风雷,指麾摇山岳,间谋日至,游说万端。凡人至此,岂不动情？宋必不可为,蒙古必不可灭,岂不熟揣？富贵与穷蹙相形,猖獗与溃败相逼,而且辕门相向,而且铙角箫鼓日夕相闻,自非铁石为肝,未有不移"。对内而言,"麾下吏士,孰不畏死亡,乐贵富,谁肯委肉以当饿虎之溪,日夜裹创力战哉？"基于上述原因,朱之瑜相信张世杰"必有大过人者",才能坚持不变,而"卒之,国亡与亡,终不失臣子之谊,终不使纤毫疑贰"。因此,朱之瑜认为张世杰才堪称"大丈夫"。[59]

回到对明季殉国者的评价,徐孚远(1599—1665)为完美的殉国者厘定了准则。徐孚远追随鲁王入台湾,永历十五年(即顺治十八年,1661),明知大势已去,在为张煌言的《奇零草》写序时,仍说:

> 夫兴亡者,天也;亡而复兴,亡而不复兴,亦天也。君子不恃乎天,亦不阻乎天。诸葛公(亮)所云竭股肱之力,继之以死,乃志士之准则也。[60]

张岱总结明亡以后忠臣志士的事业,也说:

甲申变后,臣子为明立福、立鲁、立唐、立桂,不久旋亡,竟有何益?然宗社一日尚存,则人心一日不死。文信公曰:"父母有疾,虽不可为,无有不下药之理,尽吾心焉,不可救,则天命也。"[61]

又如冯班训诫子孙,亦说:

食人之禄者,死人之事。君子当大难,亦不从死也;持其危,扶其颠,尽心力而为主,事穷势极,然后死焉,斯可以言事君之节矣。[62]

因此,如果用上述准则去衡量消极退缩的殉国者,他们的死便显得黯然无光了。

黄宗羲认为张煌言这类积极进取的殉国者的抗清事业好像"愚公移山、精卫填海"般"知其不可而为之",[63]似不如他们自己的形容来得贴切。如前述黄道周自比抗清为"欲以蛭颐螳臂,伸大义于天下",即为一例。至于孙兆奎以为"今日之事,正如寸刀刺鲸,空拳搏虎"[64],及张煌言自拟为"姑留螳臂强当轮"[65],更能反映他们预见败亡而不肯放弃的精神。这些人能够视死如归,非好死而恶生,而是希望能做到"死者复生,可以无悔",以及"要之死日,然后是非乃定"。[66]计六奇总论明清之际起义诸人说:

夫以国家一统,而(李)自成直破京师,可谓强矣,兵一战败之,其势为何如者!区区江左,为君为相者必如句践、(范)蠡、(文)种卧薪尝胆,成可稍支岁月。即不然,方清师之下,御淮救扬,死守金陵,诸镇掎角,亦庶幸延旦夕。乃清兵未至,而君相各遁,将士逃降,清之一统,指日可睹矣。至是而一二士子率乡愚以抗方张之敌,是以羊投虎,螳臂当车,虽乌合百万,亦安用乎!然其志则可矜矣,勿以成败论可也![67]

固然,消极退缩的殉国者"死则死耳,于国事未有济也"[68],而积极进取的殉国者在竭尽肱股之力后,也不能挽救国运,且与消极退缩的殉国者同归一死,似乎后者更能洞彻先机。但是,这两类型殉国者的"忠义"是绝不会如祁彪佳所谓"应不异"的,祁彪佳留于天地间的"浩气"是无法与张煌言留在乾坤中的"正气"同日而语的。

而且,积极进取的殉国者百折不挠的精神虽无补于成事,却能对世道人心产生良好的影响。如邵廷采认为王守仁"死天下事易,成天下事难"的话,乃"责成于可成之日,不以一死塞责也",并不适用"以律文天祥、张世杰"这类人物。邵廷采以张煌言为例,指出"世传己亥(顺治十六年)长江之役",有一个与张煌言同中崇祯十五年乡试的举人,"方会试不第归,对家人如醒如呓,咄咄仰天"说:"同年生作何等事,而我自顾尔乎?"邵廷采相信从上述举人自惭形秽的话,可见"煌言固死而不死,不成而真有成也"。[69]

诚然,同一死也,而背后的意义却判若云泥。因此,如何评论不同类型的殉国者,实在值得我们三思!

注释

[1]魏际瑞:《再论死义传书》,《魏伯子文集》,卷2,叶11上—12上。

[2]翁洲老民:《海东逸史》,卷17,《忠义》4,《周西》,第188页。按:鲁连即鲁仲连,战国齐人,高蹈不仕。尝游于赵,适逢秦围邯郸,魏使新垣衍入赵,请尊秦为帝,以求罢兵。仲连义不许,见衍,说以大义,谓"彼即肆然而为帝,过而为政于天下,则连有蹈东海而死耳,吾不忍为之民也"。秦将闻之,为却军五十里,会魏无忌(?—前243)来救,秦引兵去(详见司马迁《史记》,卷83,《鲁仲连、邹阳列传二十三》,第2459—2465页)。张良的祖先为韩人,"大父、父五世相韩","韩破,良家僮三百人,弟死不葬,悉以家财求客刺秦王(嬴政,前259,前210,前246—前210在位),为韩报仇",于是结交刺客,"狙击秦皇帝博浪沙中,误中副车"(同上,卷15,《留侯世家第二十五》,第2033—2034页)。翟义事迹见第三章注[127]。谢枋得"却聘而死"事,参看第三章注[145]。陈咸本为尚书,"王莽辅政,多改汉制,咸心非之",因事"乞骸骨去职。及莽篡位,召咸以为掌寇大夫,谢病不肯应","父子相与归乡里,闭门不出入,犹用汉家祖腊"。"其后莽复征咸,遂称病笃"(详见范晔《后汉书》,卷48,《列传》36,《郭陈列传》,第1547—1548页)。梅福在"王莽颛政"时,"一朝弃妻子,去九江",有人"传以为仙"。不过,"其后,人有见福于会稽者,变名姓,为吴市门卒云"(详见《汉书》,卷67,《杨胡朱梅云传第三十七》,第2927页)。至陈涉揭竿而起,骆宾王撰《讨武曌檄》及陶潜在晋亡后不仕,众所周知,不注(又按:另有关陶潜典见第五章注[43])。

[3]莫秉清:《云间一行传》,《傍秋庵文集》,卷2,叶18下。

[4]魏禧:《里言》,《魏叔子日录》,卷1,叶1上。

[5]邱维屏的意见,附见于魏禧《衷言》后,同上。

[6]关于全祖望表彰明季忠义人物,近人论述甚多,不烦举例。不过,近年学术界对全祖望表彰上述人物的动机,颇有争论。参看高国抗、侯若霞《全祖望"素负民族气节"异议》,《光明日报·史学》,1983 年 1 月 26 日第 3 版;方祖猷:《全祖望民族思想辨》,《宁波师范学院学报》,1984 年第 3 期;徐光仁:《论全祖望素负民族气节》,《社会科学研究》,1986 年 4 期;陈永明:《全祖望"素负民族气节"说平议》,《九州学刊》,1992 年第 1 期;Wing-ming Chan, "Cultural Legacy and Historiography: The Case of Quan Zuwang (1705—1755)", *Chinese Culture*, 34, 4 (December, 1993)。

[7]全祖望:《明处士四岑张先生墓幢文》,《鲒埼亭集》,卷 8,叶 8 下—9 上。

[8]全祖望:《明故按察副使监军赣庵陆公墓碑铭》,《鲒埼亭集外编》,卷 6,叶 4 下—5 上。按:全祖望苛论明清之际人物的例子,另见第四章第三节。

[9]关于毛奇龄的意见及全祖望批评毛氏的情况,参看第五章第二节。

[10]原书未见,这里所述者乃根据谢国桢《增订晚明史籍考》,卷 18,《传记》下,第 820—821 页。

[11]弘历:《命议予明季殉节诸臣谥典论》,《御制文二集》,卷 7,叶 5 上(册 10,第 628 页);又见《高宗实录》,卷 996,"乾隆四十年十一月癸未"条,册 13,第 316—317 页;又见舒赫德、于敏中《钦定胜朝殉节诸臣录·上谕》,叶 1 下。按:相近的说法又见弘历《题刘宗周、黄道周集》,《御制文四集》,卷 29,叶 19 下(册 6,第 725 页)。又按:明清之际的人已将刘、黄二人并称,如黄宗会(1618—1663)《王元祉先生传》说:"以浙之刘、漳之黄,举一世所仰为泰山北斗者。"(见氏著《缩斋文集》[上海:上海古籍出版社,1983 年],第 135 页)

[12]刘汋:《(刘宗周)年谱》(附载《刘子全书》,卷40,《附录》2),卷下,"顺治元年五月己丑"条,叶26下。

[13]同上,"顺治二年六月丙寅"条,叶43上—44上。

[14]见庄起俦《漳浦黄先生年谱》(附载于黄道周《黄漳浦集》[扉叶作《明漳浦黄忠端公全集》],香港大学冯平山图书馆藏陈寿祺[1771—1834]序道光九年[1829]刊本),卷下,"(崇祯)十七年甲申先生年六十"条,叶12下。

[15]同上,"弘光元年乙酉先生年六十有一"条,叶14下—15下。

[16]同上,叶22上下。按:"犹欲以蛭颐螳臂,伸大义于天下"二语,出黄道周《续报情形疏》,《黄漳浦集》,卷6,叶21上。按:"蛭颐",原疏作"蛙颐"。

[17]黄道周:《孤军莫救危疆难支疏》,《黄漳浦集》,卷6,叶16上—17下。

[18]《漳浦黄先生年谱》,卷下,"弘光元年乙酉先生年六十有一"条,叶23下—24下。

[19]同上,"隆武二年丙戌先生六十有二"条,叶25上—26上,参下注。

[20]蔡世远(1682—1733):《黄道周传》,见《黄漳浦集》,卷首,《传谱补遗》,叶3下。按:徐鼐《小腆纪传·黄道周》载:"至金陵……门人寄家书,道周书蔡春溶(?—1646)书函曰:'蹈仁不死,履险若夷。有陨自天,舍命不渝。'又书赖继谨书函曰:'纲常万古,性命千秋。天地知我,家人何忧。'"(卷23,《列传》16,上册,第241页)与蔡世远说不同,与上注所引黄道周的"邺山弟子"庄起俦(见《漳浦黄先生年谱》,卷上,叶1上)的记载亦不合。

[21]长洲诸生顾所受(?—1645)绝命词句。顾所受在清军取苏州

后,赋绝命词,"遂自缢学官,遇救,仍赴水死"(《小腆纪传》,卷49,《列传》42,《忠义》1,《顾所受》,下册,第511页)。

　　[22]署横州知州郑云锦《马上吟》语。郑云锦在顺治十五年城陷后"被执送浔阳,作《马上吟》"。"遂槛军置肇庆狱,谕降不可,绝食七日不死,乃复食。""在狱三年,吏民劝其薙发,云锦曰:'吾办死久矣,所未即死者;留一日鬓发,即顶一日君恩;为一日南冠之楚囚,即为一日大明之臣子耳。'就刑之日,饮酒谈笑如平时,观者莫不惊叹焉。"(同上,卷50,《列传》43,《忠义》2,《郑云锦》,下册,第534页)

　　[23]《明季北略》,卷21上,《殉难文臣·吴麟征》,下册,第528页。

　　[24]谢泰宗:《文学时礼弟行状》,《天愚山人文集》,卷2,叶18上下。

　　[25]《小腆纪传》,卷46,《列传》39,《义师》1,《孙兆奎》,下册,第464页。

　　[26]陈子龙:《报夏考功书》,《陈忠裕全集》,卷27,叶18下(上册,第488页)。

　　[27]魏礼(1628—1693):《书岳忠武传后》,见氏著《魏季子文集》(《宁都三魏全集》本),卷11,叶16下。

　　[28]史可法:《与云间诸绅》,《史可法集》,卷3,第82页。

　　[29]史可法:《答某书》,同上,第83页。

　　[30]张煌言:《秋怀三首》(之二),《奇零草》,载于《张苍水集》,第2编,第114页。

　　[31]张煌言:《再入长江》,同上,第116页。

　　[32]张煌言:《挽安洋将军刘胤之》,同上,第73页。

　　[33]张煌言:《答赵廷臣》(其一),《采薇吟》,载于《张苍水集》,第3编,第174页。按:张煌言在《答赵安抚书》中亦说:"期间虽有疾风劲草,

不以盛衰改节,不以成败易心者,无非欲为万古留纲常,为两间存正气。"(《冰槎集》,载于《张苍水集》,第 1 编,第 34 页)又"臣靡兴夏祀"典,见第五章注[17]。

[34]张廷玉:《明史》,卷 294,《列传》182,《忠义》6,《郭以重》附,第 7532—7533 页。

[35]史可法:《遗书·致某王》,《史可法集》,卷 4,第 110 页。

[36]史可法:《遗书·遗叔父兄弟》,同上,第 111 页。

[37]瞿式耜:《庚寅十一月初五日,闻警,诸将弃城而去。城亡与亡,余自誓一死。别山张司马自江东来城,与余同死。被刑不屈,异日幽囚,漫赋数章,以明厥志,别山从而和之》,《浩气吟》,载于《瞿式耜集》,卷 2,第 233 页。

[38]瞿元锡:《庚寅始安事略》,第 201 页。按:此例中只有瞿式耜属于积极殉国者,张同敞不属这类。

[39]陈良谟:《绝笔》,《陈忠贞公遗集》,卷 3,叶 4 下。

[40]《国寿录》,卷 1,《诸生许琰传》,第 19 页。

[41]同上,卷 2,《赠翰林院简讨诸生王毓蓍传》,第 63 页。

[42]四句引文乃待清居士评许琰语,同注[40]。按:待清居士为谁,待考。

[43]《皇明四朝成仁录》,卷 8,《隆武朝·抚州前后起义传》,叶 276 上下。

[44]《海东逸史》,卷 16,《忠义》3,《唐自彩》,第 179 页。

[45]《明季北略》,卷 21 上,《殉难文臣·凌义渠·附记公婿茅曦蔚所述公之纪略》,下册,第 514 页。

[46]同上,《殉难文臣·马世奇》,第 523 页。

[47]同注[45]。

[48]参看第三章第五节。又陈确分明季殉国者为六类,其中一类就是"死名",见第七章第三节。

[49]《明季北略》,卷21下,《殉难臣民·彭士弘》,下册,第561页。

[50]张煌言:《八月离故里》,《采薇吟),载于《张苍水集》,第3编,第176页。

[51]《明季北略》,卷2,下,《殉难臣民·李若琏》,下册,第557页。

[52]徐芳烈:《浙东纪略》,第165页。

[53]唐君毅(1909—1978)《中国文化之精神价值》说:"死气节者,乃当绝无可奈何之时,而人所唯一可以奈何之道。死气节者,以身殉道,非消极的离开人间世,乃以身随道之往以俱往,他道而人于永恒世界之谓也。……夫人当死气节之际,其心中一念,唯是所以不负平生之志,匪特可不念及其富留名后世,抑且可不念及其死之是否有益于救世。……其死也,所以酬国家文化之恩泽,而无愧于'读圣贤书,所学何事?'之问。"(台北:正中书局,1980年修订版,第405—407页)

[54]祁彪佳:《遗言》,《祁彪佳集》,卷9,222页。按:祁彪佳的说法,详见第六卓第三节。

[55]《(刘宗周)年谱》,卷下,"顺治二年六月戊寅"条,叶47下—48下。

[56]例如,张岱对祁彪佳的死,就有这样的批评:"嗟乎!祁中丞之死,而名之曰忠,则可及也;名之曰敏,则不可及也。盖处中丞之地,无一可死,乃时事至此,万不可为,明眼人视之,除却一死,别无他法,中丞乃乘便即行,计不旋踵。凡中丞之忠孝节义,皆中丞之聪明知慧所仓皇而急就之者也。……祁世培,则知者利仁也。……祁世培,却聘而不欲生者也。"(《石匮书后集》,卷36,《刘宗周、祁彪佳列传》,第218—219页)

[57]《甲申传信录》,卷3,《大行骖乘》,第53页。按:钱㮚所引文天

祥与孛罗的对话,详陈邦瞻《宋史纪事本末》,卷109,《文谢之死》,册3,第1186—1187页。按:文天祥在明清之际享有极高的评价,参看第六章第四节。

[58]魏禧:《史论》,《魏叔子日录》,卷3,叶2上。

[59]朱之瑜:《答安东守约书三十首》(之一),见氏著《朱舜水集》(北京:中华书局,1981年),卷7,上册,第171页。按:张弘范并不是张世杰之弟。张弘范为张柔第九子。张柔是易州定兴人(参看《北史》,卷147,《列传》34,《张柔》,第3471—3476页;以及卷156,《列传》43,《张弘范》,第3679—3684页)。张世杰则是范阳人,不过他"少从张柔戍杞"(参看《宋史》,卷451,《列传》211,《忠义》6,《张世杰》,第13272—13275页),或因此而被误以为是张弘范的兄长。又按:对于文天祥,朱之瑜有以下的批评:"身为总帅,未建尺寸之功,北归而误中虏计,几为李督府捕斩;岭表再俘,过庐陵而复食,致王炎午有生祭之文,刘尧举有'谁向西山饭伯夷'之句。何忍冒蓬生麻中之嫌乎?事已无可如何,乃思黄冠归故乡。何处是其乡邦?何途是其归路?他若道生、佛生,以名其子,甚非大儒所宜。故略其小疵,取其大节可也。"(同本注)

[60]徐孚远:《奇零草序》,见氏著,姚光辑《徐闇公先生遗文》(载于氏著《钓璜堂存稿》,中华民国十五年[1926]夏日金山姚氏怀旧楼刊行本),叶1下。

[61]张岱:《石匮书后集》,卷39,《丙戌殉难列传》,第240页。

[62]冯班:《家戒上》,《钝吟集》,卷1,叶4上。

[63]黄宗羲:《兵部左侍郎苍水张公墓志铭》,《黄梨洲文集·碑志类》,第202页。按:黄宗羲的说法参看第六章第二节。

[64]《小腆纪传》,卷46,《列传》39,《义师》1,《孙兆奎》,下册,第464页。

［65］张煌言:《答赵廷臣》(其一),同注［33］。

［66］陈子龙:《报夏考功书》,《陈忠裕全集》,卷 27,叶 19 上(上册,第 489 页)。

［67］《明季南略》,卷 4,《总论起义诸人》,第 277—278 页。

［68］《明季北略》,卷 21 上,《殉难文臣·吴麟征》,下册,第 529 页。

［69］《东南纪事》,卷 9,第 267 页。按:原文"不以一死塞责也"一句脱"责"字。据《邵武徐氏丛书》本补人。

附录　明遗民对殉国与否的抉择及回应
——陈确个案研究

明亡以后,士大夫面临殉国与不殉国的抉择。如果他们的父母尚在,情况便更为复杂,因为在他们的考虑中,另需兼顾忠孝的取舍问题。遗民虽然选择了不殉国,但殉国与否的问题并不因此而解决。因为不殉国的决定产生了后遗症,使遗民在日后的岁月里,生活在罪恶感之中。例如,他们或会因自己不能尽忠而感到内疚,或每当想起已殉国的父兄师友而感到自卑。因此,不少遗民力图重建自信,一方面为自己的不死寻求合理的理论根据,另一方面对明季殉国者进行褒贬,从而肯定遗民生存的意义和价值。本文就是希望透过陈确的经历,反映明遗民在亡国以后如何在殉国与否之间做出抉择,以及事后如何就自己的抉择而做出回应。

第一节 陈确在明亡以前的事迹

陈确,原名篆永,字原季,入县学后改名道永,字非玄,明亡后改名确,字乾初,浙江海宁人。生于明万历三十二年(1604),卒于清康熙十六年(1677)。[1]

陈确的祖先没有显赫的功业,但自从高祖陈中益(1486—1539)考取廪贡生及出任江南吴江县训导以来,一直到父亲陈颖伯(1564—1630),四世都是庠生,[2]可说"簪缨累世"[3]。不过,到了陈颖伯的时候,家境已"贫困既甚","室中无一有"。陈颖伯二十四岁时,甚至因贫而把初生的女婴溺毙。[4]陈颖伯有四个儿子,陈确排行最后。[5]

明亡以前,陈确不过是一个普通的读书人。他七岁"始入小学"[6],但由于"家贫不能延师",从十二岁起,间中跟随长兄陈贲永和二兄陈思永(1593—1659)外出教馆时学习。[7]从十六岁起,陈确便开始参加童子试。[8]到了三十岁,得"补弟子员",七年后,通过科试,"廪于庠"。[9]

虽然陈确一直参加科举考试,却不是一个热衷功名的人。当他十六七岁时,与三兄陈祥龙(1597—1629)"同就童子试",县府都把他排名在三兄之前,他不但不感到高兴,反而"甚婉之"。当长兄陈贲永看过二人的试卷后,也认为陈确的试卷比较好,陈确更"惧无所容,至不成寐"。后来考试结果公布,三兄入围,陈确"遗不录"。陈确反"为之狂喜,亦不成寐"。不过,陈确在"后数年,屡试不售,辄不胜牢骚之感,大丧其厥初"。[10]

二十岁以后,陈确再次"薄视"起功名来,转而"放浪山水,恣情声律,韵管谱琴,时共一二知交,吟风弄月"。"视帖括操觚,绝不经意,偶一为之,更尔超脱不羁,以是为适志之具已耳。"所以,他虽然参加童生试,"已不知功名为何物"。二十六岁时,三兄病死;次年,父亲又逝世。陈确"悲愤激中,欲绝意进取事"。到了三十岁,在长兄的强迫下,才再次参加岁试,并且在这次岁试中获得取录。但这并不是他的志愿。[11]

陈确入学后,受知于知府刘雪涛。刘雪涛知道陈确贫穷,有意"周全"陈确。所以,每次在陈确谒见刘雪涛后,刘雪涛都派遣左右问陈确是否"有事见托",但陈确每次都"谢无有"。三十九岁那一年,陈确正预备参加秋天的乡试,适逢"贪尹煽虐",他便停止温习,联同乡人声讨该贪尹。由于"当事庇贪尹,欲罪首事者",于是"文移褫革"陈确的生员头衔,幸而"学宪执不许"。这时,虽然刘雪涛"力荐"陈确参加乡试,陈确亦不肯接纳,认为"捐吾生以救一县之民,亦何所惜,一乡荐何足道哉"。其后,"诸与贪尹比者",对陈确"百方恐吓",陈确也"屹不为动"。不久,这件声讨贪尹的事传至京师,"当事"和贪尹都被弹劾落职,但陈确并"不以此自喜"。[12]

陈确在明亡前的事迹,还有与祝渊定交及受业于刘宗周二事值得注意。陈、祝两家虽为世交,但陈确与祝渊一直不认识,到了崇祯四年冬天,祝渊"束书假馆于东隅",两人才结识对方。两人"一见意洽",陈确谓祝渊"非世俗士也",祝渊"亦时时窃归告其尊人,称陈子之义"。这是两人"定交之始"。祝渊在崇祯六年(1633)由钱塘县学中乡举(按:陈确亦于同年被岁试录取),但他和陈确一样,不以科举功名为志。祝渊曾多次向陈确称道刘宗周的为人,崇祯十六年春天,祝渊上京考试,适逢任御史大夫的刘宗周被大学士周延儒弹劾去职,祝渊"独具疏力争,指切当事,无所讳"。结果祝渊被"明旨切责,下部议,罢南宫试"。祝渊因此而受学于刘宗周,二人"共舟南还,朝夕讲论"。[13]同年秋天,祝渊约陈确一同向刘宗周问学,刘宗周对二人甚为赏识。初见面时,便"以'圣人可为'为训"。从游两月,祝渊和陈确辞归。刘宗周临别时勉励他们"千秋大业,期无负于一时相与之意,言谆谆焉"。[14]陈确对刘宗周的勖勉非常感激,赋诗谢别说:"千秋大业真吾事,临别叮咛不敢忘!"[15]

从上面的事迹可见,陈确在明亡以前除了"淡功名、薄名利"[16]和颇有正义感之外,并没有什么出色的地方。陈翼指父亲在明亡以前"学凡三变":

> 始崇尚夫风流,继绚烂夫词章,继又矜厉夫气节,自后一变至道。[17]

可谓堂皇冠冕。但是,所谓"崇尚夫风流",不过指二十岁以前在八股文方面"命题课艺,卓绝等辈"与"大有文名"。所谓"绚烂夫词章",亦系指二十岁以后撰写八股文"超脱不羁"。所谓"矜厉夫气节",指的是三十七岁入庠以后不受刘雪涛"周全"的"节操凛然"。所谓"一变至道",不外乎是三十九岁时放弃乡试而声讨贪尹及事后不沾沾自喜的态度。[18]同时,陈确虽然为刘宗周器重,但我们不知道他这时的学问怎样高明。事实上,陈确在明亡前所专注的始

终是八股文,[19]其他的著述甚少。[20]虽然他对晚明的时局也表示过忧虑,如从学刘宗周以后所写的诗中,便说道:

> 学道归来感慨多,客游两月变星河。栖迟东海空携卷,扰攘中原未息戈。[21]

又如崇祯十七年春正月,他感到四方多难,时局维艰,作诗赠友人兼以"自悼",亦说:

> 西望关门嚼数声,乾坤何用此迂生! 四方多盗兵戈暗,乡土频荒粟米倾。强仕漫劳登曲礼,新诗几欲附由庚(原注略)。仙翁咫尺家东海,何计随君一步瀛![22]

毕竟,他只是对时局表示叹息,他并没有救国匡民的抱负。因此,无论从生平行谊、学问或思想来看,明亡以前的陈确,都没有特别过人的地方。

第二节　陈确在生死之间的抉择

崇祯十七年三月十九日,北京陷落,朱由检自缢于煤山。国亡君死的消息,似乎对生活在浙江的陈确未造成很大的震撼,亦未令他考虑须否殉国的问题。大概因为南京方面很快便拥立朱由崧,于是陈确认为"尚有江东片地可延视息"[23]。相信这也是当时一般江南士大夫的看法。

不过,在陈确认识的人中,已有为甲申之变而死者。例如,他的友人陆嘉淑(1620—1689)的父亲陆钰(？—1644),就在当时绝食而死,而陆嘉淑从此放弃诸生衔。[24]但陆钰的死似对陈确没有影响。又如同学吴蕃昌的父亲吴麟征,任太常寺少卿,在北京城陷次日投缳死。当时祝渊也在京师,亦因国亡而"号恸欲绝",并与吴麟征商量对策。吴麟征劝祝渊"义可以无死",认为自己身为大臣"固当死",并且向祝渊"属以后事"。于是祝渊听从吴麟征的话,留视吴麟征含殓并"持其丧归"。[25]吴麟征的兄长吴麟瑞知道弟弟"死难"的消息后,亦在顺治二年三月"忧死"。陈确知道吴麟瑞的死讯后,作诗哀悼,诗中称赞吴麟瑞、吴麟征兄弟说:

> 二公虽死无遗憾,四海后世谁式型。[26]

四月,陈确前往澉浦,送吴麟征葬。[27]又联同众议请求弘光政权建祠纪念吴麟征,疏文由陈确执笔。疏中对吴麟征极度推崇,认为如果有人听闻吴麟征"之所以死",或诵读吴麟征"之遗文",或"途见"吴麟征"之归亲而不泫然流涕者",都是"无人心"的人。又认为"先皇帝之变,吾浙之死事者六人。西泠有祠奕然,既使湖山生色"。[28]由此可见,陈确当时对士大夫殉国抱着肯定的态度。

当时,弘光政权"以军需不给,首行鬻爵令,甚至童生赴试者例纳银三两免郡县考"。于是,"大江以南,每提学出巡,府库成市"。陈确对这项政策极为不满,认为"此输银就试之心,即异日迎贼献降之本",又认为"父兄为子弟输银,必不欲子弟之立节义;子弟欲以是进取，必不愿以节义自勉"。[29]除对上述政策表示不满外，当他和祝渊在正月前往山阴拜谒刘宗周时，已渐知"中兴无望"[30]。但他仍未意识到清廷即将统治江南。直到五月，当"奴兵一夜渡春潮"，使得"百代儒冠沦草莽，六朝宫粉污膻腥"时，他还相信"契丹莫漫贪降晋，自古南人不易平"。[31]最后，到了浙东失守，祝渊和刘宗周相继自杀，才令他考虑自己须否殉国的问题。

清军攻陷南京以后，"长驱至浙，所至愚民翕然劫守令降附"，祝渊看到这种情况，便决定自杀。但是，祝渊当时正在筹办改葬生母的事，陈确便劝他稍为忍耐，等待改葬事办妥才殉国，俾能"忠孝两尽"。祝渊听从陈确的意见，果在闰六月"初五葬役竣"后，才"手帨自缢"。祝渊虽为诸弟所解，终于还是在翌日气绝身亡。[32]从陈确劝导祝渊缓死使能"忠孝两尽"一事来看，陈确亦应考量自己殉国与否的问题，可惜我们无法知道详情。然而，即便他在祝渊死前没有想过这个问题，在祝渊死后他便不能不想了。

刘宗周虽在祝渊死后两日因绝食死去，但当时陈确并不知道。稍后，陈确虽听闻有关消息，始终还是不能肯定。[33]不过，祝渊的"死节"与刘宗周的死讯，使他十分不安。他在祝渊"殓后六日"为祝渊写的祭文中说：

> 呜呼吾师，山阴夫子。闻之道路，绝粒而死。真耶否耶，兄知之矣。……吾师吾友，循节安理。存为明臣，没为明鬼。予生悯然，曷究厥止！[34]

同年十月，当他整理祝渊的遗文时，亦说：

今先生(刘宗周)与开美俱死国难,而确独隐忍苟活,皇皇
未知所税驾也,悲夫![35]

由此可见,在这段时间里,陈确受到师友"俱死国难"的影响,徘徊
于生与死的抉择之中,不知如何适从。

到了顺治三年五月,陈确终于证实刘宗周的死讯。但这时,他
在生与死的抉择中已有决定,所以向刘宗周的亡魂解释说:

自去年五月长江不守,胡马横驱,所至人心崩溃,渐东、西
郡县之民劫守令降附。……确窃意是时吾师必死,而传闻不
一,六七月间,犹讹吾师率义旅西伐者。已渐知吾师不食死。
道路之言无真月日,痴情迷惘,信疑犹半,东望号顿,不知所
为。干戈满途,母老为累,弃而渡江,诚所未忍。家自老母而
下,四世亲丁共三十一口,若携家东避,则力有不能,因循至
今,遂踰年岁。

呜呼!吾师死矣!同学祝渊亦以闰月初六死矣!……独
确懦不能死,又不能编名行伍,为国家效分寸之劳;又丁口田
庐,伪官所辖,输租纳税,不异顺民,愧师友而忝所生甚矣,师
其以确为非人而麾之门墙外耶?岂怜确母老苟活,情亦有不
得已者,姑未深绝之也![36]

简而言之,陈确虽考虑过死的问题,然而,为了"母老",他不但没
死,而且采取不反抗的态度,归向清廷做"顺民"。

由于陈确"懦不能死"，所以他在这段时期特别推崇"能死"的人。如浙江举人周宗彝在顺治二年"起兵碛石"，兵败，"宗彝单骑走，旋遇害。妻卜氏束其子明俅于怀，跃池水中。二姜张氏、王氏从焉。弟启琦格斗于里巷，刃中腹，肠出，纳肠而战，截其颈而仆"。[37]陈确赋诗记载其事。诗中一方面赞扬周启琦为"真义士"，歌颂他"提刀直前斫不止，左冲右突敌欲退，四顾无援力战死"的事迹，又称赞周宗彝的"妻女赴河弟没阵，全家烈节世无比"；另一方面则指责周宗彝"拘咫尺义，独自扁舟浙东泛"，不能舍生取义。[38]顺治三年，陈确写信给友人韩子有，提到顺治二年、三年"两年间，越中死事诸贤未得，乞确载其人其事，附便羽见寄"。[39]

可是，陈确对生与死的取舍，并未结束。在顺治三年七月，他再一次面对生与死的抉择，这一次是因薙发问题而起。陈确虽然向清廷"输租纳税，不异顺民"，但因信奉"身体发肤，受之父母，不敢毁伤，孝之始也"的教条，相信"薙发则亏体，亏体则辱亲，亏体辱亲"便不能为人，所以一直没有薙发；并且认为"以不薙发死"，便能"无忝所生"。但是，当他听闻"不薙发而见执者，法未必死，而大戮辱之，终亦不见于薙发"的消息后，立场开始动摇，以为如果一旦被捕，"不杀而终薙发，则名垢身辱，而吾志不得遂，即愤而自杀，而已无解于亏体辱亲之罪"。在陈确心目中，自行薙发与被捕后强行薙发"同罪"。因此，他希望在两者之间选出一条"未甚戮辱"的途径，所以"亦思变计从俗"而自行薙发。毕竟，他仍感到"发非确之发，父母所遗之发也"，因而"不敢自擅"，于是"敬斋卜日，请命于显考而乃从事"。[40]

陈确提到上述听闻，无疑是用来证明改变薙发立场的必要，这项听闻谅非杜撰。[41]但问题是,因为怕被强行薙发便想自行薙发,能否使人相信。其次,陈确一方面自称"生无益于时,正忧不得死所,而以不薙发死,确其无忝所生哉! 恃此盟也而勿薙,以至于今获全";另一方面在答复自己所做"盍先死之"的设问时,则以"母在不忍也"为不"先死"的理由。既然母在不忍死,他"又何以先不畏杀?"陈确辩护说:

> 苟虏而见杀,则是非人子之获已也,义不得不尔。且吾昔之所为不畏死者,非扬扬然号于人曰:"吾发未薙,尔执于官而杀之也。"凡可以晦迹而全生者,无不至也。倘万不幸而卒见获而被杀,而吾心亦可以无愧矣。与无故而先自杀以弃吾母者,微有间。其然乎? 其不然乎?[42]

上引的自问自答,与其说是"告先府君",毋宁说是陈确在为自己的行为做合理解释,以求心之所安。幸而他的先父"同意"他的"请命",否则他便无法解决薙发与"亏体辱亲"之间的矛盾了。

第三节　陈确为母亲而不殉国的疑点

顺治十年春天,陈确又写了一篇文章哀祭刘宗周,文中自称平生有三项"大罪"。第一项是:

> 呜呼! 若确者,岂复有人理哉! 师死吾不知日,师葬吾不

知处，生为师弟，没同行路，确独非人，而胡至是！若以乱为辞，则未闻乱世遂无师生。以母老为辞，则八年之内，将母之暇，亦未尝不东西奔走，动逾旬日，而独于山阴咫尺之路，凤昔诵读之地，裹足不前，判若异域，邈若天外。虽巧言饰词，终何以自解！[43]

这段文字无疑是承接前引顺治三年祭刘宗周的文章而发挥的。在顺治三年的祭文中，陈确以"母老为累"为理由，解释不能渡江验证刘宗周的死讯是否真实，以及把"母老苟活"作为不能如刘宗周和祝渊殉国的原因。但是，如果在顺治三年以后"以母老为辞"不到山阴是"巧言饰词"，顺治二、三年间以"母老"为理由不到山阴及不殉国，是否亦是"巧言饰词"？

阅读陈确在顺治三年和十年写的祭刘宗周文（尤其是前者）时，读者可能会有一个错觉，以为陈确一直与母亲同住并独力供养母亲。其实不然。首先，在明亡的时候，陈确的长兄和仲兄健在，诚如陈确在顺治十六年回顾说：

会（甲）申、（乙）酉之难，确从两兄并弃举子业，优游养母。[44]

所以"养母"的责任并非陈确独力承担。虽然，"未几，伯兄遭疾，不离床褥者六七年"，但由于伯兄的儿子能"替力"，[45]所以不应加重陈确和仲兄的责任。

其次，陈确从崇祯四年二十八岁起，似乎再不与母亲同住。他在顺治十五年记述自己的迁居情况：

> 自吾之生，于今五迁。肇居凤现，二十八年。叔氏诸孤，
> 同我于南。聿及五载，则惟其期。诸孤复留，我则于西。亦越
> 十载，遘此乱离。盐海乘桴，梅山寄栖。二三年中，不遑宁居。
> 卒归于杨，非吾得已。又越十年，实逼处此。……密迩先茔，
> 渐即故里。白首何求，兄弟母子。朝斯夕斯，吾愿足矣。[46]

陈确在崇祯四年迁居到什么地方，不可确考。[47]崇祯九年冬，他
"移居泥桥之西"[48]。顺治三年，因为战乱，"挈家人避乱海
盐"[49]。四年，他"复携家避乱于东"[50]。最后到了五年八月，才
"由东隅携家仍还泥桥"[51]，结束了上述所谓"不遑宁居"的日子。
至于十年后陈确所以再次迁居接近"先茔"和"故里"，上诗虽已透
露是希望"兄弟母子"可以朝夕相对，但说得不够详细。直至陈确
在顺治十六年撰文哀悼仲兄，才把来龙去脉清楚交代出来。引录
如下：

> 丙申(顺治十三年)三月，(伯兄)忽焉见背，则仲兄爱确，
> 尤倍恒昔。每云："母年近百，止余我兄弟二人，吾固衰病，弟
> 年亦望六，何得云未老？愿早自休息。"又云："吾子不若兄子，
> 不能替力，使我每不得闲；弟子犹吾子耳，岂非命耶！虽然，毋
> 徒自苦。"确亦感兄意，自杨迁陆，求近母兄，为朝夕承权计，兄
> 为色喜。然确甫迁未踰年，手口拮据，碌碌未有宁居，聚乐曾
> 几何日，而兄忽弃确长逝乎！[52]

根据这段文字，陈确这次迁居是为"求近母兄"，换言之，他在这次迁居以前，根本不与母亲同住一地。所以在顺治二年闰六月初一，他才需要"省母于澎墩陆氏姊家"；[53]及顺治三年作诗，才会慨叹：

> 村居无一事，胡马日纵横。晚死惭师友（原注：山阴先生、祝子开美同时死节），宵征戚母兄。[54]

及约在顺治十年"夏日过旧居省母"。[55]因此，陈确在顺治十三年伯兄死后的祭文中说：

> 确之不孝，其又能克从仲兄，孝养吾母，以毋贻伯兄无穷之恨于重泉之下否乎？[56]

这节文字不应是自谦之词，因为根据前引陈确哀悼仲兄文，亲奉母亲的是仲兄，即使陈确在顺治十五年"自杨迁陆"后，亦因"手口拮据，碌碌未有宁居"，所以仲兄的角色不变。仲兄虽在顺治十六年正月病逝，但母亲亦在同年八月去世，[57]所以陈确独力养母的时间十分短暂。[58]

由此可见，如果陈确所谓"母老苟活""母在不忍（死）也""未死皆缘母已老"，[59]指的是感情上不能离弃母亲而死，原无可厚非；但如果借此误导人以为他为了独力供养母亲和负担着"四世亲丁共三十一口"的家累，"不得已"而"苟活"，就正如他自己所谓是"巧言饰词"了。

无论如何,陈确因为自己的"苟活"而感到惭愧,甚至在梦中亦见到他面临生与死抉择的情景,如他在顺治九年写的一篇文章中说:

> 节义、文章,并儒教所重。两者或不能必兼,故志士矜乎节义,俗士饰乎文章,难易轻重之辨,人皆知之。然吾尝验诸梦寐,于取予生死之际,颇能自决,殊无贪恋怖畏之情。[60]

由于陈确在现实生活中,"于取予生死之际",不能自决,颇有"贪恋怖畏之情",所以生活在"懦不能死"的罪恶感中,不但视自己的生为苟活,而且认为死才是"天下之至乐"。如同学兼挚友吴蕃昌在顺治十三年去世,陈确在祭文中这样说:

> 呜呼!此乾坤何等时也!乱离瘼矣。我辈有生之苦,无生之乐。子之死,诚乐矣。子在地下,有山阴先生以为之师,开美、玄祉(王毓蓍)以为之友,父(吴麟征)子伯(吴麟瑞)侄惧若平生,伯载接侯,更奏埙篪,天下之乐,殆无过此。宜仲木(吴蕃昌)之言笑晏晏,略无忧戚也。[61]

又当陈确在顺治十四年重临与祝渊于崇祯十六年问学刘宗周"而尝再三往返"的地方时,想起祝渊早已"死忠",不禁自责说:

> 惟我老,偷息人世,独往独来,徒仆仆犹溷故人为乎![62]

无疑,陈确虽以"母老苟活"为不死的借口,但因不能如刘宗周和祝渊殉国而产生内疚,并不因此而得到解脱。

第四节　陈确在明亡以后的生活改变

陈确觉得"隐忍苟活"之所以可耻,可从忠孝两个角度来看。从忠而言,他指出:

> 家自司训梅冈公(陈中益)而下,于今六世,为国名儒,一旦地坼天崩,逡巡向异类乞活,犬马犹恋旧主,而况人乎?[63]

从孝而言,他认为:

> 薙发则亏体,亏体则辱亲,亏体辱亲,又何以为人![64]

为了弥补自己的"懦不能死"(不忠)与"截发毁冠"(不孝),[65]陈确在生活上做了相应的调适,以为补偿。

在忠方面:陈确自"革命以来,即思告退,以不忍写弘光后年号",于是在顺治四年四月,"卜日告于先圣之庙,随呈本学,求削儒籍,终为农夫以没世"。[66]并在同年,改名确,字乾初,表示坚隐不出之意。他说:

> 昔我字非玄,今子易乾初。其德为潜龙,于名取确乎! 命

子有深意,愿言致区区。吾愆赖子盍,吾美赖子扶。愿子深入
山,愿子多读书。[67]

其实,为了表示不肯从清,陈确在顺治二年除了不薙发以外,
还在服饰方面做消极的抗拒,所以在哭吊祝渊的诗中说:

　　壮士那堪随左衽,中年不忍即分裾。[68]

后来陈确虽然薙发,但一直坚持在服饰上的特色。顺治九年
八月,他路过黄山,"取竹节之短而扁者,截其半为冠,而留两节为
前后,前凸后凹,从其质也。明年夏,又刻枑于前后以通其气,前乾
而后坤,故称'明冠'焉"。十一年八月,"又过黄山,取一湘竹一毛
竹节而归",另外造了"湘冠"和"云冠"。他解释两冠的形状说:

　　云冠镌四柱上属,五云下覆,故以名。皆阳文而双行,文
如丝焉。湘冠内治,云冠外内治。……湘冠黄质而紫文,灿若
云锦,两目相望,皆当湘文之缺,如云开之见日与月也。[69]

自从造了上述三冠以后,陈确"春戴云冠,夏戴明冠,秋戴湘
冠,冬幅巾"[70]。这样,他便不用再以薙发见人了。"明冠"固以
"明"字命名,而"湘冠"又"如云开之见日与月","日与月"亦为
"明"字。陈确戴上这些冠,可能有所寄托吧。黄宗羲谓陈确:

　　截竹,取书刀削之成冠,以变汉竹皮冠之制。其服也,不

屑为唐以下,突兀遇之寒田古刹之下,不类今世人也。[71]

由此可见,陈确在冠服上"不类今世人",应是有寓意的。[72]

在孝方面,陈确既称"向异类乞活"及"亏体辱亲"(薙发)都是"觍颜为所亲"[73],为了能够养亲,他非常珍惜"残躯",所以说:"守身洵为孝,戒惧动须臾。"为了"爱兹尺寸肤",他便"简事节食,调切心情",希望能借着"口腹不敢纵,四体弗使劬"来"全吾天",俾能克尽孝道。[74]另一方面,为了自圆因孝而不能尽忠的说法,陈确重提前人"移孝即作忠"的论调。他在祭祀宗祠时说:

> 国难殊足忧,家祸亦可怜。移孝即作忠,亲亲宜所先。[75]

诚然,不能尽忠既为事实,只有退而求其次,移孝作忠,以减轻不忠的罪过。

陈确虽然以生存为"隐忍苟活",但既要生存下去,就需找出生存的意义,以弥补不能死的缺憾。对陈确而言,此意义即经世与延续文化。例如,他在顺治四年中有一次入城东门,看见城内疮痍和清兵欺凌百姓的情况,感到爱莫能助,不禁发出"儒冠暗无色"的慨叹。但他并不因此而绝望,反且自我策励说:

> 古人耻降志,觍颜为所亲。……乾坤方翻覆,慎勿轻其身。[76]

又当他的女婿董世琮"以剪发作数日悲"时,陈确写了一首诗安慰董世琮说：

> 守身昔称孝，儒者良所志。世乱相驱迫，悲哉忽捐弃！珍重千古心，捐弃须臾事。捐弃奚足悲？区区事已逝。一毛亦前定，得失非所意。吾体虽幸全，栗栗胡敢恃！君子忧其大，方寸难区置。时时惧有失，数茎岂为累！勉之勤进修，古贤宜可至。完亏在厥性，具形未云贵。[77]

陈确等既选择生存，薙发苟活势所难免，唯有委诸天意，并且退而自励及互勉，盼能有裨世道。因此，陈确又劝勉同辈不要因世乱而气馁，必须"兢兢"求存。他说：

> 慎勿自矜高，轻生非正术。遁世圣所难，敬哉朝夕惕。[78]

又说：

> 未死皆缘母已老，粗安惟借家原寒。……寄语诸贤各努力，丈夫岂肯空儒冠！[79]

这样，陈确的不死固然可耻，但他的生存亦有意义。此外，他说"浮生若梦，梦亦须佳"[80]，大概亦含有这个意思。

第五节　陈确对生死问题的反思

尽管陈确为自己在乱世中的生存找到了路向,但是他的"懦不能死"仍是理亏的。因此,他一直没有停止思考生与死的问题。从顺治九年起,他渐渐推衍出一套应该怎样生死的理论,希望借此为自己的不死提出合理的解释。

本来,在弘光朝末灭亡以前,陈确在建议为吴麟征建祠时,已指出在甲申之变中,"有不死而不愧者",又"有虽死而犹愧者"。其次,他又意识到在"古来之忠臣烈士"中,有些是"死于不可复为,而义不能复生"的时候。[81]可是,刘宗周和祝渊的死使他陷入羞惭内疚之中,以至不敢议论死事。但是,随着明亡的日子渐远,陈确的罪恶感渐不及从前浓厚,他便在上述观点的基础上,引申出一套完整的生死观。

其一,人皆有生死,不论生与死都须有意义。陈确说:

> 人孰无生,贵生有所益焉耳;人孰无死,贵死无所恨焉耳。[82]

怎样的生才能"有所益"呢? 陈确说:

> 古语有云"志士不忘在沟壑,勇士不忘丧其元"者,正谓此也。彼非不忘死而已也,盖不忘其所以无憾于死者也。若只

是抛却一死,有何意义而夫子称之?[83]

怎样的死才算"无所恨"呢？陈确谓"人孰无死,死生命也",必须"死忠"与"死孝",才能"死复何憾"。[84]

其二,生与死必须顺道合义而行。陈确认为"死生极平常事,人谁不死,绝无足奇者,要善其死之难耳"。由于"人不可罔生,亦不可罔死",所以当"义可兼取,则生有不必舍;仁未能成,而身亦不必杀"。陈确以"殷之三仁,惟有一死"为例,指出"比干之死,纣杀之耳。使纣不杀,则比干者终与微(子)、箕(子)同宾周室,必不死也"。他又用大自然的变化比喻人之生死,认为"生有所以生,死有所以死,如四时阴阳更相禅代,不爽毫末"。换言之,人的生死不过是表现道的两种形式,而无论生或死,都必须合乎天道而行事。因此,"微、箕、(伯)夷、(叔)齐之节,各有攸归。微、箕志存宗祀,故受国而不辞;夷、齐志扶纲常,故辞禄而靡悔。要之,四子易地皆然"。由于时人的"死节"多不合道,所以陈确对"死节"做了新的诠释。一般人以国亡而死便是"死节",但陈确却谓"不罔生"然后"不罔死",才是"死节"。所谓"死节"的"节","如礼节,揖让进退之不可逾咫尺也",又"如音节,高下疾徐之不可差芒忽也","节也者,不可过,亦不可不及"。因此,生死能"与天地同其节者,乃真死节者也"。可惜,"死节"的真义渐为人误解,而"后世好名之士益复纷然,致有赴水投缳,仰药引剑,趋死如鹜,曾之不悔"。在这种风气之下,不但"子殉父,妻殉夫,士殉友,罔顾是非,惟一死之为快者,不可胜数","甚有未嫁之女望门投节,无交之士闻声相死"。可是,这种现象不仅不受世人非议,而且"薄俗无识,更相标榜",使陈确十分愤慨。他甚至认为,"亏体伤化,莫过于此"。对于"三代以后","无真死节者,故争以死节市也"的情况,陈确固感痛心,但他最针砭的时期,还是明季,所以他说:

> 甲申以来,死者尤众,岂曰不义,然非义之义,大人勿为。且人之贤不肖,生平俱在……今士动称末后一着,遂使奸盗优倡同登节义,浊乱无纪未有若死节一案者,真可痛也![85]

基于此,陈确主张论人不在其生或死,而在其"贤"或"不肖",在其能否"成仁",因此说:

> 果成仁矣,虽不杀身,吾必以节许之;未成仁,虽杀身,吾不敢以节许之。[86]

所以,如果贤者"不可以死而竟以毁死",陈确斥之为"贤者之过"。[87]即使是他认可的"死忠"与"死孝",也必须合乎"自然"的原则,才为他接受。他说:

> 忠臣死忠,孝子死孝,正是自然之理,非速死之谓。当死不死,便是怖死,所谓私意,所谓愚闇耳。若夫不怖死,亦不求速死……斯则情顺自然,圣王之教。[88]

不过,上述"不可闇死"说没有"便于天下之苟生者"的意思。因为陈确强调,"君子且不可苟死,况可苟生! 不苟贫贱死,况苟富贵生！君子之于生，无所苟而已"。既然"君子无终食之间违仁，造次必于是，颠沛必于是"，因此陈确引申说：

> 死生者，贫贱富贵之推也，贫贱富贵者，一终食之积也。终食且不可违，况贫贱富贵乎！况生死乎！[89]

这个观点与陈确自明亡以后强调生存必须有意义是一脉相承的。

其三，"君臣大义"的履行不必在殉国；即使殉国，亦只是食禄者的义务。有些明季士大夫在殉国时，自称是效法伯夷、叔齐的行事，但当时有人认为生存比殉国更有意义，所以对伯夷、叔齐的死重新解释，进而对仿效二子而死的人加以批评（参看第五章第五节）。陈确可说是其中代表者。他虽然赞同伯夷、叔齐"不食周禄，穷饿西山"的说法，却不认为二子是"饿死"（即殉国）的。至于二子之所以"不食周禄"，陈确相信是为了履行"君臣大义"。因为"纣虽暴，君也；武虽圣，臣也。何至使八百诸侯同声一辞，冠带之伦服膺新命！"所以，陈确认为"向无夷、齐之饿，则天下后世宁复知君臣之义哉！此抗古以来一大砥柱也。故古今谈节义者，必以夷、齐为称首"。

然而，他在肯定"二子者，可谓真节义"的同时，却强调"二子之义只在穷饿，节如是止矣，不必沾沾一死之为快也"。又谓二子"亦若后世之不食七日而死"，便"不成夷、齐矣"。又进一步指出，孔子只称二子"饿"而已；可是司马迁"好奇，猥云'饿死'"，而"学古之士"竟相信司马迁而不信孔子，实在令人惋惜。他因而重申说："以

二子之义,即优游西山之下,竟以寿终,已大节凛然,照耀千古,何
必死?盖惟其不官不死,不十乱,不三监,非殷非周,非仇非后,伯
叔逍遥,西山终老,夷、齐之节所以称圣也。"同时,他指出"饿"的含
义跟"饿死"不同。他说:"凡言饿死,只是穷困之辞。孔子称夷、齐
与齐景之千驷相提而论,可知只是贫耳。故咏诗叹美,不以高而以
异。孟子谓七十非肉不饱,不饱谓之馁。夷、齐之饿,不肉食之谓
也。即何尝许其兄弟捐躯,同殉国难者乎?《春秋)褒善之文,举其
大者遗其小。如真饿死,则死大于饿,不但当称其饿也。"此外,陈
确稽查《论语》《孟子》,发现二者虽"并亟称夷、齐",但"不一及
死"。同时,孔子称二人为"逸民",孟子称二人"清圣","推求义
蕴,二子生平尽于此矣"。至于"叩马之谏,《采薇》之歌,或传好事,
或采轶文,何可凭断?"况且"二子自北海来归,已与大公同称大老,
后西伯死,又十三年,武始伐纣,则二子者已皆皤皤期耄之年"。因
此,陈确的结论是:

> 天下而无不死之人,夷、齐安得独不死,只不是饿死耳。[90]

这样,陈确的伯夷、叔齐新论,在不违背君臣之义的同时,又宣扬了
忠臣不必殉国的理论,可谓巧妙。

此外,陈确进一步把殉国的义务限制于"食禄者"身上。他说:

> 君臣之分,固义无所逃,然亦必食其禄而后忠其事,亦所
> 以云报耳。[91]

换言之,未出仕者(包括陈确在内)便没有殉国的义务了。

由此可见,到了顺治十三年,陈确已经对士大夫在亡国时的生死问题,提出了一套系统的理论。在这套理论里,他本人根本没有殉国的必要。由于有了新的见解,所以他不再重提从前用来解释不死的原因及赎罪补过的行为,甚至提出与从前相反的意见。例如,他曾强调保重身体以行孝道,但在顺治十三年,他却反对"全肤体为孝"之说,认为:

> 如此解,则天下何多孝子耶? 忠臣孝子,是一是二。偷生与死义,孰为无忝,孰为辱亲,儒者必有能辨之矣。[92]

但是,上述的理论毕竟不是他原有的信念,而是事后推衍出来的见解,所以他的内心仍然未能平静,当他想到刘宗周和祝渊时,仍不免自惭形秽(详第三节)。

其四,"忍死"比"速死"更为艰难。"忍死"与"速死"难易的比较是陈确在发表上述生死观十多年后才提出的,也是他在明亡以后对生死问题的最后回应。明清之际的士大夫,多有认为士大夫在亡国后守节比殉国更为困难,并且借助妇女守节与殉节的情况来作比拟(参看第六章第四节)。陈确在康熙六年亦曾就潘烈妇的殉节,讨论"速死"与"忍死"两种行为,哪一种比较困难。陈确不同意潘烈妇的"速死",认为"烈妇之死,非正也",并且归咎她的死是"三代以后,学不切实,好为节烈之行,寝失古风"的结果。他解释说:

使烈妇忍死立孤,穷饿无以自存,人岂有周之者? 白首而死,亦岂有醵葬之而碑之,传记之,诗歌之者? 夫速死之与忍死,其是非难易皆什伯,而士往往舍此而予彼。甚矣,人心之好异! 此烈妇之所以之死而不悔者也。……烈妇亦从一而终足矣,何必殉死? 然不殉死,天下何繇知烈妇? 语云:"三代而下,士惟恐不好名。"悲夫![93]

所谓"士往往舍此而予彼",所谓"士惟恐不好名",无疑在借题发挥,兼指士大夫的"速死"和"忍死",与前引《死节论》中指摘三代以下"好名之士"的"趋死如鹜,曾之不悔"及"罔顾是非,惟一死之为快",互相唱和,不仅单就烈妇而言。

陈确强调守节比殉节困难实有深刻的用意:一方面,这是延续以往生死观的理论,重申不从表面的死与不死去衡量人物的主张;另一方面(对陈确而言,也是较重要的一面),就是对自己度过二十多年遗民生活后的自我肯定。从前,他因为"懦不能死"而感到生存为"隐忍苟活",所以活在惶恐和内疚中。现在,他反过来说"忍死"比"速死"的考验更为严峻,经历更为艰辛。那么,他的"不能死"不但不是怯懦,而且是更为勇敢;他的"隐忍苟活"不但不是可耻,而且更是难能可贵。既然"速死"比不上"忍死",无怪他理直气壮地说"何必殉死",并指"殉死"为"好名"的表现了。"忍死"胜过"速死"的说法,无疑是陈确对自己"懦不能死"所做的最后自解。此后,他没有提出新的意见。

第六节　陈确生死观平议

陈确的生死观是他在明亡之后因"懦不能死"而反复思考,逐步推衍出来的理论。这套理论负有主观的使命,也有客观的任务。主观的使命固为自己不死寻求合理的解释,而客观的任务则在针砭时弊。但后者的成功,亦有助于前者的完成。

有关前者,上文已有详细的讨论。至于后者,可分两方面申述。第一,陈确的生死观对甲申以后士大夫的殉国行为,提出褒贬。我们必须指出,陈确不是说"甲申以来""之所谓死节者皆非",而是主张把他们分类。因此,除了把"所谓死节者"分为"死合于义"与"罔死"两大类外,他又把他们细分为"死事""死义""死名""死愤""不得不死""不必死而死"六种,并指其中"无愧于古人,则百人之中亦未易一二见"。[94] 黄宗羲十分赞赏陈确对"甲申以后,士之好名者强与国事,死者先后望"情况所做的批评,以为陈确的论见,"未有不补名教者"。[95] 又赋诗歌颂说:

> 吾友陈乾初,曾立死节门。合义斯为节,不然终酸魂。[96]

可见陈确的理论甚有价值。

第二,陈确的生死观亦对时人评论死节的标准,痛下针砭。明清之际,不少士大夫论人只在他们能否殉国,而不顾他们平生的是非功过(参看第七章第一节)。而陈确主张论人不可"动称末后一着",必须注重其人的生平,就是希望匡正这种单以殉国而论人的不良风气。

然而,陈确真正评述殉国的实例甚少,如他推崇吴麟征和刘宗周殉国的记载,都是一些空泛的赞美,二人为什么死及死时的情况,都没有在他笔下出现。换言之,我们无法知道陈确所了解的二人之殉国,是否与实况有所出入,为公平起见,我们不讨论二人的殉国能否合乎他所称"死节"的标准。不过,祝渊的情形,他是知道得一清二楚的。首先,祝渊只系举人,未曾食禄;其次,当浙东失守时,祝渊"固病且死","亦愤寇氛日迫,强而再缢而死"。[97]用上述六种分类来衡量祝渊的殉国,可谓兼"死愤"与"不必死而死"而有之。可是,陈确在顺治十三年以后,不但没有批评祝渊的殉国,而且仍一贯地自叹不如祝渊,实在令人费解。又如同学彭期生在顺治四年殉国,按照陈确在康熙六年对"速死"和"忍死"的划分,显然属于前者,但是陈确在康熙七年(1668)记载彭期生的事迹,竟然"泪数行下",又赞叹谓:"嗟乎!贤哉!先生之节……又何忝乎!"[98]陈确这次的态度,同样耐人寻味。

以上的矛盾,或有"为亲者讳"的成分,但似乎更反映出陈确对生死的问题,没有一个贯彻始终的立场。他在明亡以后建立的生死观,虽有客观的批评社会的任务,但又有主观的为自己"懦不能死"提出合理解释的目的。无论如何,这套理论不是陈确原来的信念,而是他在生存与死亡的抉择后所做的回应,以求心之所安。然而,理论终归是理论,不能一笔抹杀他在国亡之际"懦不能死"的事实。于是,不管他怎样自圆其说,怎样自我肯定生存的价值,当他想起殉国的师友时,还是感到惭愧不安,以致在他的著作中,出现反覆和前后矛盾的现象。

注释

[1]参看陈翼（1632—1689）《乾初府君行略》（载于陈确《陈确集》，上册，首卷；以下简称《行略》），第11、15页。又吴骞（1733—1813）辑，陈敬璋（1759—1813）订补《陈乾初先生年谱》（附录于《陈确集》下册，以下简称《年谱》），卷上，第823—824页；卷下，"康熙十六年丁巳"条，第868页。

[2]《年谱》，第823页。关于陈中益至陈颖伯四世的事迹，参看陈确《先世遗事纪略》，《陈确集·别集》，卷11，下册，第525—535页。

[3]陈确在《先世遗事纪略·高祖梅冈公》中说："吾家自迁祖来，六世至公（陈中益），始以文学开荒，而一时诸父昆季遂奕奕竞爽，至于今，簪缨累世矣。"（同上，第526页）在顺治四年写的《告先府君文》中又说："家自司训梅冈公（陈中益）而下，至今六世，为国名儒。"（《陈确集·文集》），卷13，上册，第311页）。按：后文所谓"六世"，除包括陈确兄弟外，尚有长兄陈贲永（1588—1656）的儿子陈枚（1623—1664）。陈枚在十七岁补诸生，明亡后弃去（参看陈确《哭爱立姪文》，同上，卷14，上册，第343—345页；《年谱》，卷下，"康熙三年甲辰"条，第860—861页）。

[4]陈确：《先世遗事纪略·父觉庵公》，《陈确集·别集》，卷11，下册，第532页。

[5]《行略》，第11页；《年谱》，卷上，"万历三十二年"条，第824页。关于陈确三兄长的事迹，参看陈确《我旋兄传》，《陈确集·文集》，卷12，上册，第278—279页；《哭伯兄文》，同上，卷14，第332、334页；《哭仲兄文》，同上，第334—335页。

[6]《年谱》，卷上，"万历三十八年"条，第824页。

[7]《行略》,第 12 页。按:陈翼未提及父亲跟从两个伯父学习的时间。据《年谱》所载,从长兄问学是十二岁时事(卷上,"万历四十三年"条,第 825 页):陈敬璋《乾初先生年表》(以下简称《年表》)的记载相同(载于《陈确集》,首卷,第 20 页)。至于跟随二兄学习,则在陈确十六七岁时,见陈确《先世遗事纪略·祖理川公》中陈确"无注"(《陈确集·别集》,卷 11,下册,第 527 页)。《年谱》作十六岁事(卷上,"万历四十七年"条,第 825 页。按:《年谱》"从伯兄学于园花祝晋武家"句中,"伯兄"乃系"仲兄"之误);《年表》作十五岁事(第 21 页),误。

[8]陈确在《记昔》中提到"十六七岁时,小有文名","就童子试"(《陈确集·文集》,卷 18,上册,第 406 页)。《年谱》(卷上,"万历四十七年"条,第 825 页)及《年表》(第 824 页)均谓十六岁"始应童子试"。

[9]《行略》,第 12 页;又《年表》,第 24、260。按:《年谱》关于陈确"补博士弟子"的记载相同(卷上,"崇祯六年"条,第 829 页),但"食饩于庠"一事,则指在二十七岁(同上,"崇祯三年"条,第 827 页),不过,《陈确集》的点校者已在它的后面注明"此条似误"。邓立光《陈乾初研究》则有两说,在第一章《陈确的生平》乙节中,邓氏指陈确二十七岁"为邑庠生",三十岁"补博士弟子"(台北:文津出版社,1992 年,第 2 页。按:邓说未注出处,当系据《年谱》,但似乎失检《陈确集》点校者注);可是,在同章戊节中,却引《行略》,谓陈确在三十七岁时"廪于庠"(第 14 页)。

[10]陈确:《记昔》,同注[8]。按:邓立光谓"陈确年轻时期的科名观念甚浓,十六七岁参加童子试而落第,'后数年屡试不售,辄不胜牢骚之感'"(《陈乾初研究》,第 14 页),虽注谓根据《记昔》一文,似未能掌握陈确的意思。

[11]《行略》,第 12 页。

[12]同上,第 12—13 页。

[13]陈确:《祝子开美传》,《陈确集·文集》,卷12,上册,第274—275、278页;并参看张履祥《言行见闻录一》,《杨园先生全集》,卷31,叶9上—10下。

[14]陈确:《秋游记》,同上,卷8,上册,第200—201、204页。

[15]陈确:《平水东岳庙谢别先生》,《陈确集·诗集》,卷7,下册,第742页。

[16]这是陈翼对父亲的评语,见《行略》,第13页。

[17]同上。

[18]同上,第12—13页。

[19]陈翼在《行略》中说:"先君子时艺稍工……从入泮至告退,不及十年间,约千有余艺。"(第13页)。按:陈确在顺治四年退去诸生籍,详第二节。

[20]《年谱》始记陈确的著述于"崇祯八年"条。从此年至崇祯十七年,《年谱》记录诗二十九题(共三十三首,又其中《鲍节妇传并诗》作诗一首计[卷上,第830—834页])。《年表》始记陈确的著述于"崇祯七年"栏,从此年至崇祯十七年,《年表》记录诗二十二题(共二十五首,又其中《寄韩子有书并系以诗》作诗一首计[第24—27页])。

[21]陈确:《归渡有感》,《陈确集·诗集》,卷7,下册,第742页。按:此诗撰年据《年表》,第26页。

[22]陈确:《和韩子有诗韵》,同上。按:陈确在诗序中说:"甲申(崇祯十七年)春正……作书寄韩子有,因和其四十生日诗,大率自悼,非以寿韩子也。"(同上)

[23]陈确:《祝子开美传》,(陈确集·文集》,卷12,上册,第277页。

[24]陈确:《与陆冰修书》,同上,卷1,上册,第63页。

[25]同注[23]。按:吴蕃昌与陈确同受业于刘宗周,虽然学术见解

颇有不同,但交往密切,情谊亦笃,《陈确集》中载有陈确写给吴蕃昌的信十五篇(《文集》卷1三篇、卷2一篇、卷4九篇、《别集》卷15二篇),诗六首(《诗集》卷5二首、卷8四首);此外,吴蕃昌死后,陈确又有哭祭文两篇(《文集》卷13)。又按:上述诗文均以吴蕃昌别字"仲木"为称谓。

[26]陈确:《哭秋浦先生》,《陈确集·诗集》,卷7,下册,第743页。

[27]《年谱》,卷上,"顺治二年"条,第834页。

[28]陈确:《众议建吴磊庵先生祠疏》,《陈确集·文集》,卷15,上册,第369页。按:此疏不注撰年,《年谱》与《年表》亦不录,但文中提到朱由检而称"先皇帝",又谓"国破君亡,大仇未复"(同上,第369页),可见作于顺治二年五月南京陷落之前。

[29]张履祥:《言行见闻录一》,《杨园先生全集》,卷31,叶12上。

[30]参看陈隅子评陈确《乙酉春日侍山阴先生》语,见《陈确集·诗集》,卷7,下册,第743页。

[31]陈确:《哀江南三篇》,同上,第744页。按:此诗撰年见《年表》,第27页。

[32]陈确:《祝子开美传》,《陈确集·文集》,卷12,上册,第277—278页。

[33]陈确在《哭刘念台师》中"仲夏见危先引决,初秋闻讣尚疑惶"一联下注:"先生引义在五月某日,而七月初,吾乡犹讹言先生方率义师,锐意北伐者。"在"三十年来睡觉长"句后又注:"今午五月,先生不食死。"(《陈确集·诗集》,卷11,下册,第810页。按:此诗题下注"乙酉[顺治二年]撰)至刘、祝二人的死期,详刘为《(刘宗周)年谱》(载于《刘子全书》,卷40),卷下,"顺治二年闰六月戊子"条,叶49上下。

[34]陈确:《祭祝开美文》,《陈确集·文集》,卷13,上册,第302、304页。

［35］陈确:《书祝开美师门问答后》,同上,卷17,上册,第392页。

［36］陈确:《祭山阴刘先生文》,同上,卷13,上册,第307页。

［37］《州志忠烈传》,据陈确《硖山》注引,同上,《诗集》,卷4,下册,第684页。

［38］陈确:《硖山》,同上。按:此文撰年见《年谱》,卷上,"顺治二年"条,第836页。

［39］陈确:《寄韩子有书》,《陈确集·文集》,卷4,上册,第147页。

［40］陈确:《告先府君文》(顺治三年),同上,卷13,上册,第310页。

［41］例如诸生卢象晋便有这样的遭遇,参看第四章第四节。

［42］陈确:《告先府君文》(顺治三年),《陈确集·文集》,卷13,上册,第310—311页。

［43］陈确:《祭山阴先生文》,同上,第308页。

［44］陈确:《哭仲兄文》,同上,卷14,上册,第334页。

［45］同上。

［46］陈确:《迁居诗》,《陈确集·诗集》,卷1,下册,第629页。

［47］《年谱》和《年表》都没有记载这年迁居的事。按:崇祯四年冬天,祝渊"束书假馆于隖"而认识陈确及"定交"(详第一节),可能陈确就是在这年迁居于隖。

［48］《年谱》,卷上,"崇祯九年"条,第830页;《年表》,第25页。

［49］《年谱》,卷上,"顺治三年"条,第838页;《年表》,第28页。

［50］《年谱》,卷上,"顺治四年"条,第839页:《年表》,第28页。

［51］《年谱》,卷上,"顺治五年"条,第839页;《年表》,第29页。

［52］同注［44］。

［53］《年谱),卷上,"顺治二年"条,第834页;《年表》,第27页。

［54］陈确:《村居》,《陈确集·诗集》,卷5,下册,第703页。

［55］陈确：《过旧居》，同上，《文集》，卷18，上册，第403页。按：此文撰年不可确考，但被编在"癸巳（顺治十年）"与"甲午（顺治十一年）"的文章中间。

［56］陈确：《哭伯兄文》，同上，卷14，上册，第333页。

［57］《年谱》，卷下，"顺治十六年"条，第855页；《年表》，第34页。

［58］顺治七年三月，陈确妻王氏卒。陈确为文吊祭，其中说："吾有父母，子为吾养，吾不知。"又说王氏死后，"八十四岁之老母，何人供养？"（《祭妇文》，《陈确集·文集》，卷13，上册，第313—314页）。上述两节文字，不过以文学手法，夸张王氏的功劳而已。实不及他在《悼亡儿》诗中所谓"家微意有托，母老吾常旅。愧无兼膳供，贻此大痛楚"（同上，《诗集》，卷3，下册，第678页），来得真实。

［59］前两语见前文，后一语见《过查肇五漫赋兼寄封娄兄弟》（《陈确集·诗集》，卷7，下册，第750页）。

［60］陈确：《述梦记》，同上，《文集》，卷9，上册，第216—217页。

［61］陈确：《祭吴仲木文》，同上，卷13，上册，第322—323页。按：王毓著为刘宗周弟子，比刘宗周早殉国，参看第三章第六节。至吴麟瑞兄弟事，详第二节。又陈确在《哭吴子仲木文》中说："兄（吴蕃昌）临死数日，从容语笑，洒然安命，何其适也。"（《陈确集·文集》，卷13，上册，第321页）

［62］陈确：《春游记》，同上，卷8，上册，第207页。

［63］陈确：《告先府君文》（顺治四年四月），同上，卷13，上册，第311页。

［64］同注［40］。

［65］"懦不能死"一语，同注［36］；"截发毁冠"一语，同注［53］。

［66］同注［53］。按：陈确呈文题《呈学请削籍词》，见《陈确集·文

集》,卷 15,上册,第 368 页。又按:陈确请求削籍乃在顺治四年四月,见本注引《告先府君文》,《年谱》(卷上,"顺治四年"条,第 839 页)及《年表》(第 28 页)同,邓立光《陈乾初研究》指为顺治三年(第 18 页),误。

[67]陈确:《为旧字有赠》,《陈确集·诗集》,卷 2,下册,第 639 页。

[68]陈确:《哭祝子开美》(四首之四),同上,卷 7,下册,第 745 页。

[69]陈确:《竹冠记》,同上,《文集》,卷 9,上册,第 215—216 页。

[70]同上,第 216 页。

[71]黄宗羲:《陈乾初先生墓志铭初稿》,《黄梨洲文集·碑志类》,第 164 页。

[72]邓立光谓陈确"制冠","可见陈确对自制器物的浓厚兴趣"(《陈乾初研究》,第 6 页),恐非陈确本意。

[73]陈确:《朝入城东门》,《陈确集·诗集》,卷 2,下册,第 638 页。

[74]陈确:《病吟》,同上,第 650 页。

[75]陈确:《告宗祠》,同上,第 632 页。按:有关"移孝作忠"的观点,参看第四章第三节。

[76]同注[73]。按:此诗作年见《年表》,第 28 页。

[77]陈确:《董甥典瑞以剪发作数日悲简慰之》,《陈确集·诗集》,卷 2,下册,第 635 页。

[78]陈确:《闻蔡上生家亦被盗简寄一首》,同上,第 637 页。按:诗中所谓"轻生"非指殉国而死。

[79]陈确:《过查肇五漫赋兼寄封娄兄弟》,同上,卷 7,下册,第 750 页。

[80]陈确:《众议建吴磊庵先生祠疏》,《陈确集·文集》,卷 15,上册,第 369—370 页。

[81]陈确:《甲乙歌》,同上,《诗集》,卷 2,下册,第 655 页。

[82]陈确:《诔查母许硕人文》,同上,《文集》,卷14,上册,第328页。按:此文撰于顺治九年,见《年表》,第30页。

[83]陈确:《黏苉茂堂》,同上,卷16,上册,第376页。按:此文撰年不详,《陈确集》编排于"癸巳(顺治十年)"文章前。

[84]陈确:《哭吴子仲木文》,同上,卷13,上册,第321页。

[85]陈确:《死节论》,同上,卷5,上册,第152、154页。按:此文撰年不详,《陈确集》编排于"丙申"文章前。

[86]同上,第154页。

[87]同注[84]。

[88]陈确:《答恚化疑问》,《陈确集·文集》,卷15,上册,第373页。

[89]陈确:《死节论》,同上,卷5,上册,第155页。按:"君子无终食之间违仁"一语,出《论语·里仁》,见《论语注疏》,卷4,第15页(下册,第2471页)。

[90]陈确:《死节论》,《陈确集·文集》,卷5,上册,第153页。按:陈确在《咏古》中谓"孤竹二贤胤,老饿西山阳"(同上,《诗集》,卷2,下册,第655页),可说与《死节论》中的论调互为呼应。至《死节论》中所引典故,参看第五章注[75]。

[91]陈确:《寄吴哀仲书》,《陈确集·文集》,卷2,上册,第102页。

[92]陈确:《学者治生为本论》,同上,卷5,上册,第158页。

[93]陈确:《书潘烈妇碑文后》,《陈确集·文集》,卷17,上册,第395—396页。按:关于潘烈妇殉夫的情形,并参《年谱》,卷下,"康熙六年"条,第863—864页。

[94]陈确:《死节论》,《陈确集·文集》,卷5,上册,第154页。按:陈确没有解释六种行为的内容。

[95]黄宗羲:《陈乾初先生墓志铭》(重撰本),《黄梨洲文集·碑志

类》，第 169 页。

　　[96]黄宗载：《脚气诗十首》之五，见氏著《黄梨洲诗集》(北京：中华书局，1959 年)，《补遗》，第 122 页。

　　[97]陈确：《祭山阴刘先生文》，《陈确集·文集》，卷 13，上册，第 307 页。按：陈确在《书祝开美师门问答后》中又说："弘光元年夏，余友祝子开美病且剧，又忿寇氛日迫，自分不免。"(同上，卷 19，上册，第 392页)

　　[98]陈确：《彭观民先生归骨记》，同上，卷 9，上册，第 226 页。按：彭期生"亦刘宗周门人"，"崇祯十六年任湖西兵备佥事，驻吉安。隆武二年(即顺治三年)，吉安城破，走赣州；赣州破，冠带自缢死"(见题下按语)。陈确在文中记载当时的情况如下："丁亥岁(顺治四年)，当赣城未破前数日，先生之心腹曾参戎、杨长班二人，知事不可为，告先生出避深山，以图后举。先生曰：'吾始莅任，即以一帨一剑自随，誓与此城存亡。今又何避哉！'乃微以后事托二人。城破日，即正衣冠，投缳萧寺中。"(同上)

征引书目

（一）书籍

刁包

　　《用六集》（美国国会图书馆藏 12 卷本）。

方文

　　1979 年　《嵞山集》（上海：上海古籍出版社）。

王夫之

　　1963 年　《宋论》（北京：中华书局）。

　　1973 年　《读通鉴论》（北京：中华书局）。

　　1995 年　《张子正蒙注》（北京：中华书局）。

王弘撰

　　1894 年　《砥斋集》（光绪甲午［二十年］冬月锓，敬义堂藏板本）。

王源

　　1831 年　《居业堂文集》(道光辛卯[十一年]读书山房藏版本)。

王漪

　　1979 年　《明清之际中学之西渐》(台北:台湾商务印书馆)。

巴泰(等)

　　1985 年　《世祖章皇帝实录》(《清实录》本,北京:中华书局)。

《中文大辞典》编纂委员会(编)

　　1968 年　《中文大辞典》(台北:中国文化学院出版部)。

"中研院"历史语言研究所(编)

　　1958 年　《明清史料己编》(台北:"中研院"历史语言研究所)。

毛奇龄

　　1745 年　《毛西河全集》(乾隆十年书留草堂刊本)。

永瑢(等)

　　1965 年　《四库全书总目》(北京:中华书局)。

(题)左丘明

　　1978 年　《国语》(上海:上海古籍出版社)。

司马迁

　　1959 年　《史记》(北京:中华书局)。

[美]司徒琳

　　1992 年　《南明史,1644—1662》(李荣庆等译,上海:上海古籍出版社)。

史可法

　　1984 年　《史可法集》(北京:中华书局)。

白新良

1990 年 《乾隆传》(沈阳:辽宁教育出版社)。

朱之瑜

1981 年 《朱舜水集》(北京:中华书局)。

朱子素

1982 年 《嘉定层城纪略》(与《扬州十日记》等合刊,《中国历史研究资料丛书》本,上海:上海书店)。

朱东润

1984 年 《陈子龙及其时代》(上海:上海古籍出版社)。

朱保炯、谢沛霖(编)

1980 年 《明清进士题名碑录索引》(上海:上海古籍出版社)。

朱鸿林

1991 年 《明儒学案点校释误》(台北:"中研院"历史语言研究所)。

向璿

《向惕斋先生文集》(《留余草堂丛书》本,吴兴刘氏留余草堂校刊)。

全祖望

《鲒埼亭集》(《四部丛刊》本)。

沈日富

1887 年 《受恒受渐斋集》(光绪丁亥[十三年]冬上澣通家于景修署检本)。

沈约

1974 年 《宋书》(北京:中华书局)。

汪家禧

1820 年 《东里先生烬余集》(嘉庆庚辰[二十五年]夏五月刊本)。

祁彪佳

1960 年 《祁彪佳集》(北京:中华书局)。

杜濬

1894 年 《变雅堂遗集》(光绪二十年刊本)。

李天植

《蜃园遗集》(哈佛大学哈佛燕京图书馆藏 4 册刊本)。

李世熊

1874 年 《寒支初集》(同治甲戌[十三年]秋月新镌本)。

李亚宁

1992 年 《明清之际的科学、文化与社会——十七、十八世纪中西文化关系引论》(成都:四川大学出版社)。

李塨(著),王源(订)

《颜习斋先生年谱》(附载于《颜元集》)。

李德裕

《李文饶文集》(《四部丛刊》本)。

李贽

1974 年 《焚书·续焚书》(北京:中华书局)。

阮元(校刊)

1980 年 《十三经注疏》(北京:中华书局)。

吴翌凤(选辑)

《国朝文征》(吴江沈懋德翠岭校刊本)。

吴伟业

1990 年 《吴伟业全集》(上海:上海古籍出版社)。

(题)吴伟业

1982 年 《鹿樵纪闻》(与《扬州十日记》等合刊,《中国历史资料丛书》本)。

吴嘉纪(著),杨积庆(笺校)

1980 年 《吴嘉纪诗笺校》(上海:上海古籍出版社)。

吴蕃昌

《祗欠庵集》(《适园丛书》本)。

吴骞(辑),陈敬璋(补订)

《陈乾初先生年谱》(附载于《陈确集》)。

何冠彪

1991 年 《明末清初学术思想研究》(台北:台湾学生书局)。

何泽恒

1980 年 《欧阳修之经史学》(台北:台湾大学出版委员会)。

狄百瑞

1983 年 《中国的自由传统》(李弘祺译,香港:香港中文大学出版社;台北:联经出版公司)。

余英时

1986 年 《方以智晚节考》(增订本,台北:允晨文化实业股份有限公司)。

谷应泰

1977 年 《明史纪事本末》(北京:中华书局)。

房玄龄(等)

　　1974 年　《晋书》(北京:中华书局)。

抱阳生

　　1987 年　《甲申朝事小纪》(北京:书目文献出版社)。

屈大均

　　1910 年　《翁山诗外》(上海:国学扶轮社)。

　　1920 年　《翁山文外》(戊申吴兴刘氏嘉业堂刊本)。

　　1946 年　《翁山文钞》(《广东丛书》第 1 集本,上海:商务印书馆)。

　　1948 年　《皇明四朝成仁录》(《广东丛书》第 2 集本,上海:商务印书馆)。

　　《皇明四朝成仁录余编》(广州孙中山文献馆藏抄本)。

屈大均(辑)

　　1989 年　《广东文选》(北京:书目文献出版社)。

屈大均(著),陈凤藻(参订)

　　《明季南都殉难记》(广州中山图书馆藏清抄本)。

邵廷采

　　1893—1894 年　《思复堂文集》(《绍兴先正遗书》第 4 集本,光绪十九年至二十年刊本)。

　　1982 年　《东南纪事》(《中国历史研究资料丛书》本)。

　　《东南纪事》(《邵武徐氏丛书》本)。

周容

　　1916 年　《春酒堂文集》(上海:国学扶轮社,再版)。

邱维屏

1875 年　《易堂邦士先生文集》(光绪元年秋月重刊一房山家藏板本)。

计六奇

1984 年　《明季北略》(北京：中华书局)。

1984 年　《明季南略》(北京：中华书局)。

范晔

1965 年　《后汉书》(北京：中华书局)。

南园啸客

1982 年　《平吴事略》(与《虎口余生记》等合刊,《中国历史研究资料丛书》本)。

胡蕴玉

1972 年　《发史》(见广文编译所[编]《清史集腋》,台北：广文书局)。

查继佐

1959 年　《国寿录》(北京：中华书局)。

1986 年　《罪惟录》(杭州：浙江古籍出版社)。

侯外庐、丘汉生、张岂之(主编)

1987 年　《宋明理学史》下卷(北京：人民出版社)。

俞樾

1899 年　《春在堂全书》,光绪二十五年重定本。

高宇泰

《雪交亭正气录》(《四明丛书》第 2 集本,四明张氏约园开雕)。

高阳

1977 年 《明末四公子》(台北:求精出版社)。

唐君毅

1980 年 《中国文化之精神价值》(台北:正中书局,修订版)。

唐甄

1963 年 《潜书》(北京:中华书局,增订第 2 版)。

班固

1962 年 《汉书》(北京:中华书局)。

(题)马融(著),郑玄(注)

1936 年 《忠经》(《丛书集成初编》本,上海:商务印书馆)。

夏元淳(著),白坚(笺校)

1991 年 《夏完淳集笺校》(上海:上海古籍出版社)。

夏咸淳

1989 年 《明末奇才——张岱论》(上海:上海社会科学院出版社)。

孙文良、张杰、郑川水

1993 年 《乾隆帝》(长春:吉林文史出版社)。

孙枝蔚

1979 年 《溉堂集》(上海:上海古籍出版社)。

孙奇逢

1845 年 《孙夏峰大全集》(道光二十五年刊本)。

[美]孙康宜

1992 年 《陈子龙、柳如是诗词情缘》(李奭学译,台北:允晨文化实业股份有限公司)。

徐孚远

1926 年 《钓璜堂存稿》(中华民国十五年夏日金山姚氏旧屦刊行本)。

徐芳烈

1982 年 《浙东纪略》(与《崇祯长编》等合刊,《中国历史研究资料丛书》本)。

徐枋

《居易堂集》(《四部丛刊》本)。

徐植农、赵王霞(注译)

1988 年 《侯朝宗文选》(济南:齐鲁书社)。

徐鼒

1977 年 《小腆纪传》(台北:台湾学生书局)。

翁洲老民

1982 年 《海东逸史》(与《三湘从事录》等合刊,《中国历史研究资料丛书》本)。

梁份

1707 年 《怀葛堂文集》(美国国会图书馆王源序丁亥[康熙四十六年]九月刊本)。

章学诚

1985 年 《章学诚遗书》(北京:文物出版社)。

郭庆藩

1961 年 《庄子集释》(北京:中华书局)。

莫秉清

1931 年 《采隐草诗集》(香港大学冯平山图书馆藏民国二十

年吴家振跋本)。

1931 年 《华亭莫葭士先生遗稿》(哈佛大学哈佛燕京圆书馆
藏民国二十年吴家振跋本)。

庄起俦

《漳浦黄先生年谱》(附载于《黄漳浦集》)。

陈子龙

1988 年 《陈子龙文集》(上海:华东师范大学出版社)。

陈良谟

《陈忠贞公遗集》(《四明丛书》第 2 集本)。

陈邦瞻

1977 年 《宋史纪事本末》(北京:中华书局)。

陈垣

1962 年 《史讳举例》(北京:中华书局)。

1962 年 《明季滇黔佛教考》(北京:中华书局)。

1962 年 《清初僧诤记》(北京:中华书局)。

陈寅恪

1980 年 《柳如是别传》(上海:上海古籍出版社)。

陈遇夫

1842 年 《陈遇夫全集》(美国国会图书馆藏道光二十二年仲
冬之月番禺林伯桐序本)。

陈寿

1959 年 《三国志》(北京:中华书局)。

陈确

1979 年 《陈确集》(北京:中华书局)。

陈济生

1958 年　《天启崇祯两朝遗诗》（北京：中华书局）。

陈澧

1974 年　《陶渊明集札记》（香港：龙门书店）。

陈龙正

1664 年　《几亭全书》（康熙三年云书阁藏板本）。

陆世仪

1899 年　《陆子遗书》（光绪己亥［二十五年］刊于京师本）。

陶元淳

1881 年　《陶子师先生集》（《海虞三陶先生集合刻》本，光绪七年刊于邑）。

张心澂

1939 年　《伪书通考》（长沙：商务印书馆）。

张元济

1951 年　《涵芬楼烬余书录》（上海：商务印书馆）。

张立文

1985 年　《宋明理学研究》（北京：中国人民大学出版社）。

张廷王（等）

1974 年　《明史》（北京：中华书局）。

张岱

1959 年　《石匮书后集》（北京：中华书局）。

1985 年　《琅嬛文集》（长沙：岳麓书社）。

张煌言

1959 年　《张苍水集》（北京：中华书局）。

张履祥

1871 年 《(重刻)杨园先生全集》(同治辛末[十年]江苏书局刊本)。

脱脱(等)

1977 年 《宋史》(北京:中华书局)。

温睿临

1959 年 《南疆逸史》(北京:中华书局)。

冯班

1662—1722 年 《钝吟全集》(美国国会图书馆藏康熙刻本)。

黄芝

1960 年 《粤小记》(道光十二年[1832]刻本复制本,广州:广东省中山图书馆)。

黄宗会

1983 年 《缩斋文集》(上海:上海古籍出版社)。

黄宗羲

1959 年 《黄梨洲文集》(北京:中华书局)。

1959 年 《黄梨洲诗集》(北京:中华书局)。

1985 年 《孟子师说》(《黄宗羲全集》第 1 册本,杭州:浙江古籍出版社)。

1985 年 《明夷待访录》(《黄宗羲全集》第 1 册本)。

1986 年 《弘光实录钞》(《黄宗羲全集》第 2 册本,杭州:浙江古籍出版社)。

1986 年 《行朝录》(《黄宗羲全集》第 2 册本)。

黄道周

1829 年 《黄漳浦集》(香港大学冯平山图书馆藏陈寿祺序道光九年刊本)。

彭遵泗

1982 年 《蜀碧》(与《先拨志始》等合刊,《中国历史研究资料丛书》本)。

程敏政

《宋遗民录》(《知不足斋丛书》本)。

焦竑

1965 年 《国朝献征录》(台北:台湾学生书局)。

傅山

1911 年 《霜红龛集》(宣统三年山阳丁氏刊本)。

舒赫德、于敏中(等)

1976 年 《钦定胜朝殉节诸臣录)(《四库全书珍本》第 6 集本,台北:台湾商务印书馆)。

虞集

《道园学古录》(《四部丛刊》本)。

爱新觉罗·弘历

1993 年 《清高宗御制诗文全集》(北京:人民大学出版社)。

邹漪

《明季遗闻》(《昭代丛书》本)。

齐之千

《兼斋文集》(哈佛大学哈佛燕京图书馆藏 19 卷附 4 卷本)。

赵士春

1883 年 《保闲堂集》(光绪癸未[九年]冬常热赵氏用聚珍板刷印本)。

蒙正发(著),金永森(辑注)

1982 年 《三湘从事录》(《中国历史研究资料丛书》本)。

潘耒

1710 年 《遂初堂集)(美国国会图书馆藏序康熙四十九年刊本)。

庆桂(等)

1985—1986 年 《高宗纯皇帝实录)(《清实录》本,北京:中华书局)。

郑梁

《寒邮诗文选)(紫蟾山房藏板本)。

欧阳修

1974 年 《新五代史》(北京:中华书局)。

欧阳修、宋祁

1975 年 《新唐书》(北京:中华书局)。

邓立光

1992 年 《陈乾初研究》(台北:文津出版社)。

刘永源(编)

1991 年 《文天祥研究资料集》(北京:中国社会科学出版社)。

刘汋

1835 年 《(刘宗周)年谱》(附录于《刘子全书》)

刘宗周

1835 年 《刘子全书》(董瑒编,道光十五年刊本)。

刘昫(等)

1975 年 《旧唐书》(北京:中华书局)。

钱澄之

1910 年 《田间文集》(宣统二年秋钱氏振风学社校刊本)。

钱颤

1982 年 《甲申传信录》(《中国历史研究资料丛书》本)。

钱谦益

《牧斋有学集》(《四部丛刊》本)。

谢枋得

《叠山集》(《四部丛刊》本)。

谢泰宗

1880 年 《天愚山人诗文集》(光绪六年秋灵蕤馆校刊本)。

谢国桢

1934 年 《明清之际党社运动考》(上海:商务印书馆)。

1981 年 《增订晚明史籍考》(上海:上海古籍出版社)。

韩菼

1703 年 《有怀堂诗文集》(康熙四十二年镌本)。

戴名世

1900 年 《南山文集》(光绪二十六年夏月桐城张仲沅重镌本)。

萧公权

1954 年 《中国政治思想史》(台北:中华文化出版事业委员会)。

颜元

1987 年 《颜元集》(北京:中华书局)。

瞿元锡

1982 年 《庚寅始安事略》(与《崇祯长编》等合刊,《中国历史研究资料丛书》本)。

瞿式耜

1981 年 《瞿式耜集》(上海:上海古籍出版社)。

[美]魏斐德

1992 年 《洪业——清朝开国史》(陈苏镇等译,南京:江苏人民出版社)。

魏阀

1892 年 《清风遗集》(光绪壬辰[十八年]汉川瓯山书院藏板本)。

魏际瑞

《魏伯子文集》(《宁都三魏全集》本,易堂原镌)。

魏征(等)

1973 年 《隋书》(北京:中华书局)。

魏禧

《魏叔子文集》(《宁都三魏全集》本)。

《魏叔子日录》(《宁都三魏全集》本)。

魏礼

《魏季子文集》(《宁都三魏全集》本)。

归庄

1984 年 《归庄集》(上海:上海古籍出版社)。

顾炎武

1959 年 《顾亭林诗文集》（北京：中华书局）。

《明季实录》（《亭林遗书》本，上海文瑞楼印）。

顾炎武（著），王蘧常（辑注）

1983 年 《顾亭林诗集汇注》（上海：上海古籍出版社）。

佚名

1936 年 《忠忠录》（《丛书集成初编》本，上海：商务印书馆）。

1981 年 《南宋登科录两种》（台北：文海出版社）。

1982 年 《思文大纪》（与《虎口余生记》等合刊，《中国历史研究资料丛书》本）。

1982 年 《国变难臣钞》（与《三朝野记》等合刊，《中国历史研究资料丛书》本）。

Wm. Theodore de Bary

1983, *The Liberal Tradition in China* (Hong Kong： The Chinese University of Hong Kong Press and New York： Columbia University Press).

Kang-i Sun Chang

1990, *The Late－Ming Poet Ch'en Tzu-lung： Crises of Love and Loyalism* (New Haven and London： Yale University Press).

Jennifer W. Jay

1991, *A Change in Dynasties： Loyalism in Thirteenth－Century China* (Bellingham： Centre for East Asian Studies, Western Washington University).

James Bunyan Parsons

1970, *The Peasant Rebellions of the Late Ming Dynasty* (Tucson: The University of Arizona Press).

Jonathan D. Spence and John E. Wills, Jr. (eds.)

1979, *From Ming to Ch' ing : Conquest, Region, and Continuity in Seventeenth-Century China* (New Haven and London: Yale University Press).

Lynn A. Struve

1984, *The Southern Ming, 1644—1662* (New Haven and London: Yale University Press).

Frederic Wakeman, Jr.

1985, *The Great Enterprise: The Manchu Reconstruction of Imperial Order in Seventeenth-Century China* (Berkeley, Los Angeles, and London: University of California Press).

(二)论文

方祖猷

《全祖望民族思想辨》,《宁波师范学院学报》,1984 年第 3 期。

王冬芳

《剃发——清初民族征服政策失败的实例》,载于《明清史国际学术讨论会论文集》编辑组:《第二届明清史国际学术讨论会论文集》(天津:天津人民出版社,1993 年),第 289—298 页。

包群立

《从剃发制度看清朝的民族政策》，《内蒙古民族师院学报》，1991 年第 3 期。

任道斌

《〈明季南、北略〉作者计六奇传略》，《文献》，1980 年第 3 辑。

汪宗衍

《跋〈皇明四朝成仁录〉》，见氏著《广东文物丛谈》（香港：商务印书馆，1973 年），第 100—102 页。

李福泉

《我国古代忠君思想的形成》，《湖南师院学报》，1982 年第 4 期。

阮廷焯

《钞本〈皇明四朝成仁录补编〉跋》，《广东文献季刊》，1986 年第 2 期。

吴琦

《清初的剃发与反剃发——兼论民俗心理与民族意识》，《中南民族学院学报》，1989 年第 5 期。

吴晗

《论士大夫》，见吴晗、费孝通（等）《皇权与绅权》（上海：观察社，1948 年），第 66—74 页。

林同济

《士的蜕变》，见周阳山（主编）《知识分子与中国》（台北：时报文化事业公司，1980 年），第 45—52 页。

《大夫士与士大夫——国史上的两种人格型》，同上，第 37—

44 页。

林瑞翰

《欧阳修〈五代史记〉之研究》,《台湾大学文史哲学报》,1974
年第 23 期。

孟祥才、王瑞起

《"忠"的观念在我国的历史演变》,《历史教学》,1984 年第
2 期。

孟森

《横波夫人考》,见氏著《明清史论著集刊续编》(北京:中华书
局,1986 年),第 128—161 页。

胥端甫

《辫发衣冠与民族气节》,见氏著《明清史事随笔》(台北:台湾
商务印书馆,1969 年),第 37—79 页。

高国抗、侯若霞

《全祖望"素负民族气节"异议》,《光明日报》,1983 年 1 月 26
日第 3 版。

秦佩珩

《〈鹿樵纪闻〉的作者及内容问题》,《学术研究》,1982 年第
5 期。

孙克宽

《吴梅村北行前后诗》,台北《"中央图书馆"馆刊》,1974 年第
4 期。

孙甄陶

《明末名妓顾横波事迹考证》,《大成》,1976 年第 31 期。

徐光仁

《论全祖望素负民族气节》,《社会科学研究》,1986 年第 4 期。

陈永明

《全祖望"素负民族气节"说平议》,《九州学刊》,1992 年第 1 期。

陈生玺

《清初剃发令的实施与汉族地王阶级的派系斗争》,《历史研究》,1985 年第 4 期。

陈金生

《略论王艮》,见中国哲学史学会及浙江省社会科学研究所(编)《论末明理学——宋明理学讨论会论文集》(杭州:浙江人民出版社,1983 年),第 489—509 页。

张釜

《计六奇与〈明季南、北略〉》,《清史论丛》,1980 年第 2 辑。

冯其庸、叶君远

《吴伟业〈〈鹿樵纪闻〉辨伪》,附录于氏著《吴梅村年谱》(上海:上海古籍出版社,1990 年),第 578—589 页。

冯尔康

《清初的剃发与易衣冠——兼论民族关系史研究内容》,《史学集刊》,1985 年第 2 期。

黄俊杰

《宋代经世思想与行动研讨会》,《汉学研究通讯》,1986 年第 2 期。

黄景进

《社会变迁中的知识分子》,见台湾政治大学中文系中研所(编)《汉学论文集》(台北:文史哲出版社,1982年),第17—34页。

杨王峰

《〈心史〉作伪论略》,《大陆杂志》,1986年第5期。

宁可、蒋福亚

《中国历史上的皇权和忠君观念》,《历史研究》,1994年第2期。

赵园

《明清之际士人之死以及有关死的话题》,《学人》,1994年第6辑。

《明遗民论》,《学人》,1995年第7辑。

蒋复璁

《宋欧阳修撰〈五代史记〉的意义》,见《"中研院"第二届国际汉学会议论文集》编辑委员会(编)《"中研院"第二届国际汉学会议论文集·历史考古组》(台北:"中研院"),1989年,下册,第919—932页。

暴鸿昌

《明季清初遗民逃禅现象论析》,《江汉论坛》,1992年第3期。

阎步克

《士大夫阶层的形成》,《文史知识》,1989年第9期。

谢国桢

1982年,《明末清初的学风》,见氏著《明末清初的学风》(北京:人民出版社),第1—52页。

韩铁铮

《说"士"》,《历史教学》,1984 年第 2 期。

罗忼烈

《"汉寿亭侯"与"寿亭侯"》,《明报月刊》,1993 年 8 月号。

Wing-ming Chan

1993,"Cultural Legacy and Historiography: The Case of Quan Zuwang(1705—1755)", *Chinese Culture*, 34. 4 (December, 1993). 15—26.

Dorothy Ko

1992,"Private Lives, Public Morality: Women and the State in the Ming-Ch'ing Transition"(Paper presented at the Conference "Family Process and Political Process in Modern Chinese History" sponsored by the Department of History, University of California, Davis and the Institute of Modern History, Academia Sinica, January 3—5,1992).

1992,"The Complicity of Women in the Qing Good Woman Cult", in Institute of Modern History, Academia Sinica(ed.) , *Family process ana Political Process in Modern Chinese History* (Taipei: Institute of Modern History, Academia Sinica) , part 2, pp.453—488.

Frederic Wakeman, Jr.

1984, "Romantics, Stoics, and Martyrs in the Seventeenth-Century China", *Journal of Asian Studies*, 18. 4 (August, 1984). 631—665.

1975,"Localism and Loyalism during the Ch'ing Conquest of

Kiangnan: The Tragedy of Chiang Yin", in Frederic Wakeman, Jr. and Carolyn Grant (eds.) , *Conflict and Control in Late Imperial China* (Berkeley, Los Angeles, and London: University of California Press) , pp. 43—85.

索引